डॉ. कलाम
गुरु ज्ञान

डॉ. कलाम को देश के युवाओं में अगाध विश्वास था। वे देश के कल्याण को लेकर इस कदर चिंतित रहते थे कि अपने जीवन के आखिरी दो घंटे उन्होंने आतंक और संसद् की काररवाई ठप होने के खतरों पर चर्चा करते हुए बिताए थे। अपने आखिरी क्षणों में भी उनका भरोसा कायम था कि युवा, खास तौर पर छात्र तमाम पीड़ादायी मुद्दों के समाधान लेकर देश के लिए आगे आएँगे। नई पीढ़ी के प्रज्वलित मस्तिष्क के प्रति उनका विश्वास हमेशा बना रहा, जिसे वे धरती पर सबसे बहुमूल्य उपहार मानते आए थे।

मुझे इस महान् आत्मा के साथ बेहद करीब से काम करने का मौका मिला। लोगों के लिए भले वे मिसाइलमैन रहे हों, मेरे लिए वो हमेशा 'स्माइलमैन' ही रहेंगे। दुनिया ने उन्हें अंतरिक्ष विज्ञानी के तौर पर देखा, जिसने उपग्रहों को धरती के चारों ओर घूमते हुए देखा। मैंने उन्हें एक महान् आत्मा के तौर पर देखा, जिसने लोगों को सपने देखने का उपहार दिया—सपने और उनको सच करने का साहस प्रदान किया। दुनिया ने मात्र उनके कामों को देखा, जबकि मैं खुशकिस्मत रहा कि मुझे उनके भावनात्मक हिस्से का भी गवाह बनने का मौका मिला। वे एक वैज्ञानिक, संत, लेखक, शिक्षक, कवि और दार्शनिक थे, सब मिलाकर वे स्नेह और बुद्धिमत्ता का एक पुंज थे।

आइए, अब मैं आपको एक हैरतअंगेज सफर पर ले चलता हूँ—एक ऐसा सफर, जिस पर चलते हुए मैंने डॉ. कलाम से काफी कुछ सीखा।

सृजन पाल सिंह ने इंडियन इंस्टीट्यूट ऑफ मैनेजमेंट, अहमदाबाद से अध्ययन किया और सभी क्षेत्रों में सर्वश्रेष्ठ विद्यार्थी के रूप में स्वर्ण-पदक जीता। वे स्टुडेंट काउंसिल के प्रमुख रहे। उन्होंने नवीनतम प्रौद्योगिकी का इस्तेमाल करते हुए पारदर्शी सार्वजनिक वितरण प्रणाली स्थापित करने के लिए नक्सल प्रभावित क्षेत्र में बोस्टन कंसल्टिंग ग्रुप (बीसीजी) में कार्य किया। उन्हें स्विट्जरलैंड में आयोजित सेंट गैलेन सिंपोजियम में 'ग्लोबल लीडर्स ऑफ टुमारो' के लिए नामित किया गया। उन्होंने भारत के ग्रामीण क्षेत्रों की यात्राएँ की हैं तथा सतत विकास प्रणालियों के अध्ययन और विकास के लिए अंतरराष्ट्रीय स्तर पर किए गए अनेक महत्त्वपूर्ण कार्यकलापों में भाग लिया है। प्रतिष्ठित पत्र-पत्रिकाओं में विकास की अवधारणाओं पर उनके अनेक लेख प्रकाशित हुए हैं। भारत के लोकप्रिय राष्ट्रपति स्व. डॉ. ए.पी.जे. अब्दुल कलाम के साथ अनेक पुस्तकें लिखने का सौभाग्य प्राप्त।

डॉ. कलाम
गुरु ज्ञान

सृजनपाल सिंह

प्रभात
पेपरबैक्स
www.prabhatbooks.com

प्रकाशक

प्रभात पेपरबैक्स

4/19 आसफ अली रोड, नई दिल्ली–110002

फोन : 23289777 • हेल्पलाइन नं. : 7827007777

इ–मेल : prabhatbooks@gmail.com ❖ वेब ठिकाना : www.prabhatbooks.com

संस्करण

2020

अनुवाद

राहुल त्रिपाठी

मूल्य

दो सौ रुपए

अ.मा.पु.स. 978-93-5266-086-5

मुद्रक

आर–टेक ऑफसेट प्रिंटर्स, दिल्ली

———————— ★ ————————

DR. KALAM GURU GYAN

by Srijan Pal Singh

Published by **PRABHAT PAPERBACKS**

4/19 Asaf Ali Road, New Delhi-110002

ISBN 978-93-5266-086-5

₹200.00

परिचय

युवा मन कच्ची मिट्टी की तरह होता है। कुशल शिल्पकार इसे जिस आकार में ढालना चाहे, ढाल सकता है। एक शिक्षक भी शिल्पकार की भाँति ही होता है।

महानता बाहर नहीं पाई जाती। यह हम सब में विद्यमान होती है। किस्मतवाला वह व्यक्ति है, जो एक ऐसे गुरु का सान्निध्य पाता है, जो उसको प्रतिभा को निखारकर उसमें निहित बर्फ के पहाड़ की तरह जमी क्षमता को उचित राह दिखा सके।

यह कहानी ऐसे ही एक अनुकरणीय शिक्षक के बारे में, जिसने मेरी जिंदगी को हमेशा के लिए बदल दिया और मुझे दिखाया कि मैं क्या हूँ।

यह कहानी बताती है कि कैसे मेरे बचपन के हीरो मेरे वास्तविक जीवनपर्यंत शिक्षक के रूप में तब्दील हो गए। यह उन दिनों, शिक्षा और जीवन के बारे में है, जो दो लोगों के बीच साझा हुई—एक, जो कि अपनी बीस की उम्र का और फ्रेश ग्रेजुएट था तथा दूसरा, जो उस युवा से उम्र में तीन गुना बड़ा था। यह कहानी है डॉ. ए.पी.जे. अब्दुल कलाम और उनकी शिक्षाओं की, जो मैंने उनसे सीखीं। उनकी बुद्धिमत्ता, उनकी बातचीत, दोपहर और रात के खाने, घूमने, चर्चाओं और समसामयिक बहसों में मुझे जो झलकी, वह मैंने इस पुस्तक में रखने का प्रयास किया है।

बहुत सारी कहानियाँ, जिन्हें मैंने साझा किया है, वे रोजाना की घटनाओं पर आधारित हैं, हालाँकि उनमें तमाम असाधारण और गैर-पारंपरिक नसीहतें छिपी रहती थीं और यही खास वजह थी, जो डॉ. कलाम को एक महान् गुरु बनाती थी; वे साधारण पत्थरों को भी घिसकर उन्हें बुद्धिमत्ता के मोतियों में बदलने की क्षमता रखते थे और दुनिया से उन्हें साझा करते थे।

2002 में मैं महज 18 साल का था, उसी दौरान एक खबर ने पूरे देश को हिला-कर रख दिया था। एक अखबार बेचनेवाला लड़का, जो कि पायलट बनने में विफल हो चुका था और अब एक अंतरिक्ष विज्ञानी था, जिसे लोग मिसाइलमैन, आणविक शोधार्थी के रूप में जानते थे, वह देश का 11वाँ राष्ट्रपति बनने के मुकाम पर था। राजनीति में ऐसे मौके कभी-कभार ही आते हैं और वह भी बिल्कुल अनजान लोगों के लिए, ऐसे

महान् फैसले लेने के लिए उन राजनीतिज्ञों का शुक्रिया अदा करना तो बनता ही है। अखबारों और टेलीविजन न्यूज चैनलों पर उनकी विनम्र उत्पत्ति, उनकी जीवनशैली, उनकी किताबों, उनकी खान-पान की आदतों और साथ ही उनके बालों के स्टाइल को लेकर चर्चाएँ जारी थीं! एक व्यक्ति, जिसके अंदर न रत्ती भर राजनीतिक झुकाव था और न ही संगठनात्मक समर्थन ही हासिल था, वह देश के सर्वोच्च दफ्तर की ओर कदम बढ़ा रहा था।

विलियम शेक्सपियर ने लिखा है, कुछ लोग महान् पैदा होते हैं, कुछ महानता हासिल करते हैं और कुछ ऐसे भी होते हैं, जिन पर महानता थोपी जाती है।

डॉ. कलाम पर ये तीनों ही बातें एकदम सटीक बैठती हैं।

डॉ. कलाम महानता लेकर पैदा हुए थे। हिंदुओं के पवित्रतम शहर रामेश्वरम् में एक मुसलिम परिवार में पैदा हुए। अपने जीवन के शुरुआती वर्षों में उन्होंने क्रिश्चियन मिशनरी स्कूल से शिक्षा ग्रहण की और उनका घनिष्ठ मित्र एक स्थानीय हिंदू पुजारी का बेटा था। ऊँचे आकाश में उड़ने का सपना उनके स्कूली शिक्षक श्री शिवासुब्रह्मण्यन अय्यर ने उन्हें तब दिखाया था, जब देश आजाद भी नहीं हुआ था। कुछ ही आत्माएँ किस्मतवाली होती हैं, जो इस प्रकार की सामाजिक और धार्मिक विविधताओं से भरा अनुभव हासिल कर पाती हैं, अपने अंदर असंभव को हासिल करनेवाला असाधारण स्वप्न देख पाती हैं और वह भी अपने जीवन के शुरुआती वर्षों के दौरान।

उसके बाद डॉ. कलाम को विफलताओं की आग में तपकर निखरना पड़ा—चाहे वह एक युवा ग्रैजुएट की फाइटर पायलट बन पाने में विफलता हो या 1979 में पहले उपग्रह प्रक्षेपण यान की विफलता लेकिन उन्होंने अपने अथक प्रयासों और लगन से विफलताओं पर पार पाना सीखा। डॉ. कलाम और हमारे बीच के हजारों लोगों में अंतर महज परेशानियों और विफलताओं का ही नहीं है, बल्कि यह तथ्य भी है कि इन विफलताओं ने उन्हें यह भी सिखाया कि उनके बीच से आगे कैसे बढ़ा जा सकता है। उन्होंने इन विफलताओं को गले लगाया, इनसे बेहद अहम सबक लिये और आगे सतत सधे हुए प्रयास किए। उन्होंने अपनी विफलताओं को पदकों की तरह पहना और उन्हें भी अपनी सफलताओं के बराबर तरजीह दी; किसी भी मौके पर वे उनके बारे में बात करने से झिझके नहीं। डॉ. कलाम के अंदर आत्मविश्वास कूट-कूटकर भरा था और वही चीज उन्हें महान् बनाती है।

अपने कॅरियर के दौरान बतौर वैज्ञानिक डॉ. कलाम ने एक ऐसे देश का तकनीकी उन्नयन किया, जो विचित्र प्रकार के पूर्वग्रहों और आंतरिक विरोधाभासों से जूझ रहा था। उन्होंने असंभव को संभव कर दिखाया था तो केवल इसलिए, क्योंकि वे तमाम व्याधियों से भरे अंतर्निहित रवैए से ऊपर उठ चुके थे; इस कारण वे सबके प्रिय एवं

महान् राष्ट्रपति बन सके।

मेरे अपने गृह राज्य उत्तर प्रदेश में डॉ. कलाम के लिए हिंदी का एक शानदार शब्द ही उनके बारे में सबकुछ कह देता है—सर्वप्रिय, यानी जो सबका प्रिय हो। उनके उदय और ऐसे ताकतवर के रूप में बदलने के लिए भी एक शब्द है, जिसे कोई हरा न सके—अजय, जो कि देश भर में फैला एक बेहद प्रचलित नाम भी है।

लेकिन इन दो के अलावा एक तीसरा शब्द भी है, जो कि ज्यादा सशक्त है अजातशत्रु, एक ऐसा प्रिय व्यक्ति, जिसका कोई विरोधी या प्रतिद्वंद्वी न हो। डॉ. ए.पी. जे. अब्दुल कलाम हमारे समय के ऐसे ही विलक्षण अजातशत्रु थे। शायद ही किसी ने उनकी आलोचना की हो और यहाँ तक कि जब किसी ने ऐस किया तो उन्होंने इसे बेहद सम्मान के साथ स्वीकार किया।

सितंबर, 2015 में उनके निधन के छह हफ्ते बाद मैं चेन्नई में था, जहाँ के एक सरकारी स्कूल में बच्चों के छोटे से समूह से मैं मुलाकात कर रहा था। मैंने उनसे पूछा, 'जब आप बड़े होगे, तो क्या बनना चाहोगे?' उन सबने हाथ उठाकर एक स्वर में केवल यही कहा, 'कलाम!'

भारतरत्न डॉ. ए.पी.जे. अब्दुल कलाम एक पीढ़ी को प्रेरित करने, सपने देखने, आगे बढ़ने और बेहतरीन प्रदर्शन करने के लिए विशेष तौर पर जाने जाते हैं। उन्होंने देशवासियों को दिखाया कि कड़ी मेहनत, लगन और प्रतिभा के बल पर हमें लंबी अवधि की सफलता हासिल होती है और अपने जीवनकाल में हम जो विकल्प चुनकर उसे हासिल करने के लिए कड़ी मेहनत करते हैं, उससे हमारे पैदा होने के समय मौजूद तमाम दिक्कतों और परेशानियों से पार पाया जा सकता है।

एक बार सन् 2012 में ऑस्ट्रेलिया दौरे पर एक प्रोफेसर ने डॉ. कलाम का परिचय कक्षा से कराते हुए कहा, 'अस्सी साल की उम्र में भी भारतीय युवाओं के बीच उन्हें एक संत जैसा सम्मान और एक रॉक स्टार सरीखी हैसियत हासिल है।'

वास्तव में डॉ. कलाम के दिल में युवाओं के लिए एक स्थान मौजूद था। मुझे याद है, वे अकसर कहते थे, '17 साल की उम्र तक युवाओं के मन को आकार दिया जा सकता है। उसके बाद ऐसा कर पाना जरा कठिन हो जाता है।' इसलिए उन्होंने अपने जीवन का बड़ा हिस्सा, यहाँ तक कि अपने राष्ट्रपतिकाल और उसके बाद भी, भारतीय युवाओं के मन को आकार देने में खपा दिया। वे युवाओं में तीन गुण देखना चाहते थे—न्यायसंगत, रचनात्मक और साहस। उन्होंने इसके लिए एक समीकरण भी तैयार किया था, जिसे वे नॉलेज इक्वेशन (ज्ञानपरक समीकरण) कहते थे, जहाँ उपर्युक्त तीन गुणों का योग बराबर 'ज्ञान' होता था। वे कहते, 'ज्ञान ही महान् बनाता है।' चार सरल शब्दों में उन्होंने महानता की राह दिखा दी थी; यही डॉ. कलाम की सरलता भी थी।

डॉ. कलाम छोटी–से–छोटी जानकारी पर भी पूरा ध्यान देते थे। उन्होंने और मैंने मिलकर तीन किताबों और हजारों भाषणों, जो उन्होंने दिए, पर काम किया। वे हर वाक्य पर सैकड़ों बार ध्यान देते और उसमें और सुधार की संभावना तलाशते तथा तब तक राहत की साँस न लेते, जब तक कि वे खुद संतुष्ट न हो जाते। यह बेहद सामान्य सी बात हो गई थी कि किसी अहम भाषण को तैयार करने में कम–से–कम 20 बार मेहनत करनी होती थी। फिर भी मंच पर जाने से कुछ मिनट पहले अकसर वे पूछते, 'श्रीजन, इस लैक्चर में हम किन नई चीजों के बारे में बताने जा रहे हैं ?' वे हमेशा सुधार की संभावना तलाशते, हमेशा अगले संस्करण पर जाने के लिए तैयार नजर आते थे।

मंच पर वे दर्शकों पर एक नजर दौड़ाते, उनके चेहरों और हाव–भाव को पढ़ते, यह भी गौर करते कि वे छाँव में हैं या धूप में बैठे हैं और फिर बच्चों के समूह की तरफ एक नजर दौड़ाते, जो हॉल के किसी कोने में बैठे होते, बड़ों के समूह के बीच में अगर वे मौजूद होते, तो वे मुझे बुलाते और कहते, 'उधर जो बच्चे बैठे हैं, उनके लिए वह कविता भाषण में जोड़ दो।' वह बिल्कुल अराजनीतिक थे, लेकिन लोगों को और उनकी जरूरतों को समझते थे, किसी भी अनुभवी राजनीतिज्ञ से बेहतर जनता के मनोविज्ञान को पढ़ पाते थे।

उनमें ज्ञान की अपार भूख थी। उनके 10, राजाजी मार्ग स्थित आवास की लाइब्रेरी और अध्ययन कक्ष आधे से ज्यादा तो किताबों से ही भरे रहते थे। उनके बेडरूम में किताबें बिखरी रहती थीं और यहाँ तक कि बागीचे में भी आप किताबों का अंबार देख सकते थे। वे कभी भी किसी भी यात्रा पर कुछ किताबों के बगैर नहीं निकलते थे। मुझे याद है, उनके जीवन का वह आखिरी दिन, मैंने उनका बैग उठाया, जो कि बेहद वजनी था। मैंने कहा, 'सर, आपका बैग दिन–ब–दिन भारी होता जा रहा है !' उन्होंने जवाब दिया, 'ऐसा इसलिए, क्योंकि मैं ज्यादा पढ़ रहा हूँ !'

लोग डॉ. कलाम को उनकी विद्वत्ता के लिए जानते थे, जबकि मेरी नजर में उनका संवेदनशील और विनम्र होना ज्यादा मायने रखता था। वे लोगों से मित्र भाव से मिलते थे, चाहे वे अपने सचिवों से मिल रहे हों, ड्राइवर, माली, कुक, सफाई वाले या फिर किसी अपरिचित से ही क्यों न मिल रहे हों ! डॉ. कलाम सबके साथ एक समान व्यवहार करते थे, उनकी नजर में पद और रैंक की विशेष अहमियत नहीं थी।

संवेदना उन्हें उपहार में मिली थी और जब दूसरों की कठिनाइयों की बात आती थी, तो उनकी याददाश्त की विशेषता उसमें झलकती थी; यही कारण रहा कि उन्हें लोगों का अपार स्नेह मिला। अगर उन्हें पता चल जाता कि उनके आसपास में किसी को ठंड लग गई है, तो वे खुद उसे दवा और गरम सूप मुहैया कराते। अगले दिन उसके स्वास्थ्य के विषय में पूछना न भूलते, 'क्या आपकी मरम्मत हो गई ?' उनके जवाब से

अप्रभावित, उनकी प्रतिक्रिया कुछ इस कदर होती, 'आप तो बेहद मजाकिया व्यक्ति हैं!'

उनका व्यवहार भी आभार से भरा होता। अपने सभी गुरुओं के वे बेहद एहसानमंद रहते थे, चाहे वे प्राइमरी स्कूल के उनके शिक्षक श्री शिवसुब्रह्मण्यम हों, जिन्होंने उनको उड़ने के लिए प्रेरित किया था, या विक्रम साराभाई, जिन्होंने उनका परिचय अंतरिक तकनीक से कराया था। 'शुक्रिया' और 'मैं आपके लिए क्या कर सकता हूँ,' ये ऐसे वाक्य थे, जो उनके द्वारा आम तौर पर सभी के साथ समान रूप से इस्तेमाल होते थे। हर यात्रा के समापन पर, वे अपने ड्राइवर और सुरक्षा अधिकारी का शुक्रिया अदा करना और अपनी हस्ताक्षरित किताब बतौर उपहार देना नहीं भूलते थे। यह आश्चर्यजनक बात नहीं थी कि तमाम राज्यों से ढेर सारे सरकारी वाहनों के ड्राइवर और सुरक्षा अधिकारी दिल्ली और रामेश्वरम् तक उन्हें आखिरी सलाम कहने और श्रद्धांजलि अर्पित करने पहुँच गए थे। डॉ. कलाम के व्यवहार से उन पर जादू सा असर हुआ था।

डॉ. कलाम को देश के युवाओं में अगाध विश्वास था। वे देश के कल्याण को लेकर इस कदर चिंतित रहते थे कि अपने जीवन के आखिरी दो घंटे उन्होंने आतंक और संसद् की काररवाई ठप होने के खतरों पर चर्चा करते हुए बिताए थे। अपने आखिरी क्षणों में भी उनका भरोसा कायम था कि युवा, खास तौर पर छात्र तमाम पीड़ादायी मुद्दों के समाधान लेकर देश के लिए आगे आएँगे। नई पीढ़ी के प्रज्वलित मस्तिष्क के प्रति उनका विश्वास हमेशा बना रहा, जिसे वे धरती पर सबसे बहुमूल्य उपहार मानते आए थे।

मुझे इस महान् आत्मा के साथ बेहद करीब से काम करने का मौका मिला. यह मेरी खुशकिस्मती रही, मैंने उस जिज्ञासु मस्तिष्क के साथ सफर किया और अपने जीवन के बेहद अहम दौर को उनके जैसे विनम्र इनसान के साथ व्यतीत किया। लोगों के लिए भले वे मिसाइलमैन रहे हों, मेरे लिए वो हमेशा 'स्माइलमैन' ही रहेंगे। दुनिया ने उन्हें अंतरिक्ष विज्ञानी के तौर पर देखा, जिसने उपग्रहों को धरती के चारों ओर घूमते हुए देखा। मैंने उन्हें एक महान् आत्मा के तौर पर देखा, जिसने लोगों को सपने देखने का उपहार दिया—सपने और उनको सच करने का साहस प्रदान किया। दुनिया ने मात्र उनके कामों को देखा, जबकि मैं खुशकिस्मत रहा कि मुझे उनके भावनात्मक हिस्से का भी गवाह बनने का मौका मिला। वे एक वैज्ञानिक, संत, लेखक, शिक्षक, कवि और दार्शनिक थे, सब मिलाकर वे स्नेह और बुद्धिमत्ता का एक पुंज थे।

आइए, अब मैं आपको एक हैरतअंगेज सफर पर ले चलता हूँ—एक ऐसा सफर, जिस पर चलते हुए मैंने डॉ. कलाम से काफी कुछ सीखा।

आभार

सर्वप्रथम मैं डॉ. कलाम के प्रति अपना आभार व्यक्त करना चाहूँगा, जो मुझे और मेरे जैसे लाखों लोगों को दुनिया भर में हमेशा प्रेरित करते रहेंगे। यह उनके जीवन का तरीका ही है, जिसने इस किताब की उत्पत्ति के लिए मुझे प्रेरित किया। वे भारतीय और वैश्विक लोगों के लिए हमेशा प्रकाशपुंज की भाँति रहेंगे; उनके जीवन की कहानी कुछ ऐसी है, जिसे आज के युवा को आत्मसात् करना चाहिए, अनुकरण करना चाहिए और दूसरों को भी सुनानी चाहिए।

इस पुस्तक में प्रस्तुत विचारों का एक बड़ा हिस्सा उन सामान्य लोगों के सपनों, कल्पनाओं, आशंकाओं, महत्त्वाकांक्षाओं, उम्मीदों और चुनौतियों का ही विस्तारित रूप है, जिन्होंने उसे हमसे साझा किया। मैं उन सबका शुक्रिया अदा करना चाहता हूँ।

मेरे अभिभावकों और शिक्षकों को भी कोटि-कोटि धन्यवाद, जिन्होंने मेरे अंदर उन मूल्यों को समाहित किया; जिनके वशीभूत मैं डॉ. कलाम के साथ जुड़ सका और जो भी वक्त उनके साथ मैंने बिताया, कदम-कदम पर उनसे सीख सका।

—सृजनपाल सिंह

अनुक्रम

1

पहली छाप

यह सितंबर, 2008 की बात है, मैं भारतीय प्रबंधन संस्थान अहमदाबाद, जिसे आई.आई.एम.ए. भी कहते हैं, में एम.बी.ए. द्वितीय वर्ष में था। आई.आई.एम.ए. को देश का प्रतिष्ठित प्रमुख संस्थान माना जाता है, जहाँ प्रबंधन की शिक्षा दी जाती है। इसकी स्थापना 1961 में डॉ. विक्रम साराभाई की देख-रेख में की गई थी, वह व्यक्तित्व, जिसे डॉ. कलाम अपना महानतम गुरु मानते थे, भले ही वे अंतरिक्ष विज्ञान के अलग क्षेत्र से जुड़े रहे और यहाँ की विशाल लाइब्रेरी, जो कि परिसर का गौरव है, उसे डॉ. साराभाई के नाम को समर्पित किया गया।

मैं डॉर्म 18 में रहता था, जो कि पुराने परिसर के छात्रावास ब्लॉक के सुदूर अंत में स्थित था। पुराना परिसर ऐतिहासिक लाल ईंट की बिल्डिंग थी, जिसने काफी समय पहले से देश को कुछ श्रेष्ठतम मेधा वाले लोग प्रदान किए।

हमारा पाठ्यक्रम छह हिस्सों में विभाजित था, जिसमें से हर साल तीन हिस्सों को पूरा करना होता था। हर टर्म लगभग तीन महीने का होता था, जबकि हर कोई समान विषय ही अपनी पहले वर्ष की अवधि में पढ़ता था, दूसरे वर्ष छात्रों को तमाम पाठ्यक्रमों में से मन-मुताबिक विषय चुनने की आजादी थी। यह विषय मूलतः पारंपरिक प्रबंधन से लेकर उद्यमिता, खुद से खोजने के लिए पहाड़ों पर लंबे दौरे, शासन, राजनीति और नेतृत्व जैसे विविधता से ओत-प्रोत विषय हुआ करते थे।

दूसरे वर्ष के मध्य में मेरे साथ कुछ ऐसा विशेष हुआ, जो मैंने कभी सोचा नहीं था।

हमें एक पाठ्यक्रम ग्लोबलाइजिंग रिसर्जेंट इंडिया थ्रू इन्नोवेशन ट्रांसफॉर्मेशन (GRIIT) विषय पर चर्चा में हिस्सा लेने का अवसर मिला। इस पाठ्यक्रम के लिए सहायक फैकल्टी के तौर पर कोई और नहीं, बल्कि स्वयं भारत के 11वें राष्ट्रपति डॉ. ए.पी.जे. अब्दुल कलाम आ रहे थे। तब तक उन्होंने राष्ट्रपति भवन में अपने पाँच साल पूरे कर लिये थे और देश उनके ऐतिहासिक राष्ट्रपतित्व काल के लिए गर्व कर रहा था।

मेरे तमाम सहपाठियों के लिए डॉ. कलाम बचपन से ही हीरो थे। जिन लोगों ने उस दौर में अपना बचपन गुजारा होगा, वे डॉ. कलाम को सुपर हीरो के तौर पर देखते थे। हम सब उनसे बतौर राष्ट्रपति ही नहीं, उनके प्रशंसक थे और उनसे लगाव रखते थे, बल्कि वह अपने आप में चलती-फिरती कहानी थे, जो अभिभावक अपने बच्चों को सुनाया करते थे। भारत के हर आम आदमी के लिए वे खुद पर भरोसा करने और तमाम कठिनाइयों के बीच सफलता हासिल करनेवाले व्यक्ति की प्रतिमूर्ति थे।

यह खबर फैलते ही कि डॉ. कलाम स्वयं कॉलेज में पढ़ाने आ रहे हैं, तत्काल पाठ्यक्रम की माँग बढ़ गई। ऐसा लगने लगा, सुपर हीरो की कहानी में एक और संस्करण जुड़ने जा रहा हो। सौ के करीब छात्रों ने इस पाठ्यक्रम के लिए अपना नाम दर्ज करा लिया, सभी को डॉ. ए.पी.जे. अब्दुल कलाम के अल्फाज साक्षात् सुनने का कौतूहल रोमांचित करने लगा।

छात्र संघ का महासचिव और इस पाठ्यक्रम का छात्र समन्वयक होने के चलते, मुझे उस सितंबर में प्रोफेसर अनिल गुप्ता के साथ एयरपोर्ट पर जाकर डॉ. कलाम का स्वागत करने का अवसर प्राप्त हुआ।

योजना यह थी कि हमें अपने माननीय अतिथि को सबसे पहले डफ्नाला स्थित राज्य अतिथि गृह ले जाना था, जो कि एयरपोर्ट से एक किलोमीटर दूर था। आई.आई.एम.ए. के निदेशक प्रोफेसर समीर बरुआ को अतिथिगृह पर हमारे साथ होना था। हमने तय किया कि डॉक्टर कलाम को सीधे आई.आई.एम.ए. परिसर ले जाएँगे, जो कि लगभग 45 मिनट की दूरी पर था और हम नहीं चाहते थे कि उन्हें अनावश्यक परेशानियों में डाला जाए। हम चाहते थे कि अगले दिन की क्लास के लिए उन्हें भरपूर आराम मिल जाए, क्योंकि अगले दिन उनकी क्लास सुबह 8.45 बजे शुरू होकर शाम तक चलनी थी।

जब डॉ. कलाम एयरपोर्ट के प्रतीक्षालय पहुँचे तो हमारे प्रोफेसर ने मेरा परिचय एक अच्छा छात्र और परिषद् लीडर के तौर पर मेरे बचपन के हीरो से कराया। मैं तो डॉ. कलाम को अपने सामने देखकर नि:शब्द था, कुछ बोल ही नहीं सका।

मेरी ओर देखकर वे बोले, 'क्या तुम एक अच्छे साथी हो ?' जब मैं उनके सवाल पर मनन कर रहा था और एक उचित जवाब तलाश रहा था, तभी उन्होंने अपना हाथ मेरी तरफ बढ़ा दिया। मैं उनसे हाथ मिलाते समय विस्मित था। मैंने उन पलों को अपने मन में न जाने कितनी बार दोहराया होगा, लेकिन जब वास्तव में वे पल मेरे सामने घटित हुए तो मैं रोमांचित था। वे आगे बढ़ गए और क्लास के बारे में मुझसे कुछ सवाल पूछे, उन्होंने मेरे प्रोजेक्ट के बारे में पूछा और यह भी जानना चाहा कि वे छात्र मुझसे क्या सुनना चाहते हैं। जब बातचीत खत्म हुई तो मैं उनके पाँव छूने के लिए झुका, क्योंकि यह हमारे लखनऊ, जहाँ मैं पला-बढ़ा था, की तहजीब का हिस्सा था।

'ऐसा लगता है कि तुम एक अच्छे इनसान हो!' उन्होंने अपने ही चिर-परिचित अंदाज में प्रतिक्रिया व्यक्त की।

बाद में, जब मैं उनके साथ काम करने लगा और दिन का बड़ा हिस्सा उनके साथ बिताने लगा, तो यह एक आदत या यों कहें कि यह परंपरा बन गई कि मेरे लिए पहले उनसे हाथ मिलाना और फिर उनके पाँव छूना मेरी दिनचर्या में शामिल हो गया। अगले छह साल तक, जब भी कोई महत्त्वपूर्ण अवसर होता, चाहे वह जन्मदिन या कोई त्योहार या किसी नए प्रोजेक्ट पर काम शुरू करना होता, यहाँ तक कि मैं अगर किसी कठिन हालात से गुजर रहा होता, चाहे जो हो। मैं यह सुनिश्चित करता कि वे उसका हिस्सा जरूर बनें। वे मेरे जीवन का अभिन्न हिस्सा बन गए थे।

डॉ. कलाम से बात करना हमेशा सुखद लगता था। यह एक औपचारिक या एक दिल से दिल की बात होती थी, जो अवसर पर निर्भर होती थी पहले वे हाथ मिलाते और कहते, 'क्या तुम एक अच्छे साथी हो?' या 'अच्छे बच्चे बनो या आज क्या कर रहे हो?'

जब हम अपनी छोटी सी चर्चा खत्म कर रहे होते तो मैं फिर उनके चरण छूता। वे कहते, 'जीवन में अच्छा करो।' यह परंपरा और उनका आशीर्वाद मेरे जीवन की महत्त्वपूर्ण धरोहर बन गए थे, जो कि हमने साथ-साथ आखिरी दिन तक संजोए रखी।

उस दिन एयरपोर्ट पर जब डॉ. कलाम ने सुना कि आई.आई.एम.ए. के न्दिेशक प्रोफेसर बरुआ स्वयं उनका स्वागत करने के लिए राज्य अतिथिगृह आ रहे हैं, तो वे तत्काल रुके और अपने निजी कर्मचारियों को हिदायत दी, मैं तुरंत सीधे आई.आई.एम. जाऊँगा।

मैं तत्काल यह नहीं समझ पाया कि उन्होंने इस पर इतना जोर क्यों दिया। मुझे लगा कि कुछ गलत हो गया है और यही वजह होगी कि उन्होंने अपनी राह बदल दी। 45 मिनट बाद हमारा काफिला कॉलेज परिसर जा पहुँचा। हम कस्तूरभाई लालभाई मैनेजमेंट डेवलपमेंट सेंटर, जिसे आम तौर पर के.एल.एम. कहा जाता था, पर रुके। यह वह इमारत थी, जहाँ वरिष्ठ अतिथि और आमंत्रित फैकल्टी के लोग रुकते थे।

के.एल.एम. में वे निदेशक से मिले और जब परिसर में उनका दौरा खत्म हो गया, तब हम लोगों ने राहत की साँस ली। उनका तर्क बिल्कुल सरल, लेकिन बेहद गंभीर था।

उन्होंने निदेशक से कहा, 'बाहर मैं भले ही चाहे जो हूँ, लेकिन इस संस्थान के अंदर मैं एक प्रोफेसर और आप निदेशक हैं। मुझे आपसे मिलने आना चाहिए और न कि आपको मुझसे मिलने। इसलिए मेरा आपके पास आना और आदर देना बनता है।'

विनम्रता का इससे सटीक उदाहरण और कोई नहीं हो सकता। एक ही पल में उन्होंने आई.आई.एम.ए. के हर सदस्य का दिल जीत लिया।

लेकिन यह तो मात्र शुरुआत थी।

उस शाम वे आधी रात तक परिसर में ही रुके रहे; छात्रों से उनके प्रोजेक्ट को लेकर बातें करते रहे। उनके सचिव ने उन्हें याद दिलाया, 'सर, काफी देर हो चुकी है। आपको अब आराम करना चाहिए।'

उन्होंने जवाब दिया, 'ये साथी भी तो देर रात तक जगते हैं, अपने प्रोजेक्ट पर काम करते हैं। एक लंबी शाम तो मैं इनके साथ बिता ही सकता हूँ। ठीक है ?'

मैंने बाद में यह महसूस किया कि देर रात तक छात्रों के साथ जागना उनके लिए असाधारण नहीं था, वे छात्र उनकी संपदा समान थे और उन्हें पढ़ाना जुनून की तरह था। यहाँ तक कि 27 जुलाई, 2015 के दिन भी, आई.आई.एम. शिलांग में वे देर रात तक जागने की योजना बना रहे थे और रात 11 बजे तक वे वहाँ के छात्रों से उनके प्रोजेक्ट और उनके सावधानीपूर्वक किए गए टॉपिक चयन को लेकर बात करते रहे थे।

मैं खुद को बहुत खुशकिस्मत मानता हूँ कि मुझे उनको करीब से जानने और उनसे सीखने का मौका मिला। मुझे इतना आनंद किसी और काम में नहीं आता, जो काम मैंने 2008 से उनके साथ जुड़कर शुरू किया था। एक शिक्षक अपने छात्र के साथ जो रिश्ता आगे बढ़ाता है, वह उनके लिए पवित्र था और किसी भी तरह के पद या प्रतिष्ठा के रंग से पूरी तरह अछूता था और यही वह रिश्ता था, जिसने यह सुनिश्चित किया कि बुद्धिमत्ता की रोशनी बिना किसी बाधा के अनवरत चलायमान रहनी चाहिए और वह भी अपने पवित्रतम स्वरूप में, जो कि एक शिक्षक से प्रशिक्षु तक बहनी चाहिए। □

2
पदकों के साथ बढ़ती जाती है जिम्मेदारी

वर्ष 2008 के दौरान और मेरे आई.आई.एम. से अप्रैल, 2009 तक ग्रेजुएशन पूरा करने तक, मैं डॉ. कलाम के लगातार संपर्क में रहा, जो कि इ-मेल और कभी-कभार के फोन कॉल के जरिए बना रहा। हम लगातार एक विषय पर चर्चा करते रहे, जो हमने उनकी क्लास के दौरान रिसर्च करने के लिए चुना था—'शहरी सुविधाओं का ग्रामीण क्षेत्रों में विस्तार' (PURA)।

आई.आई.एम.ए. के सभी छात्र एक बड़ी जॉब पाने की इच्छा पाले हुए थे, साधारतया पहले दर्जे की सलाहकार फर्मों या किसी इन्वेस्टमेंट बैंकिंग कंपनियों में। ऐसे शानदार जॉब पाने की हसरत हर किसी में होती है, आप मीडिया के जरिए इन पर होनेवाले शोर-शराबे को जरूर सुनते होंगे। ये जॉब कुल मिलाकर डे जीरो प्लेसमेंट कही जाती हैं, क्योंकि इस दौर में कंपनियाँ भरतियों के लिए परिसर में आना शुरू करती हैं (हालाँकि इनका डे जीरो से क्या ताल्लुक है, यह स्पष्ट नहीं है!)। हालाँकि पूरे बैच के 20 फीसद से ज्यादा छात्र उच्चस्तरीय मनचाही जॉब हासिल नहीं कर पाते।

एक छोटा सा नजरिया मैं आपके सामने पेश करता हूँ। 2009 जॉब मार्केट के हिसाब से सबसे कठिन साल था। अमेरिका में जबरदस्त वित्तीय संकट के चलते इन्वेस्टमेंट बैंकिंग इंडस्ट्री इतनी प्रभावित हो चुकी थी कि इस क्षेत्र के पंडित सोच में पड़ गए थे कि क्या यह इंडस्ट्री खुद को बचा पाएगी। डे जीरो पर प्लेसमेंट अचानक से गिरकर शून्य पर जा पहुँचा—इन्वेस्टमेंट बैंकिंग क्षेत्र में नौकरियाँ एकदम से गायब हो गईं, जबकि कंसल्टिंग जॉब्स बमुश्किल नजर आ रही थीं मैं खुशकिस्मत था कि मुझे बोस्टन कंसल्टिंग ग्रुप से जॉब ऑफर मिल गया था, उस कंपनी के साथ मैंने समर इंटर्नशिप की थी।

जून, 2009 में किस्मत ने दोबारा मुझे मौका दिया। आई.आई.एम.ए. में के.वी.एस. गोल्ड मेडल का काफी महत्त्व था। यह मेडल उस साल के सर्वश्रेष्ठ हरफनमौला

को प्रदान किया जाता है। मूल्यांकन के तरीके में तमाम चीजें समाहित होती हैं, जैसे अकादमिक उपलब्धि, नेतृत्व गुण और खेल-कूद में प्रदर्शन। मेरी खुशकिस्मती थी कि मैं इस सम्मान के लिए चुन लिया गया।

डिग्री हासिल करने के बाद मैंने डॉ. कलाम से एक बार फिर संपर्क किया। फाइनल टर्म पूरा हो चुका था और मैं उनसे मिलने के लिए व्यग्र था और उनको इस मेडल के बारे में भी मैंने जानकारी दे दी, जो मुझे हाल में ही मिला था। मैंने उनके नई दिल्ली स्थित आवास पर मिलने के लिए गुजारिश की, ताकि मैं उन्हें यह मेडल प्रत्यक्ष दिखा सकूँ।

'तुम्हारी सफलता के लिए बधाई। कृपया आओ। तुम्हारा स्वागत है। मुलाकात के समय के लिए मेरे दोस्त शेरिडन से जरूर संपर्क करना।' उन्होंने कहा।

मैं रोमांचित हो उठा। अगले हफ्ते उनसे मिलने का समय स्वतः मिल गया। मेरा उनसे 11 मई, 2009 को शाम 3 बजे मिलना तय हुआ।

उनके आवास पर यह मेरा पहला दौरा था और मैं इसे लेकर थोड़ा घबराया हुआ था। हाँ, वे मेरे प्रोफेसर रह चुके थे, लेकिन वह परिसर की बात थी, जो मेरी जानी-पहचानी जगह थी। अब मैं यहाँ था, एक वी.वी.आई.पी. के आवास में। तय समय से एक घंटा पहले ही मैं 10 राजाजी मार्ग पहुँच गया। यह प्रधानमंत्री आवास और राष्ट्रपति के इस्टेट के बीच में पड़ता था।

मुख्य दरवाजे पर तैनान सशस्त्र सुरक्षाकर्मी मुझे अंदर लेकर आया। वह घर सफेद रंग से रँगा हुआ था और दो मंजिल का था। उसमें आगे और पीछे की ओर बागीचा भी था। यहाँ कतार में पेड़ लगे हुए थे, उनमें से कुछ तो असाधारण रूप से ऊँचे थे और तमाम पेड़ फैले हुए थे। चिड़ियों से भरा हुआ था बगीचा, वे अपने काम में मशगूल थीं और उन्हें इनसानों के आने-जाने या मौजूदगी से शायद ही कोई मतलब था।

'सर ने मिलने के लिए आपको ऊपर बुलाया है। इन सीढ़ियों से ऊपर जाइए और बाएँ मुड़ जाइएगा। वहाँ एक लाइब्रेरी है। वे वहीं बैठे हैं।' उनके यहाँ काम करनेवाले ने बताया।

मैं जब सीढ़ियाँ चढ़ रहा थ तो मेरा गोल्ड मेडल और मेरी डिग्री भारी-भरकम जान पड़ रहे थे, जो मुझे झुकाए दे रहे थे। लगभग पाँच महीने हो चुके थे मेरी उनसे मुलाकात हुए। मैं हैरत में था कि यह मुलाकात कैसी होगी। 'क्या अब भी वे मुझे पहचानेंगे?' इस अचानक आए विचार से मैं घबरा सा गया।

डॉ. कलाम एक छोटी सी मेज के सामने बैठे हुए थे और उनके सामने किताबों का गट्ठर जमा था। उक्त गट्ठर जैसे-तैसे ही संतुलन साधे हुए था। उन्होंने लाल रंग की टी-शर्ट और पैंट पहन रखी थी और एक किताब उनके हाथ में थी।

मुझे देखते ही उन्होंने कहा, 'ओह, तुम आ गए! बैठो-बैठो।' मैंने कुरसी ले ली और उनके सामने बैठ गया।

'मुझे बेहद खुशी हुई यह जानकर कि मेरे छात्र ने गोल्ड मेडल हासिल किया है। तुम एक अच्छे साथी हो।' वे बोले।

उनके खुले और गंभीर अंदाज से मैंने राहत महसूस की।

हमारी बातचीत आई.आई.एम.ए. की यादों से शुरू हुई। मैं खुश था और राहत महसूस कर रहा था कि उन्हें क्लासरूम में आपसी संवाद की तमाम चीजें याद थीं। फिर मैंने उन्हें अपनी डिग्री और मेडल दिखाने का फैसला किया। यह देखने में भोली, हालाँकि हल्की सी दंभी क्रिया अगले कुछ ही मिनटों में मेरे अंदर व्यापक बदलाव लानेवाली साबित होनेवाली थी।

मैंने उन्हें अपनी डिग्री पहले दिखाई। 'सर, पी.जी.पी. कोर्स में मुझे यह डिग्री मिली है।'

उन्होंने वह डिग्री हाथ में ले ली और पढ़ने लगे। फिर मैंने गोल्ड मेडल उनकी तरफ बढ़ाया।

'और सर, यह मेडल है।' मैंने गर्व से घोषणा की।

उन्होंने वह भी अपने हाथों में ले लिया और बेहद करीने से उसे देखने लगे। फिर उन्होंने डिग्री को मोड़कर मुझे वापस करते हुए बोले, 'तो···यह तुम्हें अच्छे नंबरों के लिए प्रदान की गई है, ठीक है?'

मैंने हामी में सिर हिलाया।

फिर उन्होंने मेडल देते हुए पूछा, 'यह गोल्ड मेडल है। क्या यह वाकई सोने का बना हुआ है?'

मैं एक पल के लिए लड़खड़ा गया। 'हाँ सर, यह 22 कैरेट सोने का है। इसीलिए यह बेहद छोटा सा बनाया गया है।' मुझे लगा, डॉ. कलाम मेडल के आकार की आलोचना कर रहे हैं और यह सोचकर मैं बचाव की मुद्रा में आ गया था।

'मेडल का आकार भले ही छोटा हो, लेकिन इसे हासिल करने में जो मेहनत हुई है, वह निश्चित तौर पर काफी कठिन रही होगी। यही बात मायने रखती है।' उन्होंने जवाब दिया।

कुछ पलों के लिए वहाँ सन्नाटा छाया रहा। फिर वे अपनी कुरसी पर टेक लगाकर बैठ गए, फिर अपने चिर-परिचित अंदाज में दोनों हाथों को आपस में जोड़कर बोले, 'तो तुमको अच्छे नंबर लाने के लिए एक महान् डिग्री प्रदान की गई।'

'निश्चित तौर पर, बिल्कुल।'

'तो हमें यह मान लेना चाहिए कि तुमने सर्वश्रेष्ठ शिक्षा हासिल कर ली है। तुमने

गोल्ड मेडल भी पा लिया है, वह भी सोने से बना हुआ। इसलिए हम यह भी मान सकते हैं कि तुम्हारे अंदर शिक्षा क्षेत्र के अलावा भी बुद्धिमत्ता और प्रतिभा है।'

मैंने सिर हिलाया, अपने अंदर हिलोरें मार रहे उत्साह को नियंत्रित करने की कोशिश कर रहा था मैं। राष्ट्रपति की सराहना मेरे अहं को पोषित कर रही थी।

उन्होंने अपनी बात जारी रखी, 'और मैं इस बात से भी आश्वस्त हूँ कि मेडल के साथ-साथ, तुम्हें पहचान भी मिली होगी?'

'हाँ, यह सम्मान मुझे समस्त छात्रों, अभिभावकों और फैकल्टी के सामने दिया गया।' मैंने सुनिश्चित किया।

'बहुत बढ़िया,' वे बोले और आगे की बात कहने के लिए एक पल के लिए रुके। 'तो सृजन, तुम्हें सर्वश्रेष्ठ शिक्षा का उपहार मिला है, उच्च बुद्धिमत्ता से तुम भरे हुए हो और तुमने बहु प्रतीक्षित स्वर्णिम पहचान भी हासिल कर ली है। क्या तुम नहीं सोचते कि अब यह तुम्हारी जिम्मेदारी है कि इन सबका सदुपयोग तुम न केवल अपनी प्रगति के लिए करो, बल्कि देश की प्रगति और विश्व की समस्याओं को हल करने में भी करो, क्या तब तक तुम्हारी क्षमताओं के साथ असल मायने में न्याय हो पाएगा?'

इन शब्दों ने मुझ पर चाकू सरीखा वार किया। मैं हिल गया। मैं वहाँ डॉ. कलाम से मिलने गया था, उन्हें मेडल दिखाने और उनका हस्ताक्षर लेने तथा उनके साथ कुछ तसवीरें खिंचवाने के लिए गया हुआ था। इसके तीन हफ्ते बाद मुझे बोस्टन कंसल्टिंग ग्रुप में नौकरी शुरू करनी थी।

लेकिन अचानक मैंने महसूस किया कि मैं जिम्मेदारियों के गुरुत्वाकर्षण में खिंचा जा रहा हूँ, जो कि मुझे गोल्ड मेडल प्रदान करके पहना दी गई हो।

डॉ. कलाम ने आगे कहा, 'श्रीजन, मैं तुम्हें अपने खुद के अनुभव से एक बात बताता हूँ। हर प्रतिभावान के ऊपर एक जिम्मेदारी है। हर उपलब्धि एक उम्मीद पैदा करती है। मेडल के साथ ड्यूटी का भी वजन बढ़ जाता है। डरो नहीं, लेकिन इस बारे में जागरूक बनो। इसका आनंद उठाओ, जैसे जिम्मेदारियाँ तुम्हें बड़े इनसान में बदल देती हैं। अब से आगे, तुम जहाँ कहीं भी जाओ, बस इतना याद रखो कि तुम्हें अपने सम्मान के साथ न्याय करना है।'

उनकी सलाह पर गौर करते हुए मैं फिर से गौरवान्वित महसूस करने लगा। बिना ज्यादा सोचे, मैं बड़बड़ा उठा, 'मैं समझता हूँ सर! क्या आप मुझे सिखा सकते हैं कि मैं अपनी जिम्मेदारियाँ कैसे पूरी करूँ, क्योंकि आप मेरे गुरु भी रह चुके हैं? क्या आप मुझे तीन हफ्ते अपने अधीन इंटर्नशिप में रखने की मंजूरी दे सकते हैं, ताकि मैं कुछ उन विकल्पों पर विचार कर सकूँ, जिनके बारे में आपने आई.आई.एम.ए. में हमें पढ़ाया था?

इससे मुझे विकसित होने में मदद मिलेगी और मैं वादा करता हूँ कि मेरा काम आपके मन–मुताबिक होगा।'

यह मन–मुताबिक था, यहाँ तक कि स्वत:स्फूर्त था, मैंने जो कुछ भी पूछा—वह अपने आप बाहर आया और हममें से किसी ने भी ऐसी उम्मीद नहीं की थी। लेकिन उन्होंने भी इसे खारिज करने पर ज्यादा जोर नहीं दिया।

'मैं दिन के आखिर में इस बारे में तुम्हें बताऊँगा।' उन्होंने कहा।

मैंने उनसे हाथ मिलाया और उनके चरण स्पर्श किए। मैंने कैमरा इस्तेमाल करने से खुद को रोक लिया। जीवन में कुछ पल इतने बेशकीमती होते हैं कि कैमरे का लेंस भी उन्हें नहीं सहेज सकता; वे पल यादों में इस कदर बस जाते हैं कि फिल्म के रोल डेवलप कराने पर भी वह चमक नहीं मिल पाती है।

दिन के अंत में उनके सलाहकार मेजर जनरल स्वामीनाथन ने डॉ. कलाम के ऑफिस से फोन कर मेरी इंटर्नशिप पर मुहर की पुष्टि कर दी। उन्होंने इंटर्नशिप की अवधि के बारे में नहीं बताया और मैंने पूछना भी उचित नहीं समझा। मुझे अगले हफ्ते रिपोर्ट करने के लिए कहा गया। मैं तब नहीं जानता था, लेकिन बाद में मुझे पता चला कि 10, राजाजी मार्ग में इंटर्नशिप करनेवाला मैं पहला व्यक्ति थ।

मेरा जीवन बदल चुका था। एक क्लासरूम के शिक्षक के बाद डॉ. कलाम अब मेरे निजी गुरु बन चुके थे।

वह इंटर्नशिप, जो कि बमुश्किल तीन हफ्ते चलनी थी, दो महीने तक खिंच गई। मेरे पास बोस्टन कंसल्टिंग ग्रुप की तरफ से फोन आने लगे, क्योंकि मैंने तय समय पर उनके यहाँ ज्वॉइन नहीं किया था। उस जैसी गतिशील कंपनी में एक महीने विलंब का मतलब था कि प्रोन्नति और रेटिंग पर गंभीर असर पड़ सकता था।

जब मेरी इंटर्नशिप का दूसरा महीना शुरू हुआ, तो मैंने कंपनी के एच.आर. हेड को मेल करने का साहस जुटाया और उन्हें यह बताया कि मैं उनकी कंपनी में ज्वॉइन नहीं कर पाऊँगा। यह कुछ ऐसा था, जिसके बारे में मैंने किसी से सलाह नहीं ली थी, न परिवार से और न डॉ. कलाम से ही। कोई नहीं जानता था कि मैं एक शानदार कॉरपोरेट जॉब छोड़ रहा हूँ।

अब सोचता हूँ तो लगता है कि यह मेरे जीवन के सबसे बेहतरीन निर्णयों में से एक था।

इस समय तक, जुलाई के अंत में, मैं राह में आनेवाली समस्त चुनौतियों का सामना करने में आनंद महसूस कर रहा था और संभवत: उनसे निपटने नें पारंगत होता जा रहा था। डॉ. कलाम ने एक दिन मुझसे पूछा, 'क्या तुम्हारे माता–पिता चिंतित नहीं हैं कि तुम यहाँ क्या कर रहे हो?' यह एक जायज सवाल था और चूँकि सौभाग्य से मुझे बेहद

शांत माता-पिता मिले हैं, फिर भी मैंने कुछ चिंताओं को जन्म दे दिया था, क्योंकि मुझे भारी-भरकम स्टूडेंट लोन भी चुकाना था। मैंने सिर हिलाया और कहा, 'थोड़ा-बहुत चिंतित तो होंगे, लेकिन मैं उन्हें सँभाल लूँगा।'

इसके जवाब में उन्होंने जो कहा, उससे मुझे सुखद आश्चर्य हुआ। 'चिंता मत करो, मैं उनसे मिलने जाऊँगा और बताऊँगा कि तुम एक अच्छे साथी हो।'

यह सुनकर कुछ क्षणों के लिए मुझे अपने कानों पर यकीन ही नहीं हुआ। मैंने स्पष्ट किया, 'ठीक है सर, मैं उनसे यहाँ आकर आपसे मिलने के लिए कह दूँगा।'

'नहीं, मजाक नहीं करो। मैं अगले हफ्ते लखनऊ जा रहा हूँ और मैं उन लोगों से जाकर मिल लूँगा।'

3 अगस्त, 2009 को मेरे परिवार, पड़ोसियों और लखनऊ मीडिया के आश्चर्य का ठिकाना न रहा कि एक पूर्व राष्ट्रपति अपने छात्र के सामान्य से घर जा पहुँचे। वह एक अतुलनीय उपहार था, जो मुझे उनसे मिला।

नवंबर तक मैं डॉ. कलाम के साथ स्थायी रूप से जुड़ गया, एक इंटर्न से ऑफिसर ऑन स्पेशल ड्यूटी और भारत के पूर्व राष्ट्रपति के सलाहकार के तौर पर मुझे वहाँ नियुक्ति मिल गई। अगले साल, हम अपनी पहली किताब—टार्गेट 3 बिलियन, छपवाने के मुकाम तक जा पहुँचे थे। उनके साथ मेरा ऐसा जुड़ाव मेरे गुरु की आखिरी साँस तक बना रहा।

डॉ. ए.पी.जे. अब्दुल कलाम की युवाओं के लिए शपथ—

1. मेरा एक लक्ष्य होगा और उसे हासिल करने के लिए मैं कठोर परिश्रम करूँगा। मैं जानता हूँ कि छोटा लक्ष्य एक अपराध के समान है।
2. मैं निष्ठापूर्वक काम करूँगा और निष्ठापूर्वक ही सफलता हासिल करूँगा।
3. मैं अपने परिवार, समाज, देश और दुनिया के एक अच्छे सदस्य के रूप में पेश आऊँगा।
4. मैं किसी का जीवन बचाने या बेहतर बनाने का हमेशा प्रयास करूँगा, जो कि किसी जाति, धर्म, मजहब, भाषा या राज्य में विभेद किए हुए होगा। मैं चाहे जहाँ भी रहूँ, यह विचार हमेशा मेरे मन में बना रहेगा—मैं क्या योगदान दे सकता हूँ?
5. मैं बिना किसी पक्षपात के इनसानी जिंदगी के सम्मान को बचाने और उसे आगे बढ़ाने का कार्य करता रहूँगा।
6. मैं हमेशा समय की महत्ता का ध्यान रखूँगा। मेरा उद्देश्य होगा, मेरे सक्रिय दिन व्यर्थ नहीं जाने चाहिए।
7. मैं हमेशा एक स्वच्छ धरती और स्वच्छ ऊर्जा के पक्ष में काम करता रहूँगा।

8. देश का एक नौजवान होने के नाते मैं अपने हर काम में सफलता हासिल करने के लिए साहसपूर्वक काम करूँगा और उस सफलता का दूसरों के साथ आनंद उठाऊँगा।
9. मैं अपने विश्वास की ही भाँति युवा हूँ और अपनी शंकाओं की तरह बूढ़ा। इसलिए मैं अपने हृदय में विश्वास का दीया जलाऊँगा।
10. मेरा राष्ट्रीय ध्वज मेरे दिल में फहरता है और मैं देश के लिए गौरवमयी क्षण लाऊँगा।

□

3

आलोचना के साथ भारी कर्ज भी आता है

डॉ. कलाम के साथ शुरुआती दिनों में हमने एक आदत बना ली थी कि हम काफी देर तक काम करते थे। हम रोज की खबरों पर चर्चा करते थे, जो कि अखबारों, पत्रिकाओं, पुस्तकों या इंटरनेट से एकत्र की गई होती थीं। ऐसा कोई विषय नहीं होता था, जिसे हम अपने वार्त्तालाप में शामिल न करते हों।

हर दिन, जितनी जल्दी वे अपने कार्यालय जाते थे, अपनी सीट पर बैठने से पहले वे खबरों के बारे में जानना चाहते थे। 'तो मजाकिया साथी, दुनिया में क्या हो रहा है?' यह मेरी जिम्मेदारी रहती थी कि मैं उन्हें खबरों के बारे में बताऊँ, जिन्हें मैंने उनके आने से पहले एकत्र कर रखा होता था। एक बार जब मैं बता चुका होता, तो वे कहते, 'मेरे पास तुम्हारे लिए भी एक दिलचस्प चीज है।' फिर वे सावधानी से कुछ पन्नों को उठाते, जिन्हें उन्होंने रात में सोने से पहले या सुबह एकत्र किया होता और उन्हें पढ़कर मुझे सुनाते। इस तरीके से हमने तीन किताबों के लिए सामग्री एकत्र कर ली, जिन्हें हमने साथ-साथ पूरा किया।

2010 में एक आध्यात्मिक गुरु राष्ट्रीय बहस का विषय बने हुए थे। गुरु का कहना था कि उन पर हमला किया गया। हालाँकि पुलिस उस घटना से इनकार कर रही थी, यहाँ तक कि गुरु का कहना था कि उनकी हत्या की कोशिश की गई थी। मीडिया ने भी इसे काफी उठाया और यह घटना कुछ ही समय में चर्चा का विषय बन गई। पुलिस के बयान से मुझे गुरु पर ही शक हो रहा था।

तो सुबह की बातचीत के दौरान एक रोज मैं गुरु को सिरे से खारिज करते हुए उनकी आलोचना कर रहा था और तर्क भी दे रहा था कि किस तरह वे सहानुभूति बटोरने की कोशिश कर रहे हैं। डॉ. कलाम ने मुझे धैर्यपूर्वक सुना, फिर उन्होंने कुछ सवाल भी मेरे सामने रखे, लेकिन उन्होंने मेरी बातों को सिरे से खारिज नहीं किया।

दो हफ्ते बाद, एक रात जब हम रात के खाने के लिए घर में टेबल पर मिले, तो

उन्होंने एक छपा हुआ लेख मेरी तरफ बढ़ाया और बोले, 'इसे पढ़ो। हो सकता है, तुम्हें अच्छा लगे। बताना कि तुम क्या सोचते हो इस बारे में ?'

वह लेख उसी गुरु के ऊपर था, जिसकी मैंने दो हफ्ते पहले आलोचना की थी। उसमें विस्तार से बताया गया था कि किस तरह वे ध्यान और एकता के नए तरीकों के माध्यम से हजारों लोगों में आस्था और शांति का संचार कर रहे थे। यह कुछ इस प्रकार था कि उनकी ख्याति अनेक देशों में जा फैली थी।

मेरी तात्कालिक प्रतिक्रिया बचाव की थी। 'हो सकता है कि यह सच हो, लेकिन यह वही शख्स है, जिसके आरोपों को पुलिस ने खारिज कर दिया था।'

'किसी के अनुचित कार्यों पर जब आप उसकी निंदा या आलोचना करते हैं तो यह जिम्मेदारी भी आप पर बनती है कि जब वह कोई अच्छा काम करे या उपलब्धि हासिल करे तो दोगुनी ऊर्जा के साथ उसकी तहेदिल से प्रशंसा भी करें।'

उन्होंने आगे कहा, 'अगर कोई प्रशंसनीय काम करता है, तो पूर्व में किसी मुद्दे पर उसके प्रति निजी कड़वाहट उसमें घुल जानी चाहिए और उसके प्रति आपकी तरफ से प्रशंसा भरे शब्द ही निकलने चाहिए अन्यथा यह अनुचित माना जाएगा। आलोचना एक प्रकार का बोझ या कर्ज है, जिसे तारीफ के माध्यम से ही उतारा या चुकाया जाना चाहिए। इससे उस शख्स पर ही दबाव नहीं बनता, बल्कि निंदा या आलोचना करनेवाले पर भी समान रूप से दबाव बनता है। आलोचना करना और उसे वापस लेना, दोनों ही बुद्धिमत्तापूर्वक होना चाहिए। अगर आप किसी की आलोचना करते हैं तो सावधानीपूर्वक उसका नाम कहीं दर्ज कर लें, आपको उनके कृत्यों पर निरंतर गौर करना होगा और यह देखते रहना होगा कि आपने जो आलोचना की थी, वह आगे चलकर भी उचित है क्या ? अगर वह व्यक्ति कोई अच्छा काम करता है तो उसकी तारीफ करने में जरा सा भी वक्त न गँवाएँ। आलोचना कुछ इस तरह की ही होनी चाहिए। आपको आलोचना के कर्ज को जहाँ भी संभव हो, प्रशंसा करके चुकाना होगा। इससे अलग यह भी महत्त्वपूर्ण है कि आप दूसरों की सफलता का भी आनंद लेना सीखें।'

उस दिन से मैंने अपने तमाम लेनदारों पर नजर रखनी शुरू कर दी, जिनकी मैंने कभी किसी बात पर आलोचना की थी, उनके नामों को उसी डायरी में लिखना शुरू कर दिया, जिसमें मैंने डॉ. कलाम की नसीहत लिखी थी। समय बीतने के साथ मैंने अपना कर्ज उतारा और इस तरह यह सूची छोटी होती गई।

डॉ. कलाम का यह एक और गुण मेरे सामने आया था। वे शायद ही कभी किसी की निंदा करते थे। यहाँ तक कि अगर वे किसी के बारे में नकारात्मक प्रतिक्रिया सुनते, तो उसे एक सुझाव के तौर पर लेते, न कि आलोचना के तौर पर। उनका यह एक स्वस्थ तरीका था, जिसके बारे में मुझे बरसों बाद पता चला था, मंशा हमेशा मदद करनेवाली

होनी चाहिए, न कि दुःख पहुँचाने की, सुधार की मंशा होनी चाहिए, न कि दंड देने की। किसी पर दोषारोपण करने से कुछ भी हासिल नहीं होता; लोगों को सही राह दिखाना और उसे पर आगे बढ़ाना ज्यादा बेहतर विकल्प साबित होता है। डॉ. कलाम ने कभी भी अपने पूरे जीवनकाल में किसी की निंदा का कर्ज नहीं ढोया।

जहाँ तक दूसरों की सफलता का आनंद उठाने का मामला था, तो ऐसे लोगों का दायरा बढ़ाने की जरूरत है, जिनकी खुशियों से हमें भी खुशी मिल सके। उनके इस सरल सिद्धांत की ताकत और गहराई का भी मुझे एहसास हुआ।

अगर हमारी खुशियाँ घटनाओं की समझ पर आधारित हैं, तो हमें उन्हें इस तरह से समझने का प्रयास करना चाहिए, जिससे हमें आनंद की अनुभूति हो।

□

4

कठोर परिश्रम को सबसे ज्यादा सम्मान का हक

डॉ. कलाम की जीवनशैली की एक खास पहचान थी—'चलते रहो।' जब भी वे दिल्ली में होते तो उनका चलना हमेशा शाम 3 बजे शुरू होता था। वे अपने आवास राजाजी मार्ग के चारों ओर एक घंटे तक टहलते थे। उनके टहलने के कार्यक्रम में कोई भी बाधा नहीं आ सकती थी। अगर बारिश होती तो वे छाता ले लेते। मई के महीने में जब गरमी चरम पर होती और बरदाश्त के बाहर होती, तो वे छाया में टी-शर्ट और पैंट में टहलते। कड़ाके की ठंड में वे स्वेटर और शॉल में बाहर निकलते थे। अगर कोई इस एक घंटे में उनसे मिलना चाहता, तो वे उसे भी टहलने के लिए आमंत्रित कर लेते, लेकिन चाहे कुछ भी हो जाए, उनका टहलना हर रोज दोपहर 3 बजे शुरू होना ही होना था।

अकसर वे टहलने के दौरान मुझे अपने साथ ले जाते थे। वह समय चिंतन और प्रतिबिंबन का होता। दरअसल, हमारी किताबों, भाषणों और कार्यों को लेकर बहुत सारे शानदार विचार हमें टहलने के दौरान ही दिमाग में आते थे। इसी क्रम में मुझे एक वाकया याद आता है, जो टहलने के कार्यक्रम से ही जुड़ा है।

डॉ. कलाम जिस रास्ते पर रोज टहलते थे, उसके दोनों तरफ गुलाब के फूल लगे हुए थे, जिनकी हमारे माली कंचन सावधानीपूर्वक देखभाल करते थे। लगभग सभी गुलाब के पौधों में लाल रंग के ही गुलाब खिलते थे। डॉ. कलाम को गुलाब बेहद पसंद थे और वे उनकी देखभाल पर भी विशेष ध्यान रखते थे। हर बार जब भी अच्छे गुलाब खिलते तो कंचन को इनाम मिलना तय रहता था। डॉ. कलाम कंचन को भी 'मेरा विशेषज्ञ मित्र, जो हम सबके लिए गुलाब खिलाते हैं,' कहकर संबोधित करते थे।

सितंबर, 2011 में हम लोग 'टार्गेट 3 बिलियन' पुस्तक लिख रहे थे। पुस्तक की

पांडुलिपि तैयार होने के बावजूद नए-नए विचार आते जा रहे थे और हम उन्हें अपनी अगली पुस्तक के लिए सहेजे जा रहे थे। एक दोपहर, जैसा कि तय था, मैं उनके साथ ही टहल रहा था, उनके विचारों को सुन रहा था, पांडुलिपि की एक कॉपी मेरे हाथ में ही थी, उन्होंने अचानक मुझे रुकने का इशारा किया।

'आओ, हम उलटी दिशा में टहलें।' उन्होंने कहा।

मैं नहीं जानता कि उन्होंने अपना मन अचानक क्यों बदला, लेकिन जब पूर्व राष्ट्रपति आपसे कहें कि उलटी दिशा में टहलना है, तो आप उनसे सवाल नहीं कर सकते और जैसा वे कहें, वैसा करना ही होता है। इसलिए हमने तुरंत दिशा बदल ली।

उस इलाके को खतरनाक बंदरों की कॉलोनी के रूप में जाना जाता था, जिन्हें इनसानों का जरा सा भी डर नहीं होता था। वे जहाँ चाहते थे, उन्मुक्त भाव से कूद-फाँद करते थे और अकसर बंदर पकड़ने में प्रशिक्षित व्यक्ति वहाँ लंगूर के साथ तैनात करना पड़ता था।

आमतौर पर हम उन हिस्सों से नहीं गुजरते थे, जहाँ बंदरों का उत्पात ज्यादा होता था और उसी रास्ते पर चलते थे, जो लंगूर की सुरक्षा में होता था; लेकिन चूँकि हमने दिशा बदल ली थी, मुझे एक भी बंदर नजर नहीं आया; वहाँ सिर्फ जाना-पहचाना लंगूर ही दिखा, जो कि छाँव में बैठा हमारी तरफ आलस्य भरी नजर से देख रहा था। मैंने डॉ. कलाम से पूछा, 'आपने दिशा क्यों बदल दी? इस ओर बंदर भी नहीं हैं!' मैंने सोचा कि उन्होंने जरूर वह चीज देखी होगी, जिसे देखने से मैं चूक गया हूँ।

'उस ओर कुछ अलग सा नजर आ रहा है,' उन्होंने कहा, 'ध्यान से देखो।' उनका इशारा गुलाब की एक झाड़ी की तरफ था, जो हमसे ज्यादा दूर नहीं थी।

मैंने उस चटक धूप में आँखों पर जोर डालकर झाड़ी में देखना चाहा, लेकिन मुझे कुछ भी असाधारण नजर नहीं आया। 'वहाँ तो कुछ भी नहीं है, सर।'

फिर उन्होंने कहा, 'देखो भाई, मधुमक्खी अपना काम कर रही है। वह अपने परिवार के लिए खाना भी इकट्ठा कर रही है और उस प्रक्रिया में फूल से परागकण एकत्र करके उसे खिलाने का भी काम कर रही है। वह एक साथ दो प्रजातियों की मदद कर रही है। मैं कहता हूँ, यह बेहद महत्त्वपूर्ण काम है। यह काम भगवान् का है।' वे मुसकराए।

फूलों के परागण (पॉलिनेशन) के पीछे के विज्ञान के बारे में मुझे पता था, लेकिन मैंने इस प्रक्रिया के पीछे निहित आध्यात्मिक तथ्य पर कभी गौर नहीं किया था। एक झटके में वे मुझे ऐसे संसार में लेकर गए, जहाँ विज्ञान और अध्यात्म का मिलन होता है, जहाँ ज्ञान की ताकत का मिलाप अवलोकन के पराक्रम से हो रहा था।

'ये कितने व्यस्त साथी हैं,' उन्होंने बात जारी रखी, 'कठोर परिश्रमी नन्हे साथी।

जो कठोर परिश्रम करता है, वही सर्वोच्च सम्मान का हकदार होता है और इसलिए हमें अपनी दिशा निश्चित रूप से बदलनी चाहिए, ताकि हम उनकी प्रशंसा कर सकें और इस बात का ध्यान भी रखें कि उनके महान् काम में बाधा न पैदा करें।'

मैं उनकी इस उच्च स्तर की संवेदना से अभिभूत हो गया और हैरत में पड़ गया कि उनका ध्यान किस कदर विस्तार पा जाता था और प्रकृति के काम की तरफ वे किस स्तर की संवेदना रखते थे। काम के प्रति सम्मान, भले ही उसे कोई भी कर रहा हो, एक ऐसा गहरा पाठ था, जिसे मैंने उनसे ही सीखा।

जब हम एक चक्कर पूरा करके दोबारा उस जगह पहुँचे, तो हम उन फूलों के पास से दोबारा गुजरे, लेकिन मधुमक्खियाँ वहाँ से निकलकर दूसरे फूलों पर जा बैठी थीं। मैंने डॉ. कलाम से उन फूलों के पास खड़े होकर फोटो खिंचवाने का निवेदन किया, ताकि मैं उन पलों को हमेशा के लिए याद रख सकूँ।

□

5

मुझे किसलिए याद रखा जाना चाहिए?

अमूमन डॉ. कलाम अपने भाषणों में युवाओं को केंद्र में रखते थे और एक सवाल के साथ उसका समापन करते थे, 'आप किसलिए याद रखा जाना पसंद करेंगे?' यह ऐसा जबरदस्त सवाल होता था कि युवा छात्र ऊर्जा और सपनों से भर उठते थे। यह उन्हें उम्मीदें या अपेक्षाएँ कायम करने, सोचने और उस पर काम करने के लिए प्रेरित करता था।

कलाम की इस खासियत से सबसे पहले मैं 2008 में रूबरू हुआ था, जब मैं आई.आई.एम.ए. का छात्र था। डॉ. कलाम एक सवाल पर ही नहीं रुकते थे, हालाँकि वे हमें कॅरियर के तौर पर कम-से-कम 15 विकल्प देते थे, जिनमें से हमें अपना जवाब चुनना होता था। उनमें से कुछ मैं आपके लिए प्रस्तुत करता हूँ—

1. क्या आप विभिन्न जलक्षेत्रों को आपस में जोड़ने और देश की बाढ़ और सूखे की समस्या को खत्म करने के लिए याद रखा जाना पसंद करेंगे?
2. ऊर्जा खपत के मामले में हमारे देश को आत्मनिर्भर बनाने में योगदान के लिए आप याद रखा जाना पसंद करेंगे?
3. क्या आप ऐसे खास काम के लिए याद रखा जाना पसंद करेंगे, जिससे सैकड़ों इकाइयाँ या उद्यम पैदा हो सकते हों?
4. क्या आप मजबूत भारत के निर्माण में १०० करोड़ भारतीयों का नेतृत्व करने के लिए याद रखा जाना पसंद करेंगे?
5. या आनेवाली पीढ़ी द्वारा जन-स्वास्थ्य प्रणाली में नए प्राण भरने के लिए याद रखा जाना पसंद करेंगे?

2009 में, जब मैंने उनके साथ काम करना शुरू किया, तो मैंने महसूस किया कि स्कूलों और कॉलेजों में उनके तमाम भाषणों का यह आम विषय हुआ करता था। वे अपनी बात खत्म करते हुए कहते, 'आज की रात, सोने से पहले, एक कागज लो

या अपना लैपटॉप उठाओ। मैंने जो सवाल पूछा है, आप उसका जवाब लिखो और मुझे भेज दो। अगर आपका जवाब अच्छा रहा, तो मैं आपको एक तसवीर और अपना ऑटोग्राफ आपको भेजूँगा!'

ज्यादातर छात्रों से वे मिलते तो कम-से-कम एक बार ऐसा सवाल उनके सामने वे रखते जरूर थे, लेकिन चूँकि मैं उनके साथ काम कर रहा था, मेरे सामने ऐसे सवाल जब-तब आते रहते थे, कभी-कभी तो हफ्ते में एक बार जरूर ऐसा होता था और हर बार मेरा जवाब सुनने के बाद वे कहते, 'ओह! तुम इस पर और काम करो। पिछली बार की तुलना में और सुधार करो। इसमें और भी चीजें जोड़ो।'

यह प्रक्रिया अगले छह महीने तक लगातार चली, जब तक कि मैं अपने उत्तर में सुधार के चरम पर नहीं पहुँच गया और ऊब नहीं गया। मेरे पास विचारों का टोटा हो गया।

एक बार केरल के रास्ते में डॉ. कलाम ने फिर अपना जाना-पहचाना सवाल दागा। मैंने फैसला किया कि इस बार मैं गेंद उन्हीं के पाले में डाल दूँगा। यह एक तरह से बचाव और ऊब से बचने का ब्रह्मास्त्र था। 'मैं आपके इस सवाल का कितनी बार जवाब दे चुका हूँ। इस सवाल का जवाब देकर आप कुछ बदलाव क्यों नहीं लाते इसमें? आप किसलिए याद रखा जाना पसंद करेंगे?' मैंने देखा कि वे मेरे जवाब को सुनकर मुसकरा रहे थे।

वहाँ एक संक्षिप्त, लेकिन असाधारण सन्नाटा छा गया था।

तो मैंने अपनी बात जारी रखते हुए कहा, 'चलिए, मैं आपके लिए इसे और आसान बना देता हूँ। क्या आप एक मिसाइलमैन, न्यूक्लियरमैन, रॉकेट इंजीनियर, भारत रत्न राष्ट्रपति, राष्ट्रपति या एक लेखक के तौर पर याद रखा जाना पसंद करेंगे?'

मैंने सोचा कि इसके जरिए मैंने उनकी समस्त उपलब्धियों को समाहित कर दिया, लेकिन मुझे अब भी उनसे बहुत कुछ सीखना बाकी रह गया था और उस दिन मुझे उनके गहरे अंत:करण में झाँकने और उनके दिमाग की थाह जानने का मौका मिला था।

'तुम्हारे दिए सारे विकल्प गलत हैं,' उन्होंने स्पष्ट कर दिया और मुझे चौंका दिया। मैंने एक बार फिर अपने दिमाग पर पूरा जोर डालते हुए सारे तथ्य याद करने का प्रयास किया, लेकिन मैं अब भी यह नहीं समझ पाया था कि उनके जीवन का ऐसा कौन सा पहलू था, जो मुझसे छूट रहा था। उन्होंने अगले ही वाक्य में मेरे संशय को दूर कर दिया।

'सही विकल्प तुम्हारी सूची में है ही नहीं। मैं तुम्हारी बताई इन सारी चीजों के लिए याद नहीं रखा जाना चाहूँगा।' और तब एक उत्साही लहजे में उन्होंने खुलासा किया, 'मैं एक शिक्षक के तौर पर ही याद रखा जाना चाहूँगा। यही मेरा लक्ष्य है।'

उस दिन मुझे यह एहसास हुआ कि मैंने वाकई उनके बारे में सर्वाधिक स्वाभाविक तथ्य को लेकर चूक कर दी थी। पीछे 2008 में, डॉ. कलाम सबसे पहले मुझसे मेरे

शिक्षक के रूप में ही मिले थे और इसी के जरिए उन्होंने मेरे जीवन में बेहद अहम भूमिका अदा की थी और ऐसा ही उन्होंने मेरे जैसे बहुत से लोगों के साथ किया था।

मैंने अपना सवाल यहीं खत्म नहीं किया।

एक आखिरी सवाल बच गया था, जो मैं उनसे पूछना चाहता था, ताकि उनके सबसे प्रिय सवाल का जवाब मिल सके। 'मुझे असल में कैसे पता चलेगा कि मैं किस चीज के लिए याद रखा जाना चाहता हूँ?' मैंने पूछा।

तब वे मुसकराए और बोले, 'इस बारे में कुछ भी कहना कठिन है; क्योंकि सच्चा जवाब उभरता रहता है, लेकिन मैं इस बारे में तुम्हें बताऊँगा। एक डायरी या नोटबुक लो। उसे कोई नाम दो, जो तुम्हारे दिल के बेहद करीब हो, कुछ ऐसा, जो तुम्हें याद दिलाता रहे कि तुम क्या बनना चाहते हो। इसमें हर वह चीज लिखने की आदत बनाने का प्रयास करो, जिसके बारे में तुम सीखते हो और हर वह चीज, जो तुम अपने लक्ष्य-प्राप्ति की दिशा में करते जाते हो। इसके अलावा इसमें उन चीजों के बारे में भी लिखो, जो तुम्हें परेशान करती हैं और हर वह चीज, जो आप अपने दीर्घकालीन लक्ष्य प्राप्ति के लिए करते जाते हैं। उन छोटे-छोटे कदमों या प्रक्रियाओं को भी दर्ज करें, जो आप अपने लंबे व कठिन सफर में आजमाते जाते हैं। खासतौर पर उस समय का जिक्र जरूर करें, जब आप विफल हुए थे, ताकि आपको अपनी राह के रोड़े के बारे में भी आभास बना रहे। उन लोगों का भी जिक्र अपने रिकॉर्ड में करें, जिन्होंने आपको गिरने से उठाया था, उनके प्रति हमेशा आभारी रहना याद रखें। आनेवाले वर्षों में, जब आप इसके पन्ने पलटकर देखेंगे तो मुसकराएँगे। संभव है कि आप भी दूसरों को प्रेरित करने में सक्षम हो पाएँ।'

उस बातचीत के बाद मैंने सबसे पहला काम यही किया कि एक बड़ी नोटबुक खरीदी। मैंने उसमें अपने सपने और अपेक्षाओं का जिक्र किया। मैंने उसे अपने सबसे करीबी शख्स का नाम दिया, जो मेरे दिल के बेहद करीब था। मैंने उसे नाम दिया 'कलाम डायरी'।

□

6

गंभीर हालात आपकी छिपी प्रतिभा को उभारते हैं

डॉ. कलाम के साथ मेरे कार्यकाल के दौरान मुझे ज्यादातर उनके भाषण और व्याख्यान तैयार करने का जिम्मा मिला हुआ था। मैं उनके व्याख्यानों के लिए ताजातरीन और प्रासंगिक आँकड़े एकत्र करता था, उन्हें ढाँचागत आधार देता और पूरे दस्तावेज को संपादित करके अंतिम रूप देता था।

फरवरी, 2011 में डॉ. कलाम ने पुडुचेरी स्थित इंडियन सोसाइटी ऑफ नेफ्रालॉजी के 30वें वार्षिक समारोह का निमंत्रण स्वीकार कर लिया। 12 फरवरी को वह आयोजन होना था और डॉ. कलाम की फ्लाइट चेन्नई के लिए 11 तारीख के लिए तय हो गई, क्योंकि चेन्नई पुडुचेरी का नजदीकी एयरपोर्ट था।

नौवीं की सुबह डॉ. कलाम ऑफिस पहुँचे और उन्होंने मुझे नेफ्रालॉजी पर सामग्रीं का पहाड़ थमा दिया—किडनी पर अध्ययन सामग्री। फिर उन्होंने कहा, 'देखो, परसों, मैं इंडियन सोसाइटी ऑफ नेफ्रालॉजी की कॉन्फ्रेंस में जा रहा हूँ। इसमें ताजा विचारों और अद्यतन मजमूनों से लैस कर मैं इसे बेहद अहम व्याख्यान बनाना चाहता हूँ। क्या तुम मुझे आज रात तक इस सिलसिले में एक ड्राफ्ट तैयार करके दे सकते हो, ताकि हम कल इस पर चर्चा कर सकें।'

मैं यह स्वीकार करता हूँ कि मैं नेफ्रालॉजी के बारे में बिल्कुल नहीं जानता। मेरे लिए यह ग्रीक समान है। हालाँकि मैं जानता हूँ कि अगर मैं इस विषय पर कुछ पढ़ूँ तो हो सकता है कि इसके बारे में भी थोड़ा-बहुत जान जाऊँ, लेकिन एक दिन के अंदर? यह एक असंभव काम लगने लगा। मेरे पास ज्यादा विकल्प भी नहीं थे, जबकि उन्हें तीन दिन बाद अपना व्याख्यान प्रस्तुत करना था।

मैं चिंता में पड़ा हुआ और सोच में डूबा हुआ था, तभी वे मेरे पास पहुँचे और

बोले, 'अच्छा है। इसका मतलब मैं ड्राफ्ट देख पाऊँगा।'

इससे पहले कि मैं कुछ बोल पाता, वे कमरे से चले गए।

सुबह 10.30 बजे से मैं गहन इंटरनेट रिसर्च में डूब गया। मैं उस विषय पर लेख-दर-लेख पढ़ता गया, तमाम मेडिकल जर्नल को समझने में संघर्ष करता रहा और उनके मायने निकालने का प्रयास करता रहा। यह पहाड़ चढ़ने जैसा काम था, जो कि समय के साथ रेस जैसा भी था। मैं शाम तक इसमें लगा रहा, अब तक मैं सैकड़ों लेख और खबर सामग्रियों को देख चुका था, उनमें से जरूरी चीजों को दर्ज करते हुए अहम नोट भी तैयार कर डाला था। मुझे खाना खाने का भी समय नहीं मिला, इसलिए मैं जल्दी-जल्दी खाया जा सकनेवाला बिस्किट और कॉफी ही ले सका था। रात साढ़े दस बजे मैं पूरी तरह थक चुका था और बुरी तरह से भूख से व्याकुल था। मेरे विचार से मैं नेफ्रालॉजी पर सबसे तेजी से खुद ही पढ़कर विशेषज्ञ बन चुका था।

मैंने जैसे-तैसे आठ पन्ने का ड्राफ्ट तैयार कर लिया, उसका प्रिंट निकाला, कागजों को क्रम में व्यवस्थित किया और रीडिंग-रूम की ओर बढ़ चला, जहाँ मुझे उम्मीद थी कि डॉ. कलाम भी मौजूद होंगे और जैसी कि मुझे उम्मीद थी, किताबों के गट्ठर के पीछे वे अपनी पसंदीदा किताब पढ़ते हुए ही मिले—स्टीफन कोवे की 'एवरीडे ग्रेटनेस'।

मैं उनसे ड्राफ्ट की बाबत त्वरित चर्चा करके सोने के लिए जाना चाहता था। मैं सोच रहा था कि अगर वे ड्राफ्ट से संतुष्ट हों तो अगले दिन की शुरुआत हम दोनों ही चैन से कर सकते हैं। मैंने ड्राफ्ट उन्हें सौंप दिया और उनके सामने रखी कुरसी पर इस उम्मीद के साथ बैठ गया कि वे ड्राफ्ट पर एक नजर डालेंगे। इंतजार करते समय मैं उनके टेबल पर रखी किताबों के गट्ठर को देख रहा था और हैरानी से सोच रहा था कि एक के ऊपर एक रखी किताबों के बीच या एकदम नीचे से वे कैसे कोई किताब निकालते होंगे और ऊपर रखी किताबें बिखरती भी नहीं हैं।

'मैंने ड्राफ्ट देख लिया है,' वे बोले, मैं अपनी सोच से बाहर निकल आया। 12 घंटे के लगातार काम के बाद सबकुछ बिखरा हुआ सा लग रहा था।

'और?' मैंने पूछा।

'हाँ, देखो, पहले प्रयास के तौर पर यह अच्छा है, लेकिन अब तुमको इसे और दिलचस्प और व्यावहारिक बनाने पर जोर देना होगा। ताकि हॉल में बैठे लोगों में यह दिलचस्पी पैदा कर सके और जुड़ाव पैदा कर सके। मैं भी अपने नोट्स तुम्हें दूँगा, उसे भी अपने अगले ड्राफ्ट में शामिल कर लेना। हम इस पर कल चर्चा करेंगे।'

मैं हताश सा हो गया। मैंने पूरे दिन ड्राफ्ट पर मेहनत की थी, लेकिन उनकी अपेक्षाओं के अनुरूप काम नहीं कर पाया था।

मैं घर गया और उस पर एक बार फिर काम शुरू किया। मैं सुबह साढ़े छह बजे तक

काम करता रहा। एक बार फिर जब मैंने उसे पूरा कर लिया, तो दोबारा तैयार ड्राफ्ट मैंने उन्हें इ–मेल किया, कुछ घंटे की नींद ली और सुबह नौ बजे फिर से ऑफिस पहुँच गया।

डॉक्टर कलाम उस दिन ऑफिस जल्दी पहुँच गए थे और अपने साथ नया ड्राफ्ट भी ले आए थे। इससे पहले कि मैं उनसे कुछ पूछता, उन्होंने कहा, 'तुमने सुबह साढ़े छह बजे ही ड्राफ्ट मेल कर दिया मुझे! तुम सोए कब होगे?'

मैंने कुछ जवाब नहीं दिया।

अपनी बात जारी रखते हुए उन्होंने कहा, 'मुझे लगता है कि मैंने तुम पर कुछ ज्यादा ही बोझ लाद दिया। मुझे खुशी है कि तुमने कर दिखाया; यह अब कुछ अच्छा बन गया है। यह दिलचस्प भी लग रहा है। मैं जानता था कि यह एक कठिन विषय है।'

यकीनन यह मुझसे जुड़ा हुआ लग रहा था, मैंने सहमति दिखाई, लेकिन अपने लिए मैं दुःखी महसूस कर रहा था।

'हाँ, लेकिन क्या तुम जानते हो, कभी–कभी सबसे कठिन हालात हमारे अंदर से हमारी बेहतरीन क्षमताएँ उभारते हैं। इससे हमें अपनी जानी–पहचानी सीमाओं से परे अपनी छिपी हुई क्षमताओं का पता लगाने का अवसर मिलता है। मुझे भी ऐसा ही अनुभव होता था, जब मैं अपने गुरुजी के साथ बहुत समय पहले काम करता था, जब मैं तुम्हारी उम्र का था।

'1954 से 57 तक मैं एम.आई.टी. चेन्नई में एयरोनॉटिकल इंजीनियरिंग की पढ़ाई कर रहा था। तब मैं कोर्स के तीसरे साल में था और मेरे साथ पाँच छात्र थे, जिन्हें एक लड़ाकू हवाई जहाज का डिजाइन तैयार करने के लिए प्रोजेक्ट दिया गया था, जो कि जमीन से बेहद करीब उड़ान भर सकता हो। मेरे ऊपर सिस्टम डिजाइन और इंटीग्रेशन की जिम्मेदारी थी। मेरे ही ऊपर प्रोजेक्ट के एयरोडायनामिक और ढाँचागत डिजाइन का भी जिम्मा था। मेरी टीम के बाकी पाँच लोगों पर हवाई जहाज के प्रॉपल्जन, कंट्रोल, गाइडेंस, एविऑनिक्स और इंस्ट्रूमेंटेशन को डिजाइन करने का जिम्मा था।'

वे कुरसी पर पीछे टेक लगाकर बैठ गए और अपनी बात जारी रखी।

'डिजाइन शिक्षक एवं प्रोफेसर श्रीनिवासन तब एम.आई.टी. के निदेशक थे और हमारे गाइड भी। उन्होंने प्रोजेक्ट का निरीक्षण किया और मेरे प्रोजेक्ट को निराशाजनक घोषित कर दिया। वे मेरी कठिनाइयों को सुनने के लिए जरा भी तैयार नहीं थे कि किस तरह मैंने अलग–अलग डिजाइनर्स से डाटा इकट्ठा किया था। मुझे काम पूरा करने के लिए एक महीने का समय मिला था, क्योंकि मुझे अपनी टीम के साथियों से भी इनपुट लेना था, उसके बगैर सिस्टम डिजाइन का काम पूरा ही नहीं हो सकता था। प्रोफेसर श्रीनिवासन ने मुझसे कहा, 'देखो नौजवान, आज शुक्रवार की दोपहर है। मैं तुम्हें तीन दिन का समय और देता हूँ। सोमवार सुबह तक अगर मुझे कॉन्फिगरेशन डिजाइन नहीं

मिला तो तुम्हारी स्कॉलरशिप रोक दी जाएगी।'

'मुझे जोरदार झटका लगा। स्कॉलरशिप मेरी लाइफ लाइन थी; जिसके बगैर मैं अपनी पढ़ाई जारी नहीं रख सकता था। समय पर काम पूरा करने के अलावा मेरे पास और कोई रास्ता नहीं था। मेरी टीम पर भी लगातार काम करने का दबाव था। हमने कई रातें बिना खाए-पिए ड्रॉइंग बोर्ड पर काम करते हुए ही बिताईं। शनिवार को हमने केवल एक घंटे का ब्रेक लिया। रविवार सुबह मैंने लगभग काम खत्म कर लिया था, तभी मैंने अपनी प्रयोगशाला में किसी की आहट सुनी। वे प्रोफेसर श्रीनिवासन ही थे। वे मेरी प्रगति का आकलन करने के लिए आए थे। मेरे काम पर नजर डालते हुए उन्होंने मेरी पीठ थपथपाई और प्यार से मुझे गले लगा लिया। उन्होंने मेरे काम की जमकर तारीफ की, 'मैं जानता था कि मैं तुम पर कुछ ज्यादा ही दबाव डाल रहा हूँ और तुम्हें कठिन डेडलाइन दे रहा हूँ, लेकिन तुमने सिस्टम डिजाइन को लेकर बेहतरीन काम किया है।'

'न केवल प्रोफेसर श्रीनिवासन ने मुझे समय की कीमत का पाठ पढ़ाया, बल्कि उन्होंने हमें अपने अंदर के सर्वश्रेष्ठ को उभारने और निखारने की कला भी सिखाई। मैंने महसूस किया कि जब कुछ अति गंभीर चीज दाँव पर होती है, तो इनसानी दिमाग जाग जाता है और अपनी क्षमता से कई गुना ज्यादा ताकत से काम करता है। मेरे साथ बिल्कुल वही हुआ था। यह एक तरह की तकनीक है प्रतिभा को खोजने और उसे निखारने की।'

अपनी बात खत्म करते हुए उन्होंने कहा, 'और यही आज तुम्हारे साथ भी हुआ। आज तुमने न केवल एक नए विज्ञान के बारे में सीखा, बल्कि उससे भी ज्यादा कीमती, तुमने खुद को आरामतलब हालात से ऊपर उठकर खुद को खोजा कि तुम जितना सोचते थे, उससे कहीं ज्यादा क्षमतावान हो। तुमने वाकई अच्छा किया। अब चलो, हम इस लैक्चर पर काम करते हैं और इसे और बेहतर बनाते हैं।'

उस दिन हम जितने भी नेफ्रॉलजिस्टों को जानते थे, उन सभी को फोन किया। हमने विशेषज्ञों से बात की और उनकी बेहतरीन चीजों को एक जगह एकत्र किया। दो दिन बाद एक रॉकेट इंजीनियर और मिसाइल वैज्ञानिक वरिष्ठ नेफ्रॉलजिस्टों के बीच में पूरे आत्मविश्वास के साथ किडनी स्वास्थ्य के क्षेत्र में बेहतरीन तकनीकों के बारे में बात करता हुआ मिला और श्रोता उन्हें पूरी तल्लीनता के साथ सुन रहे थे।

अंत में उन्होंने आध्यात्मिक श्रोताओं को शपथ भी दिलाई, जिनकी औसत उम्र 50 के आसपास रही होगी—

'...मैं जीवनपर्यंत सीखता रहूँगा, जो भी मैं सीखूँगा, उसका अभ्यास करूँगा और मैं अपनी टीम को पारंगत बनाने के लिए उन्हें प्रशिक्षित भी करता रहूँगा...और मैं किसी भी तरह की जाँच-पड़ताल के दर्द के बारे में चर्चा नहीं करूँगा।'

श्रोताओं ने इसकी प्रशंसा की, इधर मैंने कलाम-डायरी में नई चीजें दर्ज कीं— गंभीर परिस्थितियाँ दिमाग को जगा देती हैं और छिपी हुई क्षमताओं को उभारती हैं। कठिनाइयों से डरकर पार नहीं पाया जा सकता और न यह सोचकर कि ऊँचाई कितनी दुष्कर है। इसे केवल रास्ता बनाकर ही पाया जा सकता है और जब हम ऊँचाई की तरफ बढ़ने के क्रम में होते हैं और प्रक्रिया में शामिल होते हैं, तो हम सीखते जाते हैं और आगे बढ़ते जाते हैं।

□

7

चमकदार विचारोंवाला बुजुर्ग जनरल

डॉ. कलाम के डी.आर.डी.ओ. के दिनों के पुराने और बेहद करीबी साथी थे मेजर जनरल आर स्वामीनाथन। वे एक–दूसरे को 1982 से ही जानते थे। वे डॉ. कलाम के आवास परिसर में ही बागीचे के दूसरी ओर बने घर में रहते थे और डॉ. कलाम के भरोसेमंद सलाहकार थे, राष्ट्रपति भवन में भी और उसके बाद भी।

मैं पहली बार उनसे 2008 में मिला था, जब डॉ. कलाम आई.आई.एम.ए. में हमारी पहली क्लास लेने के लिए आए हुए थे। डॉ. कलाम प्यार से उन्हें सबसे युवा और क्रांतिकारी विचारों से लैस बुजुर्ग जनरल कहते थे।

लंबे कद के दुबले–पतले और झाड़ियों जैसी सफेद भौंहों वाले मेजर जनरल स्वामीनाथन अपनी असाधारण याददाश्त के लिए जाने जाते थे। हम सब उनकी इस खासियत से भौंचक रह जाते थे कि उन्हें डॉ. कलाम के लगभग सारे भाषणों की तारीखें तक याद थीं, यहाँ तक कि वे बरसों पुराने भाषणों के दिन और तारीख तक बता देते थे। केवल यही नहीं, उन्हें भाषणों के विषय और मुख्य लाइनें भी याद रहती थीं। हम सब उनकी सटीकता के मुरीद थे। वे अद्‌भुत जानकार थे और विस्तृत विषयों पर समान पकड़ रखते थे—धर्म, तकनीक, रक्षा और यात्राओं जैसे विविध विषयों पर। वे प्रखर वक्ता भी थे।

एक चिकित्सीय गड़बड़ी के चलते एक छोटी सी सर्जरी के बाद मेजर जनरल स्वामीनाथन के एक पैर ने पूरी तरह से काम करना बंद कर दिया था। वे कठिनाई से चल पाते थे और घूमने के लिए सहयोग की जरूरत महसूस करते थे। उनका ऑफिस पहले तल पर स्थित था और उन्हें सीढ़ियाँ चढ़ने में काफी मशक्कत करनी पड़ती थी, लेकिन तमाम परेशानियों के बावजूद उन्होंने अपना ऑफिस बदलकर भूतल पर कराने के बारे में कभी नहीं सोचा, न ही उन्होंने कभी व्हीलचेयर का सहारा लिया।

2009 से लेकर 2011 की शुरुआत तक मैंने मेजर जनरल आर स्वामीनाथन के

साथ भाषणों और अपनी बहुत सी पुस्तकों के लिए संयुक्त रूप से शोध किया। डॉ. कलाम के तमाम बेहतरीन भाषणों को तैयार कराने में उन्होंने बेहद अहम भूनिका निभाई।

मेजर स्वामीनाथन दरवाजे के पास रखी मेज के पीछे स्थित भूरे रंग की घूमनेवाली कुरसी पर बैठते थे। डॉ. कलाम भी उसी मेज के दूसरी तरफ लाउंज चेयर पर बैठते थे। मैं अमूमन इस छोटे से ऑफिस सेट अप के दूसरे हिस्से में बैठता था, जो कि प्रवेश-द्वार से दूर था। इस तरह से बैठकर हम हर भाषण तैयार करने में लंबी-लंबी चर्चाओं में शामिल रहते थे। जब डॉ. कलाम आसपास नहीं होते तो तो मेजर जनरल और मैं हल्की-फुल्की मजेदार बातें भी किया करते थे।

काम के बीच में अकसर हम हँसी-मजाक वाले हल्के-फुल्के क्षण निकाल लेते थे। इसी तरह का एक मजेदार वाकया मुझे याद आ रहा है। 2011 की शुरुआत में डॉ. कलाम और मैं इंदौर में भारतीय प्रबंधन संस्थान में व्याख्यान को शृंखला प्रस्तुत करने के सिलसिले में गए हुए थे। एक व्याख्यान दोपहर दो बजे शुरू होना था। डेढ़ बजे के करीब लंच करने के बाद हमने महसूस किया कि पूर्व में एक विशेष प्रकार का प्रेजेंटेशन हमने तैयार कर रखा था, उसे भी इस व्याख्यान के साथ जोड़ा जा सकता है; हालाँकि जब हमने अपने लैपटॉप में उसे खोजना शुरू किया तो वह मिल ही नहीं रहा था। हमने दिल्ली ऑफिस फोन करके वहाँ मौजूद लोगों से उक्त फाइल तत्काल इ-मेल से भेजने को बोला, हालाँकि मेजर जनरल स्वामीनाथन फोन पर उपलब्ध नहीं थे। वे हमारे इ-मेलों का भी जवाब नहीं दे रहे थे। हमें देर हो रही थी और समय निकला जा रहा था बमुश्किल 10 मिनट ही बचे थे व्याख्यान शुरू होने में।

इसलिए मैंने उनके कंप्यूटर को अपने लैपटॉप से जोड़ने का फैसला किया।

कुछ समय पहले मैंने एक डिजिटल ब्रिज तैयार किया था, जिसके तहत इंटरनेट के जरिए सर्वर पर लॉगइन करके दूर से ही दूसरे कंप्यूटर को जोड़ा जा सके। मैंने अपना मोबाइल फोन लिया और कुछ एप्लिकेशंस तथा टूलकिट डाउनलोड किया। यह बेहद सरल था और टीम व्यूवर कनेक्शन को मोबाइल फोन से जोड़ दिया। इस तकनीक में जबरदस्त क्षमता थी और यह चमत्कार जैसा था।

जल्दी ही दिल्ली स्थित कंप्यूटर की सारी चीजें मेरे मोबाइल से ऑपरेट होने लगीं। मेजर जनरल स्वामीनाथन तब तक संभवत: अपने कंप्यूटर पर लौट आए थे, लेकिन तब उन्होंने पाया कि अपने ही कंप्यूटर को वे खुद संचालित नहीं कर पा रहे हैं और वह अपने मन से एप्लिकेशंस खोल और चेक कर रहा है तो वे भौचक होकर ये सारी चीजें अपनी आँखों के आगे होता हुआ देख रहे थे। दरअसल, कुछ फाइलें मुझे इ-मेल के जरिए उनके कंप्यूटर ने भेज दी थीं और वह भी उनके दखल के बिना। वे निश्चित रूप से सदमे में थे और कंप्यूटर स्क्रीन को देखकर पूरी तरह भ्रमित थे. इसके

बाद उन्होंने संभवत: डॉ. कलाम को फोन करके बताया भी कि कंप्यूटर पूरी तरह से नियंत्रण के बाहर चले गए हैं।

डॉ. कलाम ने उन्हें धैर्य रखने की सलाह दी और बताया कि हम ही उनके कंप्यूटर पर काम कर रहे हैं। वे इस पर विश्वास नहीं कर पाए और बाद में, जब मैं वापस दिल्ली पहुँचा तो उन्होंने मुझसे वह प्रक्रिया दोबारा करने को कहा। उसके बाद ही वे हमारे इस काम पर भरोसा कर पाए!

उसी महीने के अंत में मेजर जनरल स्वामीनाथन की पत्नी का निधन हो गया। इस घटना से वास्तव में मुझे आभास हुआ कि जीवन को लेकर हम सब कितने कमजोर हैं और यह सोचकर मैं हताशा से भर उठा कि जिस विद्वान् इनसान के साथ मैं उठ–बैठ रहा हूँ, जो मेरे जीवन का हिस्सा बन चुका है और जिसका साथ मेरे लिए स्वाभाविक सा बन गया है, वह हमेशा हमारे आसपास नहीं रहनेवाला है। इससे मुझे बेचैनी सी होने लगी।

अपने बेहद करीबी की मौत के दु:ख ने बुजुर्ग जनरल के स्वास्थ्य पर भी अपना असर दिखाना शुरू कर दिया और वे दिन–प्रतिदिन कमजोर होते चले गए। एक हफ्ते बाद ही उन्हें तमाम परेशानियाँ होने लगीं और उनको अस्पताल में भरती कराना पड़ा। डॉ. कलाम व्यक्तिगत रूप से अपने मित्र का खयाल रखते थे और उनके इलाज पर नजर रखते थे। जब उनकी हालत में सुधार नहीं हुआ, तो उनको हैदराबाद स्थित केयर अस्पताल भेजना पड़ा, जिसे डॉ. कलाम के पुराने साथियों ने मिलकर शुरू किया था।

जनरल को लगभग 2011 का पूरा वर्ष केयर में ही गुजारना पड़ा।

डॉ. कलाम हमसे कहते थे, 'वह तेज दिमागवाले व्यक्ति हैं, लेकिन अकेलापन मानसिक क्षरण का सबसे बड़ा कारण है। तुम लोगों को मिलकर उन्हें व्यस्त रखना होगा।' और इस तरह डॉ. कलाम और उनकी टीम नियमित तौर पर उनसे मिलती तथा तमाम मामलों पर उनकी सलाह लेती। कोई भी काम शुरू करने से पहले यह प्रक्रिया अपनाना, जल्दी ही यह एक दैनिक अनुष्ठान में बदल गया। मेजर जनरल स्वामीनाथन भी खुश थे और उन्हें लग रहा था कि बिस्तर पर रहकर भी वे सक्रिय भूमिका निभा सकते हैं।

2012 के शुरुआत में हमें यह देखकर हैरत हुई कि 73 साल का यह बुजुर्ग पूरी तरह से ठीक हो चुका है। जनरल एक से बढ़कर एक परेशानियों से गुजरे थे, लेकिन उन्होंने एक योद्धा की तरह संघर्ष किया और जल्दी ही उनके डॉक्टरों की तरफ से कुछ सकारात्मक खबरें आने लगीं। इससे हम सब को राहत मिली और मायूस चेहरे फिर से खिल उठे।

2012 के मध्य तक लगभग 16 महीने हैदराबाद में बिताने के बाद जनरल दिल्ली लौट आए। ऑफिस में उनके दोबारा आगमन पर उनके सम्मान में जश्न भी मनाया गया।

अगले तीन महीने तक चीजें ठीक तरीके से चलती रहीं। फिर नवंबर 2012 में

डॉ. कलाम के जन्मदिन के एक महीने बाद मेजर जनरल स्वामीनाथन फिर से बीमार पड़ने लगे। उनका दूसरा पैर भी सुन्न होने लगा और अब वे बिस्तर से उठ भी नहीं पाते थे। उन्हें तत्काल सैनिक अस्पताल भेजा गया, लेकिन उनके स्वास्थ्य में सुधार काफी धीमा था।

ऑफिस में हर कोई चिंतित था। हम नियमित रूप से उनसे मिलने जाते और उन्हें खुश रखने की कोशिश करते। हम भी असहाय महसूस करने लगे थे, हम गंभीरता से चाहते थे कि उनकी मदद करें, उन्हें खुश रख सकें, लेकिन ज्यादा कुछ कर पाने की गुंजाइश खत्म होती जा रही थी।

एक दिन जब मैं अस्पताल से ऑफिस लौट रहा था, तो डॉ. कलाम ने मुझसे पूछा, 'कैसे हैं वे ?'

मैंने उन्हें सच्चाई बताई। 'वे प्रयास तो कर रहे हैं, लेकिन सुधार होता नहीं दिख रहा है।' मैं देखने से ही मायूस लग रहा था।

'वे एक योद्धा हैं। हम सब ईश्वर के बच्चे हैं। याद रखो, जब ईश्वर तुम्हारे साथ है, तो तुम्हारे खिलाफ कोई भी खड़ा नहीं हो सकता।' उन्होंने जवाब दिया।

मेजर जनरल स्वामीनाथन ने अगले चार महीने तक संघर्ष किया। फरवरी के दूसरे हफ्ते में वे अपनी चेतना खो बैठे, उनके अंगों ने काम करना बंद कर दिया और उनके बचने की संभावना खत्म होने लगी थी। डॉक्टरों ने हमें सलाह दी कि हम उनके दोनों बच्चों के संपर्क में रहें, जो कि विदेश में थे और उनसे तुरंत आने का आग्रह करें।

एक बेटा तो समय पर आ गया और अपने पिता से आखिरी बार मिल सका, लेकिन दूसरे को आने में कुछ घंटों की देर हो गई और जब मैंने उसके बेइंतहा दुःख को देखा तो मुझे एहसास हुआ कि अपनों को आखिरी बार विदा करना कितना कष्टदायी होता है। मेजर जनरल स्वामीनाथन 15 फरवरी, 2013 के दिन हम सबको छोड़कर अनंत यात्रा पर निकल गए।

वह दिन हम सबके लिए बेहद दुखदायी था। डॉ. कलाम ने उनकी अंतिम क्रिया के लिए सारी व्यवस्था सुनिश्चित की। दिन के अंत में उन्होंने बुजुर्ग जनरल की याद में उनकी फोटो के साथ एक संदेश भी अपनी वेबसाइट और सोशल मीडिया पेज पर जारी किया।

''यह दिन मेरे लिए अत्यंत दुःखदायी है। आज मैंने अपना बेहद अजीज मित्र खो दिया। उनकी आत्मा को शांति मिले।''

मेजर जनरल स्वामीनाथन के बच्चों ने उनकी सारी चीजों को सँभाल लिया और जल्दी ही बागीचे के दूसरी तरफ का स्वामीनाथन का घर खाली कर दिया गया। उनकी घूमनेवाली कुरसी वहीं छोड़ दी गई, जो कि उनकी याद में एक स्मारक के तौर पर रख

दी गई। उनके बाद किसी ने भी उनकी कुरसी या मेज का इस्तेमाल नहीं किया। डॉ. कलाम ने सुनिश्चित किया कि उनसे जुड़ी इन पहचानों को किसी भी कीमत पर हटाया नहीं जाना चाहिए। 'वे अंदर से बहादुर थे और उन्होंने अपने अथक काम के बीच में अपने दर्द को आड़े नहीं आने दिया,' वे अकसर अपने मित्र के लिए कहते रहते थे।

हमारे ऑफिस में ज्यादातर लोग सोचते थे कि जैसे ही दोस्त के जाने का गम हल्का हो जाएगा, डॉ. कलाम कुछ ही दिनों में उस मेज और कुरसी को हटवा देंगे, लेकिन स्वामीनाथन के निधन के अगले ढाई साल तक, 27 जुलाई, 2015 (जब तक डॉ. कलाम जीवित रहे), जनरल की कुरसी वैसे ही सलामत रही, जैसी वे छोड़कर गए थे।

डॉ. कलाम को उस कुरसी के दावेदार की कमी अंत तक खली, यहाँ तक कि मृत्यु और समय उनके और उनके मित्र के बीच के रिश्ते को कमजोर नहीं कर सका।

28 जुलाई को सुबह डॉक्टर कलाम के निधन के बाद जब मैं उस घर में पहुँचा, तो मैंने देखा कि जनरल की कुरसी भी हटाकर अंततः दूसरे कमरे में रख दी गई थी।

बुजुर्ग जनरल की ड्यूटी भी तो अंततः अब खत्म हो चुकी थी।

□

8

समाधान के बारे में सोचो, भले ही वह बेहद ठोस हो

डॉ. कलाम के शैक्षिक कार्यक्रमों के साथ मैं हमेशा जुड़ा रहता था। तमाम अवसरों पर हमने साथ-साथ भाषण भी दिए। वह अमूमन 40 से 45 मिनट तक बोलते और फिर अगले 10 मिनट तक मुझे संबोधित करने के लिए कहते। मेरे लिए यह बेहद चुनौतीपूर्ण होता कि डॉ. कलाम मेरे पीछे बैठे हों और मैं कक्षा के छात्रों की दिलचस्पी बरकरार रख सकूँ, लेकिन जिस पल वे यह महसूस करते कि छात्रों का ध्यान भंग हो रहा है या उनकी दिलचस्पी कम हो रही है, तो खुद ही छात्र बन गए और मुझसे उस विषय से जुड़े सवाल पूछने लगे, जिस पर मैं चर्चा कर रहा होता। छात्रों का ध्यान वक्ता पर केंद्रित रखने का उनका यह शानदार तरीका था।

अकसर वे अपना कोर्स कुछ इस तरह से डिजाइन करते थे कि उसमें तीन से चार व्याख्यान होते और कुछ छात्रों के प्रेजेंटेशन भी। वे हमेशा चर्चा के विषय को प्रासंगिक, तात्कालिक और दिलचस्प बनाए रखने पर जोर देते थे। इसका मतलब यह होता था कि करंट अफेयर्स पर गहन रिसर्च करनी पड़ती थी और मौजूदा ज्वलंत चर्चाओं और सुझावों पर एक सतर्क विश्लेषण करने की जरूरत रहती थी। पाठों को अंतिम रूप देने से पहले हमारी तरफ से अनगिनत उलटफेर करने पड़ते थे। ज्यादातर मामलों में हमें बीस से ज्यादा पाठ योजनाएँ तैयार करनी पड़ती थीं, तब जाकर हम संतुष्टि के एक स्तर पर पहुँच पाते थे। और उसके बावजूद क्लास शुरू होने से कुछ देर पहले भी सामग्री को संशोधित करना होता था। आखिरी मिनट के सुधार अमूमन क्लास की तरफ सफर शुरू करने के दौरान कार में ही किए जाते थे। ज्यादातर समय वे छात्रों से पूछे जानेवाले सवाल को लेकर सतर्क रहते थे, 'हम इन्हें ठीक से तैयार नहीं कर पाए। इन्हें और दिलचस्प बनाओ। सवाल का डिजाइन ही उसका सबसे अहम हिस्सा है, इसमें हमारा कम-से-कम 80 फीसद ध्यान लगना चाहिए।' थोड़ा रुकने के बाद वे कहते, 'अगर हम उचित सवाल बना पाने का ध्यान नहीं रख पाए, तो छात्र खुद-ब-खुद इसमें शामिल

होने का विचार नहीं बना पाएँगे और इसका असर यह होगा कि वे सवालों के जवाब तैयार करने या तलाशने में ज्यादा दिमाग नहीं लगाएँगे।'

हमारी एक सर्वश्रेष्ठ क्लास अप्रैल, 2010 में रही थी, जो कि अमेरिका स्थित यूनिवर्सिटी ऑफ केंचुकी के गैट्टन कॉलेज ऑफ बिजनेस एंड इकोनॉमिक्स में आयोजित हुई थी। यह मेरे लिए विशेष रूप से स्मरणीय है, क्योंकि 'टीम कलाम' के साथ विदेश का मेरा यह पहला दौरा था। यह अब तक का सबसे लंबा दौरा था और 17 दिन तक हम देश से बाहर ही थे।

गैट्टन कॉलेज केंचुकी के छोटे से शहर लेग्जिंस्टन में स्थित है, जिसे आमतौर पर मशहूर ब्रांड केंचुकी फ्राइड चिकन (KFC) के तौर पर भी जाना जाता है। केंचुकी की प्रतिष्ठा घोड़ों, खासतौर पर घुड़दौड़ के लिए भी है। केंचुकी में गहरे रंग की घास डूबते सूरज की रोशनी में नीले रंग की दिखती है, इसीलिए यह 'नीली घास वाला राज्य' कहा जाता है।

उस कोर्स का शीर्षक था शांतिपूर्ण और खुशहाल विश्व का उद्गम। इसमें कुछ व्याख्यान उनके भी थे और बहुत से लंबे और उच्च गुणवत्तापरक प्रेजेंटेशन भी छात्रों ने तैयार कर रखे थे, जो कि अंतरराष्ट्रीय मसलों पर केंद्रित थे। ये प्रेजेंटेशन दो चरणों में प्रस्तुत किए जाने थे—एक तो कोर्स की शुरुआत में, जब हम उन्हें अपना फीडबैक देते और फिर एक बार और कोर्स के अंत में, हमारे फीडबैक को उसमें समाहित करते हुए और व्याख्यान सुनते हुए।

छात्रों का प्रेजेंटेशन, जिसने डॉ. कलाम को प्रभावित किया, वह था चिकन के मलबे को ऊर्जा उत्पादन में बदलने की क्षमता से संबंधित। यह रिपोर्ट दो छात्रों ने प्रस्तुत की थी। और हम सब उनके प्रेजेंटेशन में शामिल छोटी-से-छोटी जानकारी को देखकर उनकी तैयारियों से चकित थे। ग्रामीण परिवेश में विभिन्न तकनीकों पर चर्चा करते हुए उन्होंने इस वाक्य से अपने प्रेजेंटेशन का समापन किया, '…हर चिकन रोज इतना मलबा पैदा करता है, जिससे नित्य एक बल्ब बीस मिनट तक जलाया जा सकता है। इस लिहाज से यह बिजनेस अपना ब्रेक ईवेन पॉइंट साल भर के अंदर हासिल कर सकता है।'

डॉ. कलाम और मैं उनकी इस खोज से हैरान थे। उनकी उद्यमिता-आधारित सोच और समाधान पर ध्यान केंद्रित करने का जज्बा जबरदस्त था। डॉ. कलाम ने उन छात्रों को तहेदिल से शाबाशी दी और एक शिक्षक के नाते काफी संतुष्ट और गर्व महसूस करने लगे।

वह प्रेजेंटेशन उनकी यादों में बड़े लंबे समय तक रहा। चार महीने बाद, सितंबर 2010 में हम इंडियन इंस्टीट्यूट ऑफ इंडिया, अहमदाबाद गए, जहाँ GRIIT कोर्स का तीसरा संस्करण शुरू होना था। मेरे लिए तो यह अतिरिक्त रूप से खास था, क्योंकि दो साल पहले मैं यही कोर्स यहाँ से कर चुका था। इस बार उन्होंने तीन व्याख्यान दिए,

और वहाँ 17 छात्र प्रेजेंटेशन होने थे। हम दोनों ने उनके प्रेजेंटेशनों को ध्यान से सुना, छात्रों से सवाल किए और उन्हें सुझाव दिए।

उस रात जब हम डिनर के लिए साथ बैठे, मैंने डॉ. कलाम को उत्साह के उनके सामान्य स्तर पर नहीं पाया, यद्यपि उन्होंने पूरा दिन छात्रों के बीच बिताया था। रात 11 बजे हम खाना खाने के बाद बाहर छोटे से बागीचे में टहलने के लिए निकले। मैं खुद को रोक न सका और उनसे पूछ ही लिया, 'सर, ऐसा लगता है, आपको प्रेजेंटेशन पसंद नहीं आए।' उन्होंने टहलना बंद नहीं किया और बिना रुके जवाब दिया, 'नहीं, ऐसा नहीं है। काफी अच्छे थे, लेकिन मैं चिंतित जरूर हूँ। लगभग सभी प्रेजेंटेशन काफी बड़े उद्देश्यों पर फोकस रखे हुए थे, जो कि अच्छी बात है हालाँकि, जब समाधानों की बात आई, तो वे नीतियों को बदलने की जरूरत पर आकर रुक गए, चाहे वह कारोबारी माहौल की बात हो या कानून की। उन सबके समाधान माहौल को बदलने की जरूरत की ओर इशारा कर रहे थे और वे तभी काम कर पाएँगे, जब वैसा परिवेश उन्हें मिलेगा, लेकिन उनके प्रेजेंटेशन में मौजूदा हालात में सुधार को लेकर कोई बात ही नहीं कही गई।'

वे रुक गए, पीछे मुड़े और गेस्ट हाउस की ओर लौटने लगे। 'युवा पीढ़ी को माहौल पर इतना निर्भर नहीं रहना चाहिए कि वह उनके समाधानों को रोक दे या एक अलग आकार दे दे। इसकी बजाय उन्हें माहौल और परिवेश को अपने दिमाग से बदलने का प्रयास करना चाहिए। याद करो, गैट्टन कॉलेज के चिकन के मलबे का समाधान। मैंने इसे इसलिए पसंद किया था, क्योंकि वह अपने आप में समाधानपरक था, वह उद्यमिता-आधारित सोच थी, जिसमें माहौल बदलाव की जरूरत ही नहीं थी। युवाओं को इतना निर्भय होना चाहिए कि वे कोई भी हालात झेल सकें और उन्हें खुद को इतना मजबूत बनाना चाहिए कि अपने हालात को मन-मुताबिक आकार दे सकें। ऐसे समाधान के बारे में सोचो, जो आप स्वतः लागू कर सको और ऐसी बड़ी योजनाएँ बनाने से बचो, जिसके लिए दुनिया को इधर का उधर करना पड़े। छोटे-छोटे समाधान, जिन्हें आसानी से लागू किया जा सकता हो, वे बड़ी योजनाओं पर बेवजह दिमाग लगाने से ज्यादा बेहतर साबित होते हैं।'

यह एक और बड़ी सीख थी, जिसने 'कलाम-डायरी' में अपनी जगह बनाई। डॉ. कलाम चाहते थे कि भारतीय युवा उद्यमी बने और वह खुद से सक्रिय हो और समाधानों की खोज में रहनेवाला हो तथा बिना हालात बदलने का इंतजार किए चीजों को अपने पक्ष में चमत्कारिक ढंग से मोड़ने में सक्षम हो। उसके समाधान आकार में भले ही छोटे क्यों न हों, लेकिन लंबे वक्त तक काम करनेवाले होने चाहिए। वे चाहते थे कि युवा सक्षम, विनम्र और साहसी बनें; वे अंदर से इतने मजबूत हों कि पहला कदम उठाने में हिचकें नहीं, यहाँ तक कि आसमान गिरने जैसी स्थिति होने पर भी वे निर्भीक बने रहें।

□

9

सबसे बड़ा आशीर्वाद

2010 में हम जब केंचुकी के दौरे पर गए थे, तो वहाँ से ढेर सारी सुनहरी यादें भी संजोकर ले आए थे।

कोर्स का ढाँचा कुछ इस तरह का था कि हमने जो सूची दी थी, उसमें से हर छात्र-समूह को एक विषय चुनना था और उस पर आधे घंटे का एक प्रेजेंटेशन तैयार करके पेश करना होता था। वे इस प्रेजेंटेशन पर डॉ. कलाम और मुझसे एक छोटे से मीटिंग-रूम में चर्चा करते थे। उनके साथ प्रोफेसर वॉल्टर जे. फेरियर, जिन्हें वॉली के उपनाम से भी बुलाया जाता था, कोर्स कोऑर्डिनेटर के रूप में रहते थे।

उन छात्रों के साथ उस कार्यक्रम में एक सुनहले बालोंवाली लड़की भी थी, जो बहुत लंबी नहीं थी। उसका नाम स्टेफनी था और उसके चेहरे पर हमेशा मुसकान बनी रहती थी। गैट्टन कॉलेज में पढ़ने जाने से पहले वह डिस्ट्रिक्ट एजुकेशन बोर्ड की सदस्य थी और टीचिंग में कॅरियर बना चुकी थी। उसका प्रेजेंटेशन अमेरिका के सरकारी स्कूलों के सिस्टम में सुधार पर आधारित था।

उसने अमेरिकी शिक्षा प्रणाली पर जबरदस्त शोध कर रखा था और उसकी रिपोर्ट कुछ चौंकानेवाली कमियों की तरफ भी इशारा कर रही थी, यद्यपि उनकी प्रणाली अपेक्षाकृत काफी उन्नत है। बतौर शिक्षिका उनके पास ढेर सारे विचार थे, जिससे कि प्राइमरी स्कूलों में बच्चों का प्रदर्शन सुधारा जा सकता था। उनका शोध यह दिखाता था कि यद्यपि अमेरिका नोबेल विजेताओं का घर है, फिर भी यह अगली पीढ़ी से सीखनेवालों को शिक्षित करने के मामले में तमाम देशों से पीछे है। इसके पीछे उसने सशक्त साक्ष्य के तौर पर बताया कि किस तरह 57 देशों की लिस्ट में अमेरिकी स्कूल वैश्विक विज्ञान के स्तर पर 29वें स्थान पर था।

हमारी मुलाकात के दौरान उसने बताया कि वह अपने ग्रेजुएशन के बाद शिक्षा क्षेत्र में लौट जाना चाहती है। डॉ. कलाम ने उसके इस फैसले की काफी सराहना की थी।

उन्होंने कहा, 'यह जानकर अच्छा लगा कि तुम अपनी शिक्षा का प्रयोग शिक्षा व्यवस्था में सुधार के लिए करोगी!'

उसका प्रेजेंटेशन वाकई जबरदस्त था और उससे हर कोई प्रभावित हुआ। चर्चा के बाद डॉ. कलाम ने उससे पूछा, 'क्या तुम्हारे मन में कोई सवाल भी है?' वहाँ कुछ देर के लिए सन्नाटा छा गया। फिर उसने अपने बैग से डॉ. कलाम की आत्मकथा 'विंग्स ऑफ फायर' निकाली। उसने कहा, 'मैं इसे शुरू से आखिर तक पढ़ गई हूँ। यह वाकई अद्‌भुत है। आपने ढेर सारे प्रोजेक्ट बनाए हैं, लेकिन मैं आपसे एक निजी सवाल पूछना चाहती हूँ। इतनी सारी उपलब्धियों में से आपके दिल के करीब कौन सी उपलब्धि है, जिसे लेकर आपको सबसे ज्यादा खुशी होती है?'

वह काफी दिलचस्प सवाल था और कमरे में मौजूद हर व्यक्ति इस सवाल का जवाब जानना चाहता था। उन्होंने अंतत: जवाब दिया, 'बहुत बढ़िया सवाल, स्टेफनी। मेरे छात्र द्वारा पूछा गया यह अब तक का सबसे बेहतरीन सवाल है। देखो, मैंने ढेर सारे प्रोजेक्टों पर काम किया है और तुम्हारे जवाब के लिए मैं तुम्हें अपने जीवन के कुछ बिंदुओं की ओर ले जाता हूँ।'

'बीस साल पहले, जब मैं इसरो के साथ काम कर रहा था, तो मुझे वह शिक्षा मिली, जो विश्वविद्यालय में भी नहीं मिल सकी थी। मैं तुम्हें एक घटना के बारे में बताता हूँ। प्रोफेसर सतीश धवन ने मुझे एक प्रोजेक्ट पर काम करने के लिए कहा था—पहला सेटैलाइट लॉञ्च वेहिकल एस.एल.वी.-3, जिसके जरिए हम अपना पहला सेटैलाइट रोहिणी कक्षा में स्थापित कर पाते।

'1973 में अंतरिक्ष कार्यक्रमों के क्षेत्र में वह सबसे बड़ा उच्च तकनीकीवाला काम था। अंतरिक्ष तकनीक से संबद्ध समस्त समुदाय को इस काम में लगा दिया गया। हजारों वैज्ञानिक, इंजीनियर और तकनीशियन साथ मिलकर काम करने लगे, जिसका परिणाम हुआ कि पहला एस.एल.वी.-3 10 अगस्त, 1979 के दिन लॉञ्च कर दिया गया। एस.एल.वी.-3 को सुबह काफी पहले छोड़ दिया गया और उसका पहला स्टेज बेहतरीन ढंग से काम कर रहा था, लेकिन वह मिशन अपने उद्‌देश्य तक नहीं पहुँच पाया, क्योंकि दूसरे चरण की नियंत्रण प्रणाली में गड़बड़ी आ गई थी।

'श्री हरिकोटा में एक प्रेस कॉन्फ्रेंस रखी गई थी। प्रोफेसर धवन उस प्रेस कॉन्फ्रेंस में मुझे भी ले गए थे, और वहाँ मीडिया के सामने उन्होंने मिशन के विफल होने की पूरी जिम्मेदारी स्वयं ले ली, यद्यपि मैं भी उनकी बगल में ही खड़ा था और ज्यादातर मैं उसके लिए जिम्मेदार था, क्योंकि मैं प्रोजेक्ट और मिशन का निदेशक था।

'18 जुलाई, 1980 को, जब एस.एल.वी.-3 के जरिए रोहिणी को कक्षा में पहुँचाने में सफल हो गए, उस समय प्रोफेसर धवन ने स्वयं मुझे चकाचौंध की ओर धकेल दिया।

वहाँ हमने सीखा कि एक लीडर सफलता का श्रेय उसे देता है, जो उसका हकदार होता है, जबकि विफलता का दोष वह खुद पर लेता है। यही नेतृत्व है। भारत में वैज्ञानिक समुदाय को ऐसे महान् नेताओं के निर्देशन में काम करने का सौभाग्य हासिल हुआ है, जिसकी वजह से हमने ढेर सारी उपलब्धियाँ हासिल की हैं। सफलता हम सबको आनंदित करती है।

'दूसरा मौका, जिसने मुझे वाकई खुशी दी, वह मिसाइल सिस्टम था। 11 अप्रैल, 1999 को अग्नि-दो ने कंप्यूटरों की मदद से उड़ान भरी। मिसाइल के 600 पैमानों को रियल टाइम पर परखा जा रहा था, राडारों की एक शृंखला उस पर नजर रखे हुए थी, टेलीमेट्री स्टेशनों और शिप-आधारित उपकरण भी अपने काम में लगे थे और ये सब हमारे कम्युनिकेशन सेटैलाइट के जरिए नेटवर्क में जुड़े हुए थे। अपने पेलोड के साथ अग्नि 2000 किलोमीटर दूर अपने पूर्व निर्धारित लक्ष्य पर जा टकराई। यह एक ऐतिहासिक सफलता थी, जो अकादमिक संस्थानों और भारतीय उद्योगों की साझीदारी के जरिए हासिल हुई। वह हमारी आत्मनिर्भरता की जीत थी और इस मायने में अहम थी, क्योंकि विकसित देशों ने हमें तमाम तकनीकी बारीकियाँ मुहैया कराने से इनकार कर दिया था।

'मई, 1998 में तब के एटॉमिक एनर्जी कमीशन के चेयरमैन डॉक्टर आर. चिदंबरम और मैं भूमिगत आणविक परीक्षण के परिणामों पर काम कर रहे थे। हम टेस्ट साइट के बेहद करीब थे और उलटी गिनती भी शुरू हो चुकी थी। टी-5 सेकंड पर कंप्यूटर की स्क्रीन पर ढेर सारे उपकरणों के पैमाने प्रदर्शित हो रहे थे। वह परीक्षण कुछ ही सेकंड में हो जानेवाला था। टी-0 सेकंड पर हमने अपने आसपास की धरती के हिलने और गड़गड़ाहट महसूस की। ऐसा महसूस होने लगा मानो धरती ऊपर की ओर उठ रही हो। भारत ने आणविक हथियार के जरिए यह महान् ऊर्जा और ताकत हासिल कर ली थी। यह एक और उपलब्धि थी, जिसने मुझे और मेरी टीम को बेहद खुशी दी थी।

'1990 तक मैं TIFAC (टेक्नोलॉजी इन्फॉर्मेशन, फोरकास्टिंग एंड असेसमेंट काउंसिल) का अध्यक्ष था। यह काउंसिल विशेषज्ञों को मिलाकर बनाई गई थी। भारत को 2020 तक एक विकसित देश बनाने के लिए एक रोडमैप तैयार किया गया, ताकि देश में बदलाव लाया जा सके। दस्तावेजों के बीस से ज्यादा अंक तैयार किए गए और उन्हें 1996 में तत्कालीन प्रधानमंत्री के समक्ष प्रस्तुत किया गया। उन दस्तावेजों में कुछ प्रायोगिक प्रोजेक्टों का भी जिक्र था, जिसके लिए फंड आवंटित कर दिया गया था। उस फंड का प्रयोग बिहार में प्रति हेक्टेयर उत्पादन में बढ़ोतरी में किया गया, पंजाब में दूध उत्पादन बढ़ाने और गन्ने की गुणवत्ता तथा उत्पादन बढ़ाने में किया गया। इन सारे प्रोजेक्ट, जो कि भारत के मिलेनियम मिशन 2020 का हिस्सा थे, ने देश के अंदर काफी

लोकप्रियता प्राप्त की थी। 15 अगस्त, 2003 को हमारे प्रधानमंत्री ने देश को 2020 तक एक विकसित राष्ट्र में बदलने का ऐलान किया। इसने भी मुझे बेतहाशा खुशी दी थी।

'लेकिन सबसे महत्त्वपूर्ण घटना, जिसे मैं आपसे जरूर साझा करना चाहूँगा, वह पोलियोग्रस्त बच्चों के कृत्रिम अंग (फ्लोर रिएक्शन ऑर्थोसिस कैलिपर) तैयार करने में मिली सफलता थी। हैदराबाद में एक अस्पताल के एक दौरे के दौरान मैंने तमाम बच्चों को कृत्रिम अंगों के सहारे भी चलने के लिए संघर्ष करते हुए देखा। इनका वजन 3 किलो से भी ज्यादा होता था। निजाम इंस्टीट्यूट ऑफ मेडिकल साइंस के अस्थि विभाग के प्रमुख प्रोफेसर प्रसाद के निवेदन पर मैंने अपने अग्नि के साथियों से इस पर चर्चा की कि क्या अग्नि के उष्मा प्रतिरोधी हिस्से को तैयार करने में प्रयुक्त वस्तु का प्रयोग कृत्रिम अंग बनाने में प्रयोग किया जा सकता है या नहीं। इस पर हमारे साथियों ने कहा कि यह बिल्कुल संभव है।

'हमने उस प्रोजेक्ट पर भी कुछ समय तक काम किया और बच्चों के लिए कृत्रिम अंग बना लिये, जिसका वजन मात्र 300 ग्राम के आसपास था। डॉक्टरों ने एक कृत्रिम अंग एक पीड़ित लड़की को लगाया तो वह तुरंत चलने और दौड़ने लगी। वह इतनी खुश हुई कि उसने आराम से खेलना भी शुरू कर दिया। उसके अभिभावक भी वहाँ मौजूद थे। जब उन्होंने अपनी बेटी को चहकते और फुदकते हुए देखा उनकी आँखों में खुशी के आँसू छलक उठे। अस्पताल की तरफ से मिले अंग की मदद से वह दौड़ सकती थी, साइकिल चला सकती थी और वे सब काम कर सकती थी, जो सामान्य बच्चे कर सकते थे। बच्चे का दर्द घटने और उसे उन्मुक्त देखना मेरे लिए ज्यादा मायने रखता था और यह उन तमाम उपलब्धियों से कहीं बड़ा था, जो मैंने पहले तुम्हें बताईं।'

स्टेफनी मुसकराई। आप सब भी मुसकराए। यह वाकई एक सम्मानजनक उत्तर होता है।

मैंने उस दिन एक खास चीज महसूस की—एक महान् वैज्ञानिक वही हो सकता है, जो संवेदनशील भी हो।

उस दिन शाम को मैंने 'कलाम-डायरी' में इन घटनाओं को दर्ज कर लिया। डॉ. कलाम ने अपनी बुद्धिमत्ता से ही यह महानता हासिल नहीं की। बुद्धिमान कोई भी हो सकता है। वह महान् सिर्फ तभी होगा, जब उसमें उच्च स्तर की भावनात्मक संजीदगी भी हो। महान् उपलब्धियोंवाले न केवल स्मार्ट या उत्पादक होते हैं बल्कि वे अद्भुत संवेदनशील और स्नेह से भरे हुए भी होते हैं। भावनाओं से प्रेरित होकर जो अपना खास लक्ष्य बनाते हैं, वे लोग ज्यादा गंभीर और लगनशील होते हैं; इससे वे खुद को प्रेरित करने में सक्षम होते हैं और ऐसे परिणाम हासिल कर लेते हैं, जो किसी भी सोच से परे होते हैं।

□

10
अप्रैल ब्लूमर

यह हमारी केंचुकी के दौरे की एक और दास्ताँ है। हमारी टीम में डॉ. कलाम, उनके निजी सहायक धनश्याम और मैं थे। घनश्याम डॉ. कलाम के साथ राष्ट्रपति भवन के दिनों से ही जुड़े हुए थे। वे दिल से कवि थे और गाने के अलावा लोगों की नकल भी बखूबी उतार लेते थे। कार्यक्रमों को प्रभावी तरीके से व्यवस्थित करने के अलावा वे किसी को भी मुसकराने पर बाध्य कर सकते थे। दूसरे शब्दों में कहें तो अगर उन्होंने प्रयास किया होता तो बॉलीवुड में उनके लिए सुनहरा मौका होता।

क्षेत्र के हिसाब से देखें तो अमेरिका के 50 राज्यों में केंचुकी 37वाँ सबसे बड़ा राज्य है। दिलचस्प रूप से यह राज्य घोड़ों के लिए प्रसिद्ध है, जिसमें से ज्यादातर तो पूरी दुनिया में पेशेवर घुड़दौड़ में हिस्सा लेने के लिए भेजे जाते हैं। केंचुकी के घोड़े पूरी दुनिया में सबसे महँगे हैं। हमारे ठहरने के दौरान हमने एक घोड़े के बारे में पढ़ा कि वह 4 मिलियन डॉलर—लगभग 4 रॉल्स रॉयस की कीमत के बराबर—में बिका था!

केंचुकी के हिसाब से अप्रैल खूबसूरत मौसम होता है और हम सब किस्मतवाले थे कि हमें इस मौसम में घूमने का मौका मिला था।

जहाँ भी हम नजर उठाते, रंग-बिरंगे फूलों से लदे पेड़ ही पेड़ हमें नजर आते थे। घास चमकदार थी; तालाबों का पानी पेड़ों की गिरी पत्तियों से ढका हुआ था, जिन पर बतखें मस्ती में खेलती हुई दिख रही थीं और बहुत ही अनुशासित तरीके से वे एक के पीछे एक कतारबद्ध चलती-फिरती अद्‌भुत लग रही थीं। स्टैलियन या बीजाश्व को महँगे चारागाहों पर घूमते देखा जा सकता था, बीच-बीच में कभी-कभी कारें उधर से गुजरती हुई नजर आ जाती थीं। वह प्राकृतिक छटा हमारे दिलों में अद्‌भुत शांति और सुकून का एहसास करा रही थी।

हमारे दौरे के मध्य में हमने लुईविले यूनिवर्सिटी का भी दौरा किया, जहाँ डॉ. कलाम को डॉक्टरेट की मानद उपाधि प्रदान की गई। इस समारोह में एक और व्याख्यान भी उन्हें प्रस्तुत करना था। लुईविले, राज्य का सबसे बड़ा शहर, लेग्जिंस्टन से लगभग

120 किलोमीटर की दूरी पर था। चौड़े हाईवे, जिन्हें सुपरहाईवे भी कहा जात है, से दोनों शहर जुड़े हुए थे। उनके दोनों तरफ पेड़ पंक्तिबद्ध लगाए गए थे। ये पेड़ भी फूलों से लकदक थे। प्रकृतिप्रेमी डॉ. कलाम उन पत्तियों की तरफ आकर्षित हो गए। हम अपने मेजबानों, डॉक्टर विजि और डॉक्टर सुवास देसाई के साथ लुईविले जा रहे थे। डॉ. कलाम ने इन पेड़ों के बारे में पूछा, 'इतना खूबसूरत पेड़ है यह। क्या कहते हैं इसे? यह फूलों से भरा पड़ा है।'

हमारे एक मेजबान ने जवाब दिया, 'सर, इसे डॉगवुड कहते हैं।'

डॉ. कलाम को यह नाम अजीब सा लगा। इस पर उन्होंने दूसरे पेड़ की ओर इशारा करते हुए पूछा, 'और गुलाबी फूलोंवाले पेड़ के बारे में बताइए?'

इस बार दूसरे मेजबान ने हस्तक्षेप किया, 'सर, यह भी डॉगवुड ही है। दरअसल, ये सारे पेड़ डॉगवुड ही हैं, सर। डॉगवुड राज्य का फूल है और केंचुकी में ही पाया जाता है।'

'तो इसे डॉगवुड क्यों कहा जाता है? मुझे नहीं लगता कि पेड़ पसंद करता होगा यह नाम।' डॉ. कलाम ने कहा, 'आपको गवर्नर से अपील करनी चाहिए कि इसका कोई दूसरा नाम रखें। मुझे लगता है कि जल्दी ही मैं उनसे मिलूँगा—क्या मैं इस बारे में बात करूँ?'

हर किसी ने सहमति में सिर हिलाया।

देर शाम को खाने के बाद डॉ. कलाम आश्चर्यजनक रूप से पेड़ों का विषय दोबारा ले आए—'इतना खूबसूरत पेड़ है और इसे डॉगवुड क्यों कहते हैं?' फिर उन्होंने मेरी ओर देखा और बोले, 'भाई, अपना कंप्यूटर लाओ। गूगल से पूछो।'

'गूगल से पूछना' कुछ ऐसा काम था, जिसे हम अकसर किया करते थे और साथ ही विकिपीडिया से भी पूछते थे। जब भी किसी विषय पर कहीं भ्रम की स्थिति होती थी तो डॉ. कलाम तपाक से कहते, 'गूगल से पता चल जाएगा। उसी से पूछते हैं।'

मैंने तत्काल अपना लैपटॉप निकाला और पता किया कि इतने शानदार पेड़ को इतना निम्नस्तरीय नाम क्यों दिया गया। इस पेड़ की कठोर और मजबूत लकड़ी से डैगर यानी कटार जैसा हथियार बनाया जाता था, इसलिए इसे वास्तव में डैगवुड कहा जाता था, जो बाद में चलकर 'डॉगवुड' में बदल गया था।

'यह दुर्भाग्यपूर्ण है। कल्पना करो कि अगर किसी ने ऐसा ही हमारे नामों के साथ किया तो? हमारे नामों का पूरा मतलब ही बदल जाएगा। मेरा अपना नाम ही कलम हो जाएगा।' वे नई मिली जानकारी पर मुखर हो रहे थे। 'पिछले पंद्रह दिनों में, इन पेड़ों ने किस कदर आनंद और खुशी प्रदान की है। हमें अपने नए दोस्तों को बदले में कुछ जरूर देना चाहिए। हम क्यों न इन पर एक कविता लिखें और इन्हें नया नाम दें?'

यह देखना एक सुखद अनुभूति थी कि वे फूलों से लकदक एक पेड़ के प्रति कितने संवेदनशील थे और वह भी अपनी धरती से हजारों किलोमीटर दूर, जहाँ बहुत संभावना यह थी कि वह दोबारा नहीं आनेवाले थे और इस तरह डॉगवुड के लिए एक

कविता लिखने के क्रम में हमने तमाम नामों की सूची बना डाली, जो उसे दिए जा सकते थे। कुछ दर्जन नामों के साथ डॉ. कलाम ने जैकपॉट पा लिया—उन्होंने उसे नाम दिया अप्रैल ब्लूमर! एक बार जब नाम तय हो गया, तो उसके बाद कविता तो उनकी कलम से बदस्तूर निकलती चली गई। कविता का नाम था 'अर्पण को खिले'—

ब्लॉसम्ड टू गिव/अर्पण को खिले

ओ मेरे युवा दोस्तो, सफेद और गुलाबी फूलो,
हर तरफ बिखरी तुम्हारी खूबसूरती का मैं गवाह हूँ
दिलों को खुशनुमा बनाते और
चेहरों पर बिखेरते हो मुसकान।
ओ मेरे दोस्त, 'क्या नाम है तुम्हारा?' मैंने पूछा।
'ओ कलाम, प्यारे कलाम, नीली घास में आनेवाले
वे हमें कहते हैं डॉगवुड;
लेकिन बसंत के बच्चों की तरह,
हम हैं अप्रैल ब्लूमर्स।'

—ए.पी.जे. अब्दुल कलाम

केंचुकी में ठहरने के दौरान अगले कुछ दिन डॉ. कलाम ने अप्रैल ब्लूमर को उसके असली नाम से कभी नहीं पुकारा, बल्कि उन्होंने दूसरों को भी उन पेड़ों को उनके नए नाम से पुकारने के लिए प्रोत्साहित किया। उन्होंने मेयर, प्रोफसरों और यहाँ तक कि राज्य के गवर्नर से भी डॉगवुड को 'अप्रैल ब्लूमर' नाम देने पर विचार करने के का आग्रह किया।

जब हम लौट रहे थे, तो डॉ. कलाम ने उन पेड़ों को कार की खड़की से देखते हुए कहा, 'मुझे लगता है कि फूलों को उनका नया नाम पसंद आया है। तुम्हें ऐसा नहीं लगता क्या? वे हमें याद रखेंगे। हमने एक अच्छा काम किया है।'

तभी अचानक मैंने एक आश्चर्यजनक चीज की ओर उनका ध्यान दिलाया कि होटल के स्टाफ ने अप्रैल ब्लूमर के तमाम रंगों के फूलों का एक गुलदस्ता बनाकर डॉ. कलाम को पेश किया। मैंने कहा, 'उन्होंने आपके सम्मान में इसे दिया है।'

वे मुसकराए। हम अप्रैल ब्लूमर से फिर दोबारा कभी नहीं मिले।

बरसों बाद मैं दिल्ली में अपने एक मेजबान से मिलने के लिए पहुँचा तो उन्होंने मुझे बताया, 'केंचुकी में ढेर सारे लोग डॉगवुड को 'अप्रैल ब्लूमर' के नाम से पुकारते हैं। ऐसा लगता है कि आपका मिशन सफल रहा।'

□

11

जीवनदायी है जल

केंचुकी में ठहरने के दौरान, आयोजकों ने एक दोपहर को कंबरलैंड झील घुमाने का भी कार्यक्रम रखा था। वे हमें यह झील दिखाने के लिए बेहद उत्साहित थे और वहाँ जाने के लिए अप्रैल बेहतरीन महीना था। हमारे मेजबानों ने एक छोटे क्रूजर की भी व्यवस्था कर रखी थी, क्योंकि उनके परिवारों के लोग भी हमारे साथ ही आ रहे थे।

डॉ. कलाम हमेशा घूमने-फिरनेवाले दौरों से जरा बचते थे। जब भी हम कहीं विदेश जाते और दिलचस्प जगहों पर जाने के लिए उन्हें सुझाव देते, तो वे अकसर मना कर देते और कहते, 'मैं यहाँ काम करने के लिए आया हूँ' या 'मेजबानों को इन सब पर खर्च मत कराओ।' जब मैं निराशाजनक भाव लेकर उनकी तरफ मुखातिब होता तो वे जल्दी ही अपनी बात में एक लाइन और जोड़ देते, शायद उन्हें भी बुरा महसूस होता, 'लेकिन तुम लोग जा सकते हो। मैं छुट्टी दे देता हूँ। जहाँ जाना चाहो, जाओ। मुझे बताना कि तुमने क्या देखा।' उन्हें अपने साथ लाने के लिए समझा पाना वाकई काफी कठिन होता और कुछ-न-कुछ जुगत लगाकर ही हम उन्हें तैयार कर पाते थे। अकसर हम उनसे यही कहते कि बाहर घूमने-टहलने से आपके अगले भाषण और व्याख्यानों पर काम करने के लिए हमें काफी मदद मिल सकेगी। यह विचार ज्यादातर काम कर जाता, लेकिन मैं उस मौके पर इस पंक्ति को लेकर सुनिश्चित नहीं था कि यह काम कर पाएगी।

इसलिए जब आयोजकों ने उत्साहपूर्वक मुझसे कंबरलैंड झील के क्रूज ट्रिप को लेकर तारीख और समय बताने के लिए कहा तो मैं तत्काल समझ गया कि डॉ. कलाम इसे खारिज करने में देर नहीं लगाएँगे। मैंने तत्काल दिमाग लगाया कि इस घूमनेवाले ट्रिप को 'ज्ञानवर्धक' ट्रिप में कैसे बदला जा सकता है और अपना रिसर्च शुरू कर दिया। इंटरनेट से मुझे पता चला कि यह झील 265 वर्ग किलोमीटर दायरे में फैली हुई है और इसका किनारा दो हजार किलोमीटर लंबा है तथा इसमें इतना ज्यादा पानी है कि यह

केंचुकी राज्य को तीन इंच तक डुबो सकती है। मैंने यह भी पाया कि कंबरलैंड झील नदियों और झीलों के बड़े नेटवर्क से जुड़ी हुई है। इसे अमेरिकी सरकार के वाटर मैनेजमेंट सिस्टम के तहत इस तरह बनाया गया है। दरअसल, यह इनसान द्वारा तैयार किया गया जल-भंडारण केंद्र है, जिसे पर्यटन के अलावा बाढ़ नियंत्रण और ऊर्जा उत्पादन के लिए तैयार किया गया है। मेरा तीर निशाने पर लगा! मुझे बस इतना करना था कि यह सारी जानकारी डॉ. कलाम को दे देनी थी।

रात के खाने पर मैंने इस विषय को रणनीति के तहत उठाया। 'सर, यहाँ एक जबरदस्त झील है पास में, जिसे वाटर मैनेजमेंट सिस्टम के तहत तैयार किया गया है। यह एक सक्रिय उदाहरण है कि किस तरह से वाटर मैनेजमेंट सिस्टम को आपस में जोड़कर सफलता पाई जा सकती है। आप बिहार को लेकर जिस तरह के प्रोजेक्ट की बात करते हैं, हम इसे बतौर उदाहरण आगे बढ़ा सकते हैं!'

'कहाँ है यह?' उन्होंने पूछा। मैं मन-ही-मन मुसकराया। मैंने उनकी जिज्ञासा बढ़ा दी थी।

'ज्यादा दूर नहीं। हमारे यहाँ से एक घंटे की दूरी पर ही है, उसे कंबरलैंड झील कहते हैं।'

मुझे लगा कि वे मुझसे और कुछ पूछेंगे, लेकिन वे खामोश हो गए। मैं हार माननेवाला नहीं था, इसलिए मैंने इस पर थोड़ा जोर दिया।

'दरअसल, डॉक्टर विजी, डॉक्टर देसाई और उनका परिवार वह झील देखने कल जा भी रहा है। हम भी उस समय तक काम खत्म कर लेंगे। मेरे विचार से हमें भी चलना चाहिए। आगे के दिनों में छात्रों को संबोधित करने के क्रम में हम इस विषय को भी चुन सकते हैं।'

'अगर यह लुईविली के हमारे रास्ते में पड़ता है तो हम चल सकते हैं।' उन्होंने बिना जोश दिखाए कहा।

मैं लगभग लक्ष्य तक पहुँच गया था! अब मुझे उनको केवल नाव पर चढ़ने के लिए तैयार करना था।

'मुझे लगता है कि हमें वहाँ कुछ समय बिताकर झील को पूर्णता में देखना चाहिए। हो सकता है कि हम यह भी देख पाएँ कि वे झील में पानी कहाँ से लाकर छोड़ते हैं, यह ज्यादा अहम है। वे एक नाव भी झील पर ले जा रहे हैं; हमें भी उस पर कुछ देर के लिए चलना चाहिए। क्या?' मैंने बात पक्की करने की उम्मीद में कहा।

'लेकिन झील में पानी आता कहाँ से है, क्या वहाँ कोई नदी भी है?' उन्होंने पूछा।

मैं झटका खा गया। मैंने काफी शोध नहीं किया था कि झील में आनेवाले पानी का स्रोत क्या है। जो भी मैं थोड़ा-बहुत जानता था, वह सब उनको बता डाला था।

'मुझे लगता है कि यह रिवर मैनेजमेंट सिस्टम के जरिए कहीं पश्चिम से आता है। मैं और भी पता लगाता हूँ।'

'ठीक है,' उन्होंने कहा और मैंने तत्काल अपने मेजबान को बुलाकर उन्हें ट्रिप पर आगे बढ़ने को बोल दिया।

अगले दिन सुबह हम झील की ओर बढ़ गए, जहाँ एक छोटा क्रूजर हमारा इंतजार कर रहा था। हमारे मेजबानों का परिवार पहले से ही वहाँ पहुँच चुका था। जब हम उस पर चढ़ रहे थे, तभी डॉ. कलाम ने पूछा, 'यह तो काफी बड़ी नाव है।'

हमने उस दिन क्रूजर पर काफी शानदार वक्त गुजारा। निचले डेक पर, जहाज के कैप्टन ने हमें कंट्रोल रूम में आने का न्योता दिया। जिज्ञासु आत्मा डॉ. कलाम ने यह प्रस्ताव खुशी-खुशी स्वीकार कर लिया।

कैप्टन से उसकी नाव के बारे में जानकारी लेते हुए उन्होंने व्हील का नियंत्रण अपने हाथों में ले लिया। एक बार जब वे उस अनुभव से संतुष्ट हो गए, तो मैंने उनसे कहा, 'सर, आप एक अच्छा कप्तान तैयार कर सकते हैं!' मेरे इस सम्मान पर वे मुसकराए।

फिर उन्होंने कप्तान से पूछा कि उस झील में पानी कहाँ से आता है। कप्तान ने उन्हें नदी के साथ-साथ बनाए गए तालों और बाँधों की उस जटिल प्रणाली के बारे में बताया। वह प्रणाली ही पानी के बहाव को नियंत्रित करती थी और राज्य को बाढ़ से बचाती थी।

'हमें इस प्रक्रिया का अध्ययन निश्चित रूप से करना चाहिए, ताकि बिहार में इसे लागू किया जा सके,' कप्तान की बात सुनने के बाद उन्होंने कहा। बिहार राज्य उनके हृदय के बेहद करीब था। उनका प्राथमिक ध्यान वहाँ की नियमित बाढ़ और सूखे की समस्या पर था, जिसने राज्य को तबाह कर रखा था। बिहार की बाढ़ की समस्या का समाधान उनकी नजर में एक बेहतर जल प्रबंधन प्रणाली ही थी, जो झीलों और नदियों को आपस में जोड़ सके। समय-समय पर उन्होंने राज्य के सांसदों और विधायकों को अपनी योजना बताई थी, लेकिन उस दिशा में ज्यादा कुछ किया नहीं जा सका था। उन्होंने केंचुकी में जल प्रबंधन प्रणाली की सफलता में एक उम्मीद देखी, उन्होंने सोचा कि वास्तविक रूप में सक्रिय मॉडल के जरिए बिहार के अधिकारियों में भी उत्साह और साहस बढ़ाया जा सकता है और उनकी योजना लागू की जा सकती है।

डॉ. कलाम की जिज्ञासा का आभास होने पर, हमारे मेजबान ने मुझसे पूछा कि क्या वे यहाँ के लॉक एंड डैम सिस्टम को नजदीक से देखना पसंद करेंगे, जिसके बारे में कप्तान ने उन्हें पहले बताया है। इस बार मुझे जरा भी संदेह नहीं था। 'बिल्कुल!' मैंने जवाब दिया।

एक हफ्ते बाद लुईविले के हमारे रास्ते पर हम एक अमेरिकी सैन्य बेस पर रुके, जिसे मैकअल्पाइन लॉक एंड डैम कहते हैं। वहाँ हमें वाटर लॉक्स प्रणाली दिखाई गई,

जिसके बारे में हमें पहले बताया जा चुका था। एक वरिष्ठ अमेरिकी सैन्य अधिकारी ने वाटर लॉक्स के डिजाइन और उद्‍देश्य के बारे में हमें विस्तार से बताया।

नदियाँ हमेशा अनियमित रूप से बहती हैं, कहीं छिछली हो जाती हैं तो कहीं गहरी। इससे बड़े जहाजों का नदियों में सहज रूप से चलना कठिन होता है। इसलिए नदी प्रबंधन प्रणाली के तहत रिवरबेड तैयार किया जाता है, सिल्ट को हटा दिया जाता है और वाटरबॉडीज को आपस में जोड़ दिया जाता है। अंत में नदी के अलग-अलग हिस्सों को, जो कि अलग-अलग ऊँचाई पर स्थित होते हैं, लॉक्स के जरिए जोड़ दिया जाता है।

ऊँचाई की तरफ से आ रहे जहाज को वाटरटाइट कंपार्टमेंट के रूप में लॉक कर दिया जाता है। इसके बाद उस पानी को धीरे-धीरे छोड़ा जाता है, ताकि पानी का स्तर नीचे आ जाए और नदी के बहाव के स्तर से मेल खा जाए। यह बड़े जहाजों के लिए लिफ्ट या एलिवेटर की तरह काम करता है।

मैक्अल्पाइन लॉक एंड डैम और इसकी नहर प्रणाली ओहयो नदी के ऊपर बनाया गया पहला विशालकाय इंजीनियरिंग प्रोजेक्ट था और इसे सन् 1830 में तैयार किया गया था। इसे कुछ इस तरह से डिजाइन किया गया था कि शिपिंग यातायात नदी के रास्ते आसानी से तैयार किया जा सके, वाटरबॉडी को आपस में जोड़कर एक शहर से दूसरे शहर का जुड़ाव जलमार्ग के जरिए आसानी से किया जा सके। धीरे-धीरे लॉक्स को विस्तार दिया गया, पहले एक निजी कंपनी के जरिए और उसके बाद अमेरिकी सेना के इंजीनियरिंग विभाग द्वारा। इस प्रणाली को बाद में 'मैक्अल्पाइन लॉक एंड डैम' का नाम दिया गया 1960 में, जो कि कॉर्प्स ऑफ लुईविले के डिस्ट्रिक्ट इंजीनियर के तौर पर काम करनेवाले एकमात्र आम नागरिक विलियम मैक्अल्पाइन के सम्मान में है।

हम यह जानकर बेहद प्रभावित हुए कि यह जटिल और दक्ष प्रणाली दो सदी पुरानी है! इस प्रणाली के कारण ही लुईविले और आसपास के इलाके पिछले 50 सालों से नियमित बाढ़ से पूरी तरह सुरक्षित हैं। वहाँ मौजूद अधिकारी ने हमें वह बोर्ड दिखाया, जिस पर यह घोषणा दर्ज थी कि 'जमीन का परिवहन हवा के मुकाबले एक-दहाई लागतवाला है तो जल परिवहन जमीनी परिवहन के मुकाबले एक-दहाई लागत लेता है।'

डॉ. कलाम के लिए यह जानकारी एक बड़ा प्रेरणास्रोत बनी, जो खुद भी भारत में ऐसी ही प्रणाली विकसित करना चाहते थे, जिसके माध्यम से दो शहरों के बीच के परिवहन को किफायती बनाया जा सकता था।

जब हम वहाँ से चलने को हुए तो उस अधिकारी ने, जो हमें यह प्रणाली दिखा रहा था, कुछ ऐसा कहा, जिसने हम पर अमिट छाप छोड़ी। 'मैंने मशहूर अर्थशास्त्री एडम स्मिथ को पढ़ा है,' उसने कहा, 'उन्होंने कहा है कि पूर्वी भारत में कोई ऐसा राज्य है, जिसने नदी परिवहन प्रणाली से पूरी दुनिया का परिचय कराया है।' पूर्वी राज्य,

जिसके बारे में वह बात कर रहा था, वह बंगाल राज्य था और एडम स्मिथ ने वाकई अपने काम में उसका उल्लेख किया है। पाँच साल बाद वह प्रेरक तथ्य हमारी अगली किताब 'एडवांटेज इंडिया' का अहम किरदार बन गया।

दिल्ली लौटने के बाद महीने के आखिर में डॉ. कलाम ने अनेक नेताओं को मैक्अल्पाइन लॉक एंड डैम प्रणाली को समझाने में कई-कई घंटे बिताए। उन्होंने प्रधानमंत्री समेत तमाम उच्चाधिकारियों को चिट्ठियाँ भी लिखीं। वे मानते थे कि भारत में भी जल प्रबंधन प्रणाली लागू की जा सकती है, खासतौर पर बिहार में।

वह अनुभव उनकी याद में लंबे समय तक बना रहा और उन्होंने सैकड़ों जगहों पर सम्मेलनों में उसके बारे में बताया। सत्ता में आनेवाली तमाम सरकारों को वृहद् जल प्रबंधन प्रणाली के दीर्घकालीन फायदे समझ में नहीं आए, वह भी तब, जबकि दुनिया भर में इसकी सफलता के तमाम किस्से मौजूद थे, इससे डॉ. कलाम को घोर निराशा हुई। फिर भी उन्होंने हार नहीं मानी और चाहे वह उनके कार्यकाल की अवधि रही हो या उसके बाद, उन्होंने भारत के जल-प्रबंधन के क्षेत्र में विस्तृत प्रणालीवाले अपने विचार को आगे बढ़ाना जारी रखा। वे कहा करते थे, 'किसी-न-किसी दिन एक युवा, विचारवान, दूरदृष्टा नेता आएगा और इस प्रोजेक्ट को देश के लिए लागू करेगा। हमारे पास वह ताकत है, जो पानी को जीवनदायी बना सकता है, न कि जानलेवा।'

भारत में 80 फीसद बारिश महज सौ घंटे के अंतराल में हो जाती है। हम अपनी किस्मत नहीं बदल सकते, लेकिन उसमें थोड़ा-बहुत फेरबदल तो कर ही सकते हैं। बाढ़ और सूखा पूरे देश की समस्या है और पिछले एक दशक के दौरान ही भयानक बाढ़ का मंजर तमिलनाडु, ओड़िशा, उत्तराखंड, जम्मू और कश्मीर, उत्तर-पूर्व, बिहार, महाराष्ट्र और गुजरात में अपनी विभीषिका दिखा चुका है। हजारों लोगों को अपनी जान गँवानी पड़ी, बहुतों को अपना घर-बार छोड़ना पड़ा और हजारों करोड़ की संपत्ति का नुकसान हुआ। अगर बेहतर जल-प्रबंधन प्रणाली का विकास किया गया होता तो इन सबसे बचा जा सकता था। उनका मानना था कि 2020 तक भारत में एक बड़ा मुद्दा बन जाएगा। यहाँ तक कि आज भी बाढ़ और सूखे से प्रभावित इलाकों की खबरें भारत के किसी-न-किसी हिस्से से आती रहती हैं, ज्यादातर लोग बेहतर नदी-झील प्रबंधन प्रणाली की जरूरत को महसूस करते हैं, लेकिन कोई भी इस प्रोजेक्ट को शुरू करने का साहस नहीं जुटा पाता है। डॉ. कलाम के शब्दों में, 'हमें अपने पानी को बेहतर तरीके से प्रबंधित करना होगा···पानी को जीवनदायी बनाना होगा, न कि जानलेवा।'

बिहार के किसानों का अध्ययन दौरा

डॉ. कलाम ने बिहार को अपने दिल के बेहद करीब रखा था; वे उस राज्य में

तमाम संभावनाएँ देखते थे और लोगों की पीड़ा महसूस करते थे। मैंने भी बिहार के कई हिस्सों का 2009 से 2015 के बीच दौरा किया। मैंने उनके साथ उनके अनेक भाषणों और योजनाओं पर काम भी किया, जिसमें इस राज्य के लिए फॉर्मूला तैयार करने पर जोर दिया जाता था। मैं खुद बिहार के लोगों के स्नेह और उम्मीदों का गवाह रहा हूँ, खासतौर पर युवा और किसानों से विशेषतौर पर। भले ही वह बिहार में न रह रहे हों, लेकिन उसके कल्याण की बात हमेशा उनके दिमाग में रहती थी।

2010 में डॉ. कलाम और मैं महाराष्ट्र में PURA के वाराना के उद्घाटन समारोह में शामिल हुए थे, जो कि एक खास जगह है और सहकारी समिति उसे संचालित करती है। उन लोगों ने उस क्षेत्र के लगभग डेढ़ लाख लोगों को पढ़ाया-लिखाया और उन्हें गरीबी के दंश से ऊपर उठाया है! डॉ. कलाम इस उद्देश्य से बेहद प्रभावित हुए थे। उस कार्यक्रम के एक दिन पहले ही हमारी कुछ प्रोफेसरों से मुलाकात हुई थी, जो कि आई.आई.एम. अहमदाबाद से संबंध रखते थे। उनसे किसानों को प्रबंधन और तकनीक के जरिए आत्मनिर्भर बनाने की बात पर चर्चा हुई।

वाराना से लौटने के बाद डॉ. कलाम ने मुझसे कहा, 'बिहार के किसानों को भी देश के बेहतरीन दिमागवालों की मदद से आत्मनिर्भर बनाने पर जोर देना चाहिए।' और इसलिए हमने पालीगंज, बिहार के कुछ युवा किसानों को आई.आई.एम. अहमदाबाद भेजने का फैसला किया, जहाँ से उन्हें कोल्हापुर के पास स्थित वाराना भेजने पर भी बात हुई। एक बार बिहार के किसानों के दल ने अपना शैक्षिक दौरा पूरा किया, डॉ. कलाम ने उन्हें बुलाया और उनसे पूछा कि उन्होंने क्या सीखा; मैं उस बातचीत के दौरान अनुवादक के तौर पर मध्यस्थ बना हुआ था। संतोषजनक जवाब पाकर, उन्होंने पूछा कि वे सरकार से अब क्या चाहते हैं। बिहार के किसानों ने जवाब दिया, 'हमें मुफ्त का सामान नहीं चाहिए, न मुफ्त की बिजली और न खाद, हम केवल बेहतर तकनीक और बाजार तक पहुँचने के लिए बेहतर रास्ता चाहते हैं!'

डॉ. कलाम ने बिहार के तमाम जिम्मेदार लोगों, जिला कलेक्टर, मंत्रियों और यहाँ तक कि मुख्यमंत्री के पास भी यह संदेश लगातार भिजवाया। वे भी इस मंत्र के पक्ष में रहते थे कि विकसित भारत के लिए विकसित और खुशहाल बिहार बेहद जरूरी है।

□

12

वहाँ बीच में कोई साथी है

डॉ. कलाम ओड़िशा राज्य को लेकर भी विशेष रूप से सतर्क रहते थे। शायद इसलिए, क्योंकि उन्होंने इस राज्य में अपने जीवन के कुछ बेहद अहम अनुभव हासिल किए थे। व्हीलर आईलैंड भुवनेश्वर यानी ओड़िशा की राजधानी से 150 किलोमीटर दूर स्थित है और यही वह जगह थी, जहाँ उन्होंने मिसाइलमैन की उपाधि हासिल की थी, साथ ही उन्होंने व्हीलर आईलैंड (2015 में इसे 'अब्दुल कलाम आईलैंड' नाम दिया गया) पर पाँच मिसाइल प्रोजेक्ट विकसित और तैनात करने के लॉञ्चिंग शुरू किए थे, जो कि 1989 में अग्नि की लॉञ्चिंग के साथ हुआ था।

डॉ. कलाम ने ओड़िशा में तमाम कार्यक्रमों में हिस्सा लिया था। उस राज्य से मिला स्नेह हमेशा उनको उसे कुछ-न-कुछ लौटाने के लिए प्रेरित करता रहता था। हमने राज्य के हर इलाके में कार्यक्रम किए, यहाँ तक कि कालाहांडी जैसे जिले में भी। हमारी यात्रा के दौरान वहाँ एक विशेष घटना घटी, जिसके बारे में सोचकर मुझे हँसी आ जाती है।

डॉ. कलाम ने नेशनल इंस्टीट्यूट ऑफ टेक्नोलॉजी, राउरकेला के टेक्नोलॉजी इन्क्यूबेशन सेंटर के उद्घाटन का निमंत्रण स्वीकार कर लिया था! यह कार्यक्रम 16 जनवरी, 2010 को आयोजित होना था। राउरकेला ओड़िशा के उत्तर में स्थित है और झारखंड की सीमा से सटा हुआ है। हमने दिल्ली से भुवनेश्वर उड़ान से जाने का फैसला किया, जहाँ से हेलीकॉप्टर के जरिए शाम 3 बजे उड़कर राउरकेला 4.30 बजे पहुँचना था।

दिल्ली से भुवनेश्वर की हमारी उड़ान के दौरान हमने राउरकेला के संबंध में हर चीज पर चर्चा कर ली थी। वह शहर पाँच लाख की आबादीवाला था, जिसे स्टील उत्पादन के लिए जाना जाता है। डॉ. कलाम ने मुझसे पूछा, 'क्या तुम्हें पता है कि इसे राउरकेला क्यों कहते हैं?'

मैं केवल इतना जानता था कि राउरकेला नया विकसित किया गया शहर है और इसे इसकी औद्योगिक ताकत के कारण जाना जाता था, लेकिन इसके नाम को लेकर

मुझे कोई जानकारी नहीं थी। इसलिए मैंने न में उत्तर दिया।

तब उन्होंने इस शहर की कहानी मुझे बताई।

राउरकेला की स्टील मिलों को जर्मन लोगों ने तैयार किया था और यह डिजाइन बिल्कुल उस तरह का था, जो जर्मनी के औद्योगिक शहर रुहर (Ruhr) से मिलता-जुलता था, जिसका मतलब होता है किला। इसलिए इस शहर को कहा गया 'रुहरकिला (Ruhrkella),' जो बाद में चलकर राउरकेला बन गया। उड़ान के दौरान का हमारा सारा समय शहर के इतिहास और भविष्य पर चर्चा करते बीत गया। उतरने पर हमें पता चला कि राउरकेला में मौसम ठीक नहीं है, इसलिए राउरकेला में बना हेलीपैड वहाँ उतरने के लायक नहीं है। इस पर हम एयरपोर्ट के प्रतीक्षालय में पहुँच गए और आराम करने लगे। आधे घंटे बाद भी मौसम ठीक नहीं हुआ।

शाम चार बजे हमें बताया गया कि अगले पंद्रह मिनट में मौसम नहीं खुला तो यात्रा रद्द करनी पड़ेगी, क्योंकि जब तक हम राउरकेला पहुँचते, वहाँ की विजिबिलिटी घट चुकी होती और हेलीकॉप्टर को उतरने में दिक्कत होती। मैंने डॉ. कलाम से कहा, 'सर, लगता है, हमें यह दौरा रद्द करना पड़ेगा। ऐसा कोई तरीका नहीं है, जिससे कि हम समय पर कार्यक्रम में पहुँच सकें। अगर अभी चलें तो सुबह तक ही पहुँच पाएँगे। क्या मैं उन्हें देरी के बारे में बोल दूँ?'

जैसा कि हमेशा होता है, उन्होंने मुसकराते हुए और हालात को लेकर हल्की-फुल्की बात कही। 'साथी, तुम कहो बादलों से कि वे चले जाएँ!' फिर उन्होंने प्रतीक्षालय के ग्लास डोर की ओर देखते हुए कहा, 'चिंता न करो, हमारे पास अभी पंद्रह मिनट हैं। हम इंजीनियरों को भी निराश नहीं कर सकते, इस बारे में भी सोचो। वे हमारे पहुँचने का इंतजार कर रहे हैं। हम उन्हें ज्यादा इंतजार नहीं करा सकते।'

लेकिन हम दोनों उस हालत में वहाँ कुछ भी कर पाने में असमर्थ थे। अगले दस मिनट भी बीत गए और हमारी उम्मीद भी खत्म होती गई।

तभी डॉ. कलाम अचानक उठ गए और बोले, 'हम ट्रेन से चल सकते हैं।'

यह एक दुस्साहसिक विचार था, क्योंकि सफर रातभर का था और वह इलाका भी नक्सल प्रभावित था, लेकिन यही एक उपाय था कि हम समय पर पहुँच पाते। मैंने देखा कि राउरकेला के लिए अगली ट्रेन 'तपस्विनी एक्सप्रेस' थी और वह हमें अगली सुबह राउरकेला पहुँचा देती। मैंने इससे पहले कभी डॉ. कलाम के साथ ट्रेन की यात्रा नहीं की थी। हम दोनों ही इस सफर को लेकर अनिच्छुक, लेकिन उत्साही थे।

जल्दी ही डॉ. कलाम की ट्रेन यात्रा को लेकर खबर फैल गई और जल्दी ही मीडिया को भी भनक लग गई। जब हम रेलवे स्टेशन पहुँचे तो वहाँ लगभग छह से आठ हजार लोग डॉ. कलाम की एक झलक पाने के लिए पहुँच गए थे। उन सभी ने डॉ. कलाम की

रेलयात्रा के बारे में स्थानीय मीडिया से सुन रखा था। उन्होंने पूरा रेलवे स्टेशन भर रखा था और हम बड़ी मुश्किल से स्टेशन मास्टर के ऑफिस तक पहुँच सके थे। हमने वहीं इंतजार किया, क्योंकि हमारा सामान भी आ रहा था। डॉ. कलाम ने घड़ी देखी। 'मुझे लगता है कि ट्रेन मिल जाएगी हमें। क्या हम आगे बढ़ें ?' उन्होंने पूछा।

अगले ही पल हमें ट्रेन में बैठने को कहा गया। स्टेशन मास्टर के ऑफिस से ट्रेन तक की दूरी महज 50 मीटर रही होगी, लेकिन भीड़ के बीच से निकलना काफी मुश्किल काम हो गया। डॉ. कलाम से हाथ मिलाने के क्रम में लोग हमें धक्का दे रहे थे। वे धीरे-धीरे आगे बढ़े और जितने लोगों से संभव हुआ, हाथ भी मिलाते चले। जल्दी ही हम ट्रेन में चढ़ चुके थे।

वह आरामदायक फर्स्ट क्लास एसी कोच था, लेकिन पुराना था। डॉ. कलाम को एक निजी कैबिन दिया गया आराम करने के लिए, जबकि उनके साथ दिल्ली से आ रहे बाकी लोगों, जिनमें मैं भी शामिल था, को बगल के कैबिन में जगह मिली। उनके कैबिन में हर चीज की व्यवस्था सुनिश्चित करने के बाद मैं सुरक्षाकर्मियों से बात करने के लिए बाहर खड़ा हो गया। बंदूकधारी युवक जरा तनाव में दिख रहे थे, क्योंकि हमें एक ऐसे सफर पर निकलना था, जो जब तक पूरा न हो जाता, तब तक राहत की साँस नहीं ली जा सकती थी और उनकी चिंता इसलिए भी बढ़ गई थी, क्योंकि डॉ. कलाम के ट्रेन के सफर की खबर चारों ओर फैल गई थी।

इससे पहले कि मैं तपस्विनी एक्सप्रेस के अपने सफर का वृत्तांत जारी रखूँ, मैं डॉ. कलाम से जुड़ी एक और मजेदार बात साझा करना चाहता हूँ। जैसा कि हम सभी जानते हैं कि डॉ. कलाम की आदत थी लगभग हर किसी को 'साथी' कहने की। वे किसी को या किसी चीज को भी 'साथी' कह सकते थे, खासतौर पर अगर वे उन्हें निजी तौर पर नहीं जानते हैं। उदाहरण के लिए, दिल्ली में राजाजी मार्ग स्थित ऑफिस में रहने के दौरान वे अकसर चेताते थे, 'वे साथी वहाँ मौजूद हैं, उधर मत जाना।' हममें से जो लोग उनके साथ काम कर चुके थे, वे लोग उनके खास संदर्भ समझ जाते थे, लेकिन हर किसी के लिए उनकी भाषा समझ पाना आसान नहीं था। यह घटना राउरकेला की ट्रेन में उनकी इसी आदत पर आधारित है।

रात 11 बजे के करीब जब मैं चिंतित सुरक्षाकर्मियों से बात कर रहा था, डॉ. कलाम अचानक अपने कैबिन से निकल आए। उन्होंने आसपास देखा और मुझे देखते ही बोले, 'मेरे कोच में कोई साथी है।'

इससे पहले कि मैं कुछ समझ पाता कि यह कौन साथी हो सकता है, तीन सुरक्षा गार्डों ने पोजीशन ले ली। तीन सिक्योरिटी गार्ड राइफल के साथ तैयार होकर अचानक डॉ. कलाम के कैबिन में जा घुसे। कुछ क्षणों बाद वे अचकचाए हुए से बाहर निकले।

कैबिन में कोई नहीं था! चूँकि यह राष्ट्रपति ने खुद आवाज दी थी और उन्होंने खुद इस ओर इशारा किया था, तो इस वजह से वे चौकन्ने हो गए थे, और अपनी बंदूकें कसकर पकड़ ली थीं। वे एक बार और उसमें पहुँचे और इस बार उन्होंने चादर-तकिए, कंबल और यहाँ तक कि उस छोटे से कैबिन के दरवाजों तक की गहन छानबीन की। जब छानबीन पूरी हो गई, तब मैं डॉ. कलाम की तरफ मुड़ा और उनसे पूछा कि वे किस 'साथी' की बात कर रहे हैं?

उन्होंने उँगली और अँगूठे से इशारा करते हुए उसकी लंबाई दो इंच बताई और बोले, 'वह भूरे रंग का साथी।' वह खोजबीन को लेकर मची खलबली से जरा शर्मिंदा से महसूस कर रहे थे।

'यह तो एक कॉक्रोच है!' मैं चिल्लाया।

डॉ. कलाम को कॉक्रोच बिल्कुल पसंद नहीं थे और उस पुराने कोच में काफी संख्या में कॉक्रोच थे। उनमें से ही कोई साथी उनके कंबल में घुस गया था। इसलिए वे जल्दी-जल्दी में कैबिन से बाहर आकर इस अंदाज में उछलकर बोल पड़े थे, 'अंदर कोई साथी है।'

वहीं सिक्योरिटी गार्ड इस खोए हुए साथी को लेकर भ्रमित थे और उनसे पूछने की हिम्मत भी नहीं थी उनकी कि वे किस बारे में बता रहे हैं।

इससे पहले कि वे अलार्म बजाते, मैंने उन्हें रोका। 'आप लोग गलत शख्स की तलाश कर रहे हैं। वह साथी बहुत छोटा सा है, बेहद छोटा।' मैं अपनी हँसी नहीं रोक पा रहा था। 'वह एक कॉक्रोच है।'

हम सब एक-दूसरे को देखकर मंद-मंद मुसकराए। गार्ड भी बंदूक लेकर मुजरिम को खोज रहे थे, जबकि उसके लिए महज एक मोड़ा हुआ अखबार ही काफी था! जल्दी ही हमने एक नहीं; चार ऐसे साथी खोज निकाले और वे सभी बड़ी ही सावधानी से चलती ट्रेन से बाहर कर दिए गए।

जब हमने यह घोषित कर दिया कि कैबिन साफ कर दिया गया है, डॉ. कलाम ने चिंतित स्वर में कहा, 'क्या तुमने उन सभी को ट्रेन से बाहर फेंक दिया?'

'लेकिन वे साथी यहाँ बिना टिकट घुसे हुए थे!' मैंने जवाब दिया।

वे मुसकराए और वापस अंदर चले गए।

इसके बाद पूरे सफर के दौरान कोई भी साथी नजर नहीं आया और हम राउरकेला समय पर पहुँच गए। उस घटना के काफी दिनों बाद तक मैं हर कीड़े को डॉ. कलाम के सामने ही साथी कहकर पुकारता और हम लोग एक-दूसरे को देखकर उस छोटे से चुटकुले पर मुसकराते।

कालाहांडी (ओड़िशा) में एक छात्र की प्रार्थना

डॉ. कलाम ने ओड़िशा के कुछ दुर्गम इलाकों का भी दौरा किया था। ऐसी ही एक यात्रा जनवरी, 2010 में उन्होंने की थी। हम कालाहांडी में प्राथमिक शिक्षक भवन में कालाहांडी घुमुरा उत्सव में हिस्सा लेने पहुँचे थे, जहाँ उन्होंने शिक्षकों, छात्रों और उनके अभिभावकों से मुलाकात की थी। वहाँ मौजूद लोगों का उत्साह बढ़ाने के लिए वे बोले, 'जब मैं छात्रों को एक तरफ और शिक्षकों को दूसरी तरफ देखता हूँ, तो मेरे प्यारे दोस्तो, मैं कुछ इस तरह से, इसे सीखने और ज्ञानवर्धन की एक कड़ी के रूप में देखता हूँ। दुनिया में शांति का बीज हर उस इनसान के दिल से प्रस्फुटित होगा, जो न्यायप्रिय होगा। ऐसे न्यायप्रिय नागरिक ही समाज को दिशा दिखाने के लिए आगे आएँगे। शिक्षा, जिसे मूल्योंवाली प्रणाली से सहारा मिले, उसे कुछ इस तरह से डिजाइन करना होगा, ताकि न्यायप्रिय प्रकृति युवाओं में शुरू से विकसित की जा सके। शिक्षा का लक्ष्य यह होना चाहिए।'

इस मौके पर मैं एक छात्र की प्रार्थना का यहाँ उल्लेख करना चाहता हूँ—

'जो तुम जानते हो वह मुझ पर मत थोपो,
मैं खुद से अनजान चीजों को खोजना चाहता हूँ
और अपनी खोजों का स्रोत खुद ही बनना चाहता हूँ
ज्ञात को मेरी मुक्ति समान रहने दो, न कि मेरा गुलाम।
मुझ दिखाओ, ताकि मैं खड़ा रह सकूँ
तुम्हारे कंधों पर
खुद को खोजो, ताकि मैं बन सकूँ
कुछ अलग।'

□

13

अपनी माँ के चेहरे पर मुसकान बिखेरो

डॉ. कलाम के लिए अभिभावकों और विशेष तौर पर माँ से बढ़कर जीवन में कुछ भी बड़ा नहीं था। कभी-कभी सुबह ही वे बिना मुझसे पूछे बोलने लगते, 'तुम मजेदार साथी, क्या तुमने अपनी माँ से बात की? वे कैसी हैं, तुम्हारे पिता कैसे हैं? बताओ मुझे।' वे इस बात पर जोर देते थे कि मैं रोज अपने माता-पिता से बात करूँ, न कुछ हो बात करने को, केवल हैलो ही कर लूँ। तो अकसर मुझसे कहते, 'फोन पर कुछ मिनट की बातचीत उन्हें कई घंटों की खुशी देगी,' साथ ही जोड़ते, 'मैंने बीती रात अपने बड़े भाई से बात की···हमने ढेर सारी चीजों पर चर्चा की। तुमने अपने अभिभावकों से क्या बात की?' डॉ. कलाम के बड़े भाई उनसे 17 साल बड़े थे और वे डॉ. कलाम के अभिभावक की भूमिका में जीवनपर्यंत बने रहे।

हमारी बातचीत के दौरान वे कहते थे, 'कुछ बच्चे अपने अभिभावकों का खयाल नहीं रखते। कुछ तो ऐसे भी होते हैं कि बाहर नौकरी लगने और अपना परिवार रखने पर माता-पिता के साथ बुरा बरताव भी करते हैं। अभिभावक अपने बच्चों के लिए अपने जीवन की खुशियों की कुरबानी देते हैं और बच्चे जब मुँह फेर लेते हैं तो यह देखना बेहद कष्टकर होता है।'

यह किसी बात से ज्यादा, उनके दोस्तों और सहयोगियों के माध्यम से सुने दिल तोड़ने वाले अनुभवों का जखीरा था, जिसे दोहराने से बचाने के लिए वे मुझे हमेशा चेताया करते थे। फिर जब चर्चा से माहौल भारी हो जाता, तो वे अचानक उस विषय को बदलने के लहजे में कहते, 'मैं जानता हूँ कि तुम वैसे नहीं हो। मूलतः तुम अच्छे इनसान हो, जो कभी-कभी विचित्र सी चीजें करता है, लेकिन तुम एक अच्छे आदमी हो। बताओ मुझे, क्या तुम अच्छे इनसान हो?'

मैं केवल सिर ही हिला पाता था।

माता-पिता के आदर को लेकर वे इस कदर जोर देते कि वह दिल को छू जानेवाली

सीख होती, जो कि तमाम अवसरों पर सामने आती थी।

□

अगस्त, 2012 में सिंबॉयसिस समूह के शैक्षिक संस्थानों के संस्थापक प्रोफेसर शांताराम बलवंत मजूमदार के निमंत्रण पर डॉ. कलाम महाराष्ट्र के कोल्हापुर गए हुए थे। कोल्हापुर में ही प्रोफेसर मजूमदार का जन्म हुआ था और बतौर शिक्षात्रिद् वे उस इलाके के विकास को लेकर बेहद जुनूनी थे।

विशेषतौर पर हम सिंबॉयसिस स्कूल के दौरे पर एक गाँव हरली पहुँचे थे, जहाँ डॉ. कलाम को छात्रों के विशाल समूह को संबोधित करना था। ये छात्र आसपास के स्कूलों से यहाँ आए थे। हरली स्कूल को नई बिल्डिंग मिल रही थी और छात्र इसे लेकर बेहद उत्साहित भी दिख रहे थे। उस दिन काफी गरमी थी और उमस भरा मौसम बना हुआ था। ऐसे मौसम में कलाम के भाषण की उम्मीद में छात्र बेचैन हो रहे थे। कमरे में शोर हो रहा था।

जब डॉ. कलाम मंच पर भाषण देने के लिए पहुँचे तो भीड़ शांत हो गई। उन्होंने मौसम की हालत भाँपते हुए अपना भाषण संक्षिप्त ही रखा और तमाम चीजें, जो वे श्रोताओं से पूछने के लिए रखते थे, उन्हें छोड़कर आगे बढ़ते गए। जब वे अपना भाषण खत्म करने के मुकाम पर पहुँचे तो उसके बाद श्रोताओं से सवाल पूछने की तैयारी में जुट गए। मैंने भीड़ के बीच हलचल महसूस की।

बाहर कुछ पुलिसवाले एक नाटे कद की महिला को अंदर घुसने से रोक रहे थे। वह गुलाबी और सफेद रंग की साड़ी में आई हुई थी। वह लगातार कहती जा रही थी, 'डॉ. कलाम से मिलना है!' तभी मैंने महसूस किया कि उसके साथ एक लड़का भी है, जिसकी उम्र 16 साल रही होगी। उसके पैर पोलियो के कारण प्रभावित थे, जिसकी वजह से वह पैरों पर खड़ा नहीं हो सकता था। इसलिए उसकी माँ उसे अपनी गोद में लेकर आई थी, बिल्कुल उसी तरह जैसे किसी नवजात को गोद में लेकर माँ चलती है। जब मैंने उन्हें मंच के बगल में आने का इशारा किया, तब उसने कहा, 'मेरा बेटा महामहिम से मिलना चाहता है।' मैंने उन्हें कुछ देर इंतजार करने के लिए कहा, जब तक डॉ. कलाम श्रोताओं के साथ सवाल-जवाब कार्यक्रम खत्म नहीं कर लेते। इस पर वह मान गई।

दस मिनट बाद जब सवाल-जवाब का दौर पूरा हो गया, तब मैंने डॉ. कलाम से उस महिला और उसके बच्चे के बारे में बताया। इसके बाद उस छोटे बच्चे ने अपनी बात शुरू कर दी। उसने अपना हाथ आगे बढ़ाया और कहा, 'मेरा नाम शैलेष है और मैं इसी गाँव हरली में रहता हूँ। आपने अपनी किताबों में सपनों के बारे में बात की है। मैं यहाँ आपको अपने सपने के बारे में बताने के लिए आया हूँ। मैं शतरंज का खिलाड़ी हूँ। मैं कड़ी मेहनत करूँगा और एक दिन मैं ग्रैंड मास्टर बनूँगा।'

'साहब,' उसकी माँ ने कहा, 'हमें किसी तरह की मदद नहीं चाहिए, केवल आपका आशीर्वाद लेने के लिए हम यहाँ आए हैं।' मेरा बेटा हमेशा कहता रहता है, 'अगर एक मल्लाह का बेटा राष्ट्रपति बन सकता है, तो तुम्हारा बेटा भी ग्रैंड मास्टर बन सकता है।' कृपया मेरे बेटे को आशीर्वाद दें, साहब।'

डॉ. कलाम ने उस बच्चे के सिर पर हाथ फेरते हुए कहा, 'तुम जरूर सफल बनोगे। ईश्वर तुम्हारे साथ है। इच्छाशक्ति के बल पर तुम किसी भी मुसीबत को हरा सकते हो, लेकिन जब तुम ग्रैंड मास्टर बन जाना, तो मुझसे वादा करो कि तुम अपने इस सफर में अपनी माँ की भूमिका को कभी नहीं भुलाओगे, जिसने तुम्हारे सपने को पूरा करने के लिए खुद को समर्पित कर दिया है।'

शैलेष ने सहमति में सिर हिलाया। मैंने देखा कि उसकी माँ की आँखों में आँसू थे।

बाद में उस शाम, जब हम मुंबई लौट रहे थे, डॉ. कलाम ने उस घटना को याद किया। 'क्या तुमने देखा कि माँ के साहस ने किस तरह बच्चे के सपने को पूरा करने में मदद की? माँ का स्नेह ही उसकी वह ताकत है, जिसके बल पर वह अपने बड़े बच्चे के भार को भी आसानी से उठा सकी और यही ताकत उस बच्चे में पल रहे एक ग्रैंड मास्टर को पालने-पोसने के संघर्ष में भी काम आएगी।'

मैंने हामी में सिर हिलाया।

'इसीलिए मैं कहता हूँ, हर बच्चे को हर दिन एक काम जरूर करना चाहिए।'

'वह क्या?' मैं बीच में बोल पड़ा।

'अपनी माँ के चेहरे पर मुसकान लानी चाहिए।'

डॉ. कलाम अकसर कहते, 'जब एक माँ मुसकराती है, तो पूरा परिवार मुसकराता है। जब परिवार मुसकराता है, तो देश खुश रहता है।'

भविष्य के ग्रैंड मास्टर और उसकी माँ की कहानी उन्होंने अनेक अवसरों पर बयान की।

☐

डॉ. कलाम ने अनेक अवसरों पर दिए अपने भाषणों में इस बात का प्रमुखता से जिक्र किया कि युवाओं को क्यों अपनी माँओं के नजदीक लाने का प्रयास करना चाहिए। इस विषय पर उनके विचार ने 2012 में आकार लिया, जब वे 'मैं क्या योगदान दे सकता हूँ' मिशन पर काम कर रहे थे। युवा उन्मुख इस आंदोलन में हमने बहुतेरे विचारों पर काम किया, हर विचार का लक्ष्य हमारे परिवारों, समाज और देश का कर्ज चुकाने पर केंद्रित था। इस आंदोलन के तहत पहला काम तो यह था कि वे अपनी माँओं को हर दिन मुसकरानेवाले कुछ पल देने पर जोर दें। डॉ. कलाम ने इसे अमल में लाने के लिए हर किसी को शपथ लेने को कहा।

अगले एक साल तक हमने देश के विभिन्न हिस्सों में इस मिशन को जारी रखने पर जोर दिया। 'मैं क्या योगदान दे सकता हूँ' मिशन के तहत स्वयंसेवकों के जरिए हमने पूरे देश से पाँच लाख से ज्यादा विचार हासिल किए, जिसमें बताया गया था कि वे अपनी माँओं के चेहरे पर मुसकान लाने के लिए क्या करेंगे। डॉ. कलाम ने अपने भाषणों में इन विचारों को खूब सराहा। 14 मार्च, 2012 को वाराणसी के दिल्ली पब्लिक स्कूल में हुए एक कार्यक्रम में डॉ. कलाम ने ऐसे ही दो अनुकरणीय विचारों का जिक्र करते हुए कहा, 'इस मिशन के परिप्रेक्ष्य में मैं तमाम ऐसे उदाहरणों और कहानियों से रूबरू हुआ कि उन्होंने मेरे दिल को छू लिया और मैं भावुक हो उठा। ऐसे ही कुछ विचारों को मैं आपसे भी साझा करना चाहता हूँ।

'दिल्ली के दसवीं कक्षा के छात्र धीरज ने माँ के प्यार को एक समीकरण के जरिए मुझे भेजा। उसने लिखा—

माँ का प्यार = TAN θ, **जहाँ** θ(थिटा)= **90 degrees** होता है।'

'अत: इस समीकरण के मुताबिक, उसके लिए माँ का प्यार अनंत के बराबर है। माँ के प्रेम को बताने के लिए इस बच्चे ने कितना शानदार और खूबसूरत अंदाज पेश किया!'

'इसी तरह कर्नाटक चैप्टर की सुलोचना ने कहा कि उसकी माँ एक गरीब परिवार में पैदा हुई और इसलिए केवल प्राथमिक शिक्षा ही ले पाई थी। डिग्री हासिल करने का उसका सपना अधूरा ही रह गया था, लेकिन वह चाहती थी कि उसकी दोनों बेटियाँ ऊँची शिक्षा हासिल करें और बड़ी कंपनियों में अच्छी जॉब पाएँ। उसने सुलोचना के पिता को समझाने में कड़ी मशक्कत की कि बच्चियों को सबसे बढ़िया स्कूल में दाखिला दिलाया जाए, भले ही जितना भी खर्च आए, यहाँ तक कि अपनी बात मनवाने के लिए उनकी माँ ने दो या तीन दिन तक अन्न ग्रहण नहीं किया और जब सुलोचना के पिता माने, तभी उन्होंने खाना शुरू किया! एक बार जब उसने बच्चियों को अच्छे स्कूल में दाखिल कराने की हामी भरी, तब उसने भी वादा किया कि वह पति से कभी कुछ नहीं माँगेगी। इसलिए जब सुलोचना ने इंजीनियरिंग करने के दौरान कैंपस प्लेसमेंट के जरिए एक मल्टीनेशनल कंपनी में जॉब पाई तो उसकी माँ रोमांचित हो उठी। उनकी आँखों में खुशी के आँसू थे और उन्होंने सुलोचना को खूब आशीर्वाद दिए। एक बेटी ने माँ के अरमानों को पूरा जो कर दिया था।

'दरअसल, माँ का प्यार बच्चों को अपने जीवन में कुछ बड़ा करने के लिए प्रेरित करता है।'

□

मेरा सबसे बड़ा दु:ख—अपने माता-पिता के घर में मैं रोशनी नहीं कर पाता

2015 में डॉ. कलाम और मैं अपनी दूसरी किताब 'रीइग्नाइटेड : पाथवेज टू अ

ब्राइटर फ्यूचर' पर काम कर रहे थे। प्रेस ट्रस्ट ऑफ इंडिया (पी.टी.आई.) के एक पत्रकार डॉ. कलाम के घर किताब से संबंधित रिपोर्ट के सिलसिले में आए हुए थे। इंटरव्यू के समापन के दौरान उन्होंने डॉ. कलाम से एक दिलचस्प सवाल पूछा, 'सर, अपने लिए जीवन में आप सबसे बड़ा अफसोस क्या मानते हैं?'

डॉ. कलाम सोच में पड़ गए और कुछ पलों के बाद उन्होंने जवाब दिया, 'आप जानते हैं कि मेरे पिता (जैनुलाब्दीन) 103 साल तक जिंदा रहे और मेरी माँ (आशिआम्मा) 93 साल की अवस्था में दिवंगत हुईं। मेरा भाई भी 99 साल का हो गया है। मैंने सुनिश्चित किया है कि मेरे भाई को 24 घंटे बिजली तब भी मिले, जब अन्य जगहों पर बिजली कटौती हो रही हो। इसके लिए मैंने घर में सोलर पैनल लगवा रखे हैं।

'लेकिन तकनीक की यही सुविधा मैं अपने माता-पिता को मुहैया नहीं करा सका, क्योंकि तब यह उपलब्ध नहीं थी। उन्हें अपने जीवन के आखिरी दिनों में भयानक बिजली संकट से गुजरना पड़ा, मेरे बुजुर्ग माता-पिता के लिए अँधेरे घर में चलना-फिरना कठिन हो गया था, और मैं उनकी मदद नहीं कर पा रहा था। मेरे जीवन का सबसे बड़ा अफसोस यही है कि मैं अपने अभिभावकों के लिए घर में रोशनी नहीं जुटा पाया।'

डॉ. कलाम ने अपनी माँ को समर्पित एक कविता लिखी, जो मेरी राय में उनकी श्रेष्ठतम कविता मानी जा सकती है—

माँ!
मुझे अब भी याद है, जब मैं दस बरस का था,
मेरा तुम्हारी गोद में सोना मेरे बड़े
भाई और बहनों को अखरता था।
वह पूरे चाँद की रात थी, मेरी दुनिया केवल तुम्हीं जानती थीं,
माँ! मेरी माँ!
जब आधी रात को, मेरे घुटनों पर गिरते आँसुओं से मेरी नींद टूटती थी
तुम अपने बच्चे का दर्द समझती थीं, मेरी माँ।
स्नेह से भरे तुम्हारे हाथ प्यार से दर्द दूर कर देते थे
तुम्हारा प्यार, तुम्हारा स्नेह, तुम्हारे विश्वास ने मुझे ताकत दी,
इस दुनिया का बेखौफ सामना करने की
और उसकी ताकत के साथ
हम फिर मिलेंगे उस महान् फैसलेवाले दिन।
मेरी माँ!

—ए.पी.जे. अब्दुल कलाम

विचारवान समाज के लिए हास्य के प्रति सहनशीलता जरूरी

अप्रैल, 2015 में एक कॉमेडियन वीर दास ने एम. टी.वी. पर अपनी प्रस्तुति के दौरान डॉ. कलाम का संदर्भ लेते हुए एक मजाकिया सीन फिल्माया, जिसमें वह उन्हीं की तरह ब्रह्मचारी बने हुए थे। इस कार्यक्रम से नाराज कुछ महिलाओं ने वीर दास पर हमला कर दिया।

हमने देखा कि कुछ अखबारों में यह छपा था कि दर्शकों के बीच बैठे कुछ लोग वीर दास की प्रस्तुति से इस कदर नाराज हुए कि उन्होंने पुलिस भी बुला ली थी। यह कार्यक्रम बाधित हो गया और वहाँ एक अलग ही उग्र दृश्य उपस्थित हो गया। यह अपरिपक्व दिमाग की हरकत थी और शायद दर्शक ऐसे कार्यक्रम के लिए पहले से तैयार नहीं थे या उन्हें इस कार्यक्रम के बारे में बताया या समझाया नहीं गया होगा। मैंने उस शो में प्रस्तुत की जानेवाली चीजों के बारे में पढ़ा और अगले दिन डॉ. कलाम को दिखाया भी।

'देखिए किसी ने आप को लेकर मजाक करने की कोशिश की और पुलिस ने उसे धर दबोचा।' मैंने कहा।

'क्यों?' उन्होंने पूछा।

'क्योंकि उसका मजाक का तरीका बहुत बुरा था।' मैंने जवाब दिया।

'क्या तुम सोचते हो कि वह वाकई बुरा था?' उन्होंने पूछा।

उस मजाक के बारे में विस्तार से बताने के बाद मैंने कहा, 'मैं सोचता हूँ कि यह कुछ ज्यादा ही अपमानजनक था।'

'नहीं, मैं नहीं मानता। किसी भी तरह की कॉमेडी अपमानित करने के लिए कैसे हो सकती है? मजाक सिर्फ इसलिए किया जाता है, ताकि लोग हँसें। तुम एक चुटकुले पर मुसकराते हो, न कि चुटकुले के विषय पर, समझे। चुटकुले या मजाक का यही असल लक्ष्य होता है। अगर चुटकुला अच्छा है, तो तुम हँसोगे, अगर वह अच्छा नहीं है तो तुम नहीं हँसोगे। बस इतनी सी बात है। इसमें अपमानित महसूस करने जैसी बात ही नहीं है। एक विचारवान समाज के लिए हास्य के प्रति सहनशीलता जरूरी है। अब अगर तुम्हें वह पसंद नहीं आया, तो उस मजाक के बारे में भूल जाओ। चलो, काम करते हैं।'

हास्य, चुटकुलों और सहनशीलता को लेकर उस रोज मैंने एक नई बात सीखी। □

14

विज्ञान और अध्यात्म

हम अकसर लोगों के दो समूहों के बीच संघर्ष के गवाह बनते हैं—एक जो विज्ञान में विश्वास करते हैं और दूसरे, जो धर्म में आस्था रखते हैं।

डॉ. कलाम एक बड़े वैज्ञानिक थे—यह तथ्य विवाद से परे है। लेकिन वे इस बात से भी इत्तेफाक रखते थे कि तथ्य और आस्था साथ मिलकर एक बेहतर धरती बनाने में योगदान कर सकते हैं। एक बार उन्होंने मुझे बताया था, 'इनसान की भलाई के लिए विज्ञान और आस्था का सहअस्तित्व बेहद जरूरी है। विज्ञान हमारा फोकस बढ़ाता है—ध्यान से हमें सवाल हल करने में मदद मिलती है, सच खोजने और आविष्कारों को पनपने में बल मिलता है। आस्था हमें दृष्टिकोण मुहैया कराती है—दृष्टिकोण से हम रचनाओं और आविष्कारों का मानवता और सभ्यता पर पड़नेवाले प्रभाव का आकलन कर सकते हैं। फोकस और दृष्टिकोण मिलकर ऐसा संयोजन बनाते हैं, जो समाजों की सफलता के लिए अहम होता है। विज्ञान से विकास को गति मिलती है और आस्था अपनी औचित्यपूर्ण सीमितता के जरिए समाज को अपने वश में रखती है।'

डॉ. कलाम का जीवन खुद विविध आस्थाओं से पोषित और पल्लवित हुआ था।

उनके पिता, जो कि एक नाविक थे, ने स्थानीय मसजिद में इमाम की सेवा की थी और उनके दो पक्के मित्र दो अलग-अलग धर्मों से थे—एक हिंदू था और दूसरा ईसाई। पाक्षी लक्ष्मण शास्त्रीगल रामेश्वरम् मंदिर में प्रमुख पुजारी होने के साथ-साथ एक वैदिक शोधार्थी भी थे। वहीं रेवरेंड फादर बोदल ने रामेश्वरम् द्वीप पर पहला चर्च बनवाया था। डॉ. कलाम याद करते हुए कहते हैं, 'हम तीनों ही अपने धर्म के खास आवरण के बावजूद एक जगह बैठकर अपने समाज की समस्याओं और उनके समाधान पर बातें करते थे। देश भर में और विदेश में भी, संस्कृतियों, धर्मों और सभ्यताओं के बीच मुखर बहस की जरूरत पहले से ज्यादा अब महसूस की जाने लगी है।'

यह पूछने पर कि आपने इस स्तर की विनम्रता कहाँ से पाई, डॉ. कलाम अपने

पिता को इसका श्रेय देते थे। उनके अंदर वे सरलता और देवत्व एक साथ महसूस करते थे। यद्यपि उनके पिता महज एक नाविक थे और डॉ. कलाम भारत के राष्ट्रपति, फिर भी वे एक समान जीवन-मूल्यों पर चलते थे। दोनों ही यह मानते थे कि अगर हम आध्यात्मिक जीवन अपनाते हैं तो वह अध्यात्म हमें किसी भी प्रकार के भ्रम, चिंता या विफलता से उबरने में हमारी मदद करता है।

□

डॉ. कलाम की आध्यात्मिक यात्रा उनकी शिक्षा के साथ ही गुँथी हुई थी। 1940 में वे रेवरेंड टी.एन. सेक्विएरा से सेंट जोसेफ कॉलेज में मिले थे। वे अंग्रेजी के प्रोफेसर थे और हॉस्टल वार्डन भी। उनके साथ भौतिकी के प्रोफेसर फादर चिन्नादुरई भी थे। यहाँ तक कि उम्रदराज होने पर भी, अपने निधन से एक हफ्ते पूर्व डॉ. कलाम रेवरेंड चिन्नादुरई से मिले थे, जो अब अपने, 90 के दशक में चल रहे थे। उनसे मिलकर डॉ. कलाम ने उनके द्वारा प्रदान की गई शिक्षा के लिए उनका आभार जताया था।

□

एम.आई.टी. से 1950 में वैमानिकी इंजीनियरिंग में शिक्षा प्राप्त करने के बाद डॉ. कलाम एयरफोर्स में फाइटर पायलट के इम्तिहान में सफल नहीं हो पाए थे। अपनी विफलता से ध्यान हटाने के लिए वे ऋषिकेश में एक ट्रेकिंग दौरे पर चले गए थे। वहाँ उनकी मुलाकात स्वामी शिवानंद से हुई। उस महान् संत ने उदीयमान वैज्ञानिक को बताया कि यह विफलता अकारण नहीं है, बल्कि इसके पीछे कोई बड़ी सकारात्मक उपलब्धि छिपी हुई है। इस तरह उन्होंने हमेशा सकारात्मक सोच अपनाने का ज्ञान दिया।

□

1960 में जब डॉ. कलाम ने इसरो से शुरुआत की, तब यह महज एक चिड़िया के छोटे से बच्चे जैसा अनुभवहीन संगठन था। महान् वैज्ञानिक प्रोफेसर विक्रम साराभाई और रेवरेंड पीटर बर्नार्ड परेरा के साथ उनकी अंतरंगता ने धर्म के प्रति उनके विचारों को एक आकार प्रदान किया। धार्मिक सेवा के असल मायने क्या हैं, उन्हें यहीं वह ज्ञान प्राप्त हुआ। प्रोफेसर साराभाई और उनकी टीम ने केरल के थुंबा में एक साइट चिह्नित की थी, ताकि अंतरिक्ष शोध संबंधी एक सेटअप तैयार किया जा सके, यह एक आदर्श जगह थी, क्योंकि यह मैग्नेटिक इक्वेटर के नजदीक थी। लेकिन उस साइट का आधिपत्य हासिल करना कठिन था, क्योंकि एक तो वह थुंबा के मछुआरों के मछली मारने की जगह थी और साथ ही वहाँ सेंट मैरी मैग्डेलन का प्राचीन चर्च भी था, एक बिशप का घर और एक स्कूल भी वहीं स्थित था, जो कि चर्च के प्रशासन के अधीन था। सरकारी अधिकारियों का अनुमान था कि काफी बड़ी संख्या में लोगों को वहाँ से हटाया जाना संभव नहीं था और बड़ी बात यह थी कि अंतरिक्ष शोध केंद्र के लिए धार्मिक स्थल की तोड़-फोड़ भी उचित नहीं थी।

लेकिन डॉ. साराभाई की जिद के चलते, यह सुझाव सामने आया कि अगर कोई व्यक्ति इस परेशानी से निजात दिला सकता है तो वे हैं फादर परेरा, जो उस क्षेत्र के बिशप थे।

डॉ. साराभाई और डॉ. कलाम एक शनिवार शाम फादर परेरा से मिलने पहुँचे। रेवरेंड ने कहा, 'ओह विक्रम, तुम मुझसे मेरे बच्चों के घर, मेरे घर और ईश्वर के घर के बारे में बात कर रहे हो। यह कैसे संभव है?' फादर परेरा ने रविवार सुबह उस दल को चर्च का दौरा करने के लिए आमंत्रित किया। डॉ. साराभाई, उनकी टीम और सदा जिज्ञासु शिष्य डॉ. कलाम ने इस प्रस्ताव को स्वीकार कर लिया।

अगले रविवार चर्च पर रेवरेंड ने प्रार्थना सभा के लिए डॉ. साराभाई को मंच पर बुलाया। वहाँ मौजूद लोगों से मुखातिब होते हुए उन्होंने कहा, 'प्यारे बच्चो, यह एक वैज्ञानिक हैं डॉ. विक्रम साराभाई। विज्ञान हमारे लिए क्या करता है? विज्ञान के विकसित किए हुए उपकरणों से हमें यह फायदा होता है कि हमारे घरों में लाइट जलती है। मैं इस माइक के जरिए आप तक अपनी बात पहुँचा पाता हूँ। हमें तकनीकी उन्नति के लिए आभार जताना चाहिए। चिकित्सा विज्ञान ने डॉक्टरों को जाँच-पड़ताल की सहूलियत प्रदान की है, ताकि मरीजों का इलाज बेहतर ढंग से हो सके। विज्ञान और तकनीकी उन्नयन ने इनसानी जीवन के संपूर्ण आराम और गुणवत्ता में बढ़ोतरी की है और मैं एक उपदेशक के तौर पर क्या कर पाता हूँ? मैं आपके लिए प्रार्थना करता हूँ, आपकी बेहतरी के लिए और आपकी शांति के लिए। संक्षेप में विक्रम और मैं एक ही काम करते हैं। दोनों ही विज्ञान और अध्यात्म इनसानी मन और शरीर की खुशहाली के लिए परमपिता का आशीर्वाद तलाशते हैं।

'प्यारे बच्चो, डॉ. विक्रम कहते हैं कि एक साल के अंदर वे यहाँ समुद्र के किनारे वैज्ञानिक सुविधाएँ विकसित करना चाहते हैं और यहाँ मौजूद व्यवस्थाओं को इसके लिए हटाना पड़ेगा। अब आप बताएँ कि क्या आप अपना घर इस नेक काम के लिए दे सकते हैं, क्या मैं अपना आवास इस काम के लिए उन्हें सुपुर्द कर दूँ, क्या हम ईश्वर के इस घर को वैज्ञानिक मिशन के लिए समर्पित कर दें?' डॉ. कलाम ने याद किया उस पल को कि वहाँ कुछ पलों के लिए किस तरह से सन्नाटा छा गया था कि एक सुई भी गिरती तो उसकी आवाज सुनाई पड़ जाती। तभी सब लोग उठ खड़े हुए और चर्च में मौजूद लोगों की सामूहिक आवाज आई, 'आमीन'।

और इस तरह जल्दी ही वहाँ शोध संस्थान का काम शुरू हो गया। हालाँकि प्रभावित होने वाले मछुआरों, चर्च और रेवरेंड परेरा समेत वहाँ के निवासियों को दूसरी जगह बसाए बिना ऐसा नहीं किया गया।

□

डॉ. कलाम का जीवन भी इस तथ्य का सबूत था कि अध्यात्म को धर्म के साथ

या उसके बिना भी प्राप्त किया जा सकता है।

1970 में डॉ. कलाम इसरो में अपने कॅरियर के अहम पड़ाव पर थे। वे भारत के पहले एस.एल.वी. पर काम कर रहे थे, जो भारत को अंतरिक्ष में पहुँचनेवाला पाँचवाँ देश बना सकता था। उस समय उनकी मुलाकात डॉ. ब्रह्म प्रकाश से हुई, जो विक्रम साराभाई स्पेस सेंटर (वी.एस.एस.सी.) के निदेशक थे। यह संस्थान तिरुअनंतपुरम् में स्थित था, जहाँ इसरो अपने ज्यादातर अंतरिक्ष वाहन तैयार करता था।

डॉ. कलाम ने डॉ. ब्रह्म प्रकाश को याद करते हुए बताया कि वे सिखाते थे कि दूसरों के विचार और सुझावों को सुनने का धैर्य होना बेहद जरूरी है, तभी टीमों का गठन संभव होता है और काम सुचारु होता है। यही टीम उस काम को पूरा करने में मदद करती है, जो अकेले किसी से संभव ही नहीं होता। डॉ. ब्रह्म प्रकाश ने दुनिया को देखने का मेरा नजरिया बदलने में मेरी मदद की। उन्होंने एक बार मुझसे कहा था, 'कलाम, अगर तुम इस दुनिया को स्वार्थी और रूखा मानकर चलोगे, तो यह तुम्हारी एकाग्रता को बाधित करेगी। हमारे नकारात्मक विचारों का बोझ 20 किलो के किसी सामान जितना ही भारी होता है! यह भारी बोझ तुम्हारी तरक्की को पीछे खींचेगा और जीवन सफर को दुश्वार बना देगा।'

□

कुछ सालों बाद 1980 में प्रोफेसर सतीश धवन इसरो के निदेशक बने, जिनके निर्देशन में डॉ. कलाम का 1979 में पहला परीक्षण विफल रहा और उसके बाद 1980 में वह परीक्षण सफल हुआ। इस तरह प्रोफेसर धवन ने आत्मा को आकार देनेवाली बुद्धिमत्ता उनके अंदर भरी।

2012 में एक दिन हम लोग डॉ. कलाम को मिली पी-एच.डी. की संख्या पर चर्चा कर रहे थे। उन्होंने कहा, 'श्रीजन, प्रोफेसर धवन ने ढेर सारी मास्टर्स डिग्रियाँ हासिल कर रखी थीं—वे सब-की-सब श्रेष्ठतम संस्थानों से हासिल की गई थीं, इसलिए मैंने एक दिन उनसे पूछा कि वे शैक्षिक रूप से इतने सक्षम कैसे बन सकते हैं?' उन्होंने कहा कि शैक्षिक गुणवत्ता एक शीशे की चमक से ज्यादा कुछ नहीं है, जो कि धूल की एक परत से ही अपनी चमक खो सकती है। अगर धूल निरंतर हटाई जाती है केवल, तभी शीशा चमक सकता है और उससे आनेवाला प्रतिबिंब स्पष्ट हो सकता है। हम शुद्ध और नैतिक तरीके से रहकर और मानवता की सेवा करके अपनी आत्मा पर हावी होनेवाली गंदगी को दूर कर सकते हैं।' उनके कहे ये शब्द मुझे 2009 में आई.आई.एम.ए. के ग्रेजुएशन के दौर में ले गए, जब मेरी पहली मुलाकात डॉ. कलाम से हुई थी। उस समय उन्होंने मुझे सलाह दी थी कि मैं अपनी डिग्री और स्वर्ण पदक का सदुपयोग समाज को बदलने में करूँ, जिसमें मैं साँस लेता हूँ। वर्तमान स्थिति में अचानक मुझे लगा कि

उस दिन डॉ. कलाम की सलाह में दरअसल, प्रोफेसर धवन की बातें गूँज रही थीं। मैं जितना ज्यादा डॉ. कलाम के साथ रह चुका था और काम कर चुका था, उतना ही मैं अब उनके शब्दों के जरिए उनकी बुद्धिमत्ता से धीरे-धीरे परिचित होता जा रहा था और उतना ही अनगिनत महान् हस्तियों की सोच से भी जुड़ता जा रहा था।

□

1990 में डॉ. कलाम की मुलाकात जैन मुनि आचार्य महाप्रज्ञ, जो कि श्वेतांबर तेरापंथ के दसवें प्रमुख थे, से हुई। उन महान् आध्यात्मिक गुरु ने डॉ. कलाम को बताया कि 'हमारी चेतना ही नैतिकता का जन्मस्थान है।' जैन मुनि को याद करते हुए एक बार डॉ. कलाम ने कहा था, 'उन्होंने मुझे सिखाया था कि जब हमारी चेतना साफ होती है तो हमें स्वत: यह पता रहता है कि क्या चीज सही या उचित है। हमारी चेतना ही सच्चे मायने में हमारी मित्र है।'

□

2001 में डॉ. कलाम ने श्री स्वामीनारायण संस्था के प्रमुख स्वामीजी से मुलाकात की। डॉ. कलाम पर उनसे भेंट का प्रभाव यह रहा कि उनके अंदर यह विश्वास विकसित हुआ कि जब तक हम यह चीज नहीं समझ जाते कि हर जीवित प्राणी में उस परमसत्ता का अंश विद्यमान है, तब तक हमारा जीवन आधारहीन ही माना जाएगा। इसका अर्थ यह हुआ कि इस संसार में हर चीज चाहे वह ग्रह हो, हर जीवित प्राणी, जिसमें पेड़-पौधे और खनिज शामिल हैं, उसी महान् परमसत्ता के अलग-अलग रूप हैं और अगर हर चीज उस एकाकार का ही अंश मात्र है, तो हम यह कैसे सुनिश्चित करेंगे कि एक के हाथों दूसरे को कष्ट न पहुँचे? हम गरीबों की मदद कैसे करेंगे? प्रमुख स्वामीजी के प्रति अगाध श्रद्धा से प्रेरित होकर 2015 में उन्होंने स्वामीजी पर किताब लिखी। यह किताब उनकी स्वामीजी से पहली मुलाकात के 14 साल बाद लिखी जा रही थी। स्वामीजी से मिली सीख के आधार पर ही उनको अपनी सबसे बड़ी विकास योजना PURA शुरू करने की प्रेरणा मिली थी। इस परियोजना का उद्देश्य ऐसे देश और दुनिया में मूलभूत सुविधाएँ और व्यवस्था मुहैया कराने का था, जहाँ लोग सबसे ज्यादा हाशिए या गरीबी रेखा के पास रहते हों। उसी विचार ने डॉ. कलाम और मुझे अपनी पहली पुस्तक 'टार्गेट 3 बिलियन' (2001)लिखने की प्रेरणा दी।

□

सन् 2000 के आखिर में जब डॉ. कलाम ने ब्रह्मकुमारी से संबद्ध दादी प्रकाशमणिजी से मुलाकात की, तो उन्होंने डॉ. कलाम को एक अनोखा नजरिया दिया। उन्होंने कहा कि मौन ही एक ऐसा तत्त्व है, जो विज्ञान और अध्यात्म के बीच सेतु का काम करता है और दोनों को जोड़ता है; वैज्ञानिक व आध्यात्मिक सोच का उद्देश्य सत्य को स्थापित करने का ही होता है। 2007 में जब 87 साल की अवस्था में दादी का महाप्रयाण हुआ,

तो डॉ. कलाम ने उनके कालजयी विचारों को एक संदेश के तौर पर याद किया. विज्ञान के पास समस्याओं के समाधान के तौर पर प्रायोगिक प्रक्रिया एक रास्ता होती है, जबकि अध्यात्म उस समस्या पर प्रायोगिक सीख के जरिए पहुँचता है। सत्य को स्थापित करने के क्रम में, दोनों ही प्रक्रियाओं को मौन रखकर देखने की जरूरत है, बिना किसी तरह की उथल-पुथल मचाए। डॉ. कलाम की उपासना में मौन ने उनकी सोच और उनके जीवन जीने के तरीके की राह दिखाई थी। किसी जटिल विषय पर समाधान तलाशने के लिए उनका चुना हुआ तरीका यही था कि वे मौन चिंतन में डूब जाते थे। बाद में चलकर उन्होंने ब्रह्मकुमारी के तमाम आयोजनों में हिस्सा लिया, ताकि अपनी समझ को और गहराई प्रदान कर सकें और उस दौरान वे खुद को मिली सीख या ज्ञान को औरों से भी साझा करते थे।

2011 की एक शाम, ब्रह्मकुमारी की आध्यात्मिक गुरु, जिन्हें बहन कहकर पुकारा जाता था, उनसे मिलने के लिए 10, राजाजी मार्ग स्थित उनके कार्यालय पहुँचीं। मुझे उन लोगों को बैठक-कक्ष में ले जाने का अवसर प्राप्त हुआ और डॉ. कलाम के आने तक उनसे कुछ बात करने का भी मौका मिला। रात के खाने पर मैंने डॉ. कलाम से बैठक के बारे में पूछा। उन्होंने कहा, 'उनके सद्भाव में एक सभ्यता शामिल होती है। हर कोई भाई और बहन के संबोधन से पुकारा जाता है, वे पूरी दुनिया को एक परिवार के रूप में संगठित कर देते हैं। यह गौरतलब है कि लाखों लोगों से भरे इस संगठन का नेतृत्व दादी करती हैं और सिर्फ महिलाएँ ही संचालित करती हैं। शायद केवल महिलाएँ ही इस कदर स्नेह से गहनता से भरी आत्माएँ हैं, जिनके माध्यम से दयाभाव गुरुत्वाकर्षण के रूप में उत्सर्जित होता है और लोगों को एक-दूसरे के करीब लाता है। केवल ताकतवर आत्मा ही प्रेम और विनम्रता प्रदर्शित कर सकती है। अगर हम कमजोर हैं, तो हम स्वार्थी हो जाते हैं; अगर हम रिक्त हैं, तो हम चीजें हासिल करके उसे भरते हैं; अगर हम परिपूर्ण हैं, तो हम स्वाभाविक तौर पर चीजें अपने पास नहीं रख सकते, इसलिए दूसरों को बाँटते हैं। हमारी यही प्रकृति है। यही समान प्रकृति ब्रह्माकुमारियों की है।'

☐

अप्रैल, 2009 में डॉ. कलाम को कर्नाटक के तुमुकुर जिले से परम पूज्य डॉक्टर श्री श्री शिवकुमार महास्वामीजी के 102वें जन्मदिन समारोह में शामिल होने का आमंत्रण मिला। महास्वामीजी जाने-माने व्यक्तित्व थे, जिन्होंने अपना जीवन मानवता की सेवा में समर्पित कर दिया था। उनका सबसे बड़ा योगदान अपने आश्रम में नौ हजार बच्चों के रहने और शिक्षा ग्रहण करने की व्यवस्था को मूर्त रूप प्रदान करना था। सबसे हैरत वाली बात यह थी कि अपने जन्मदिन के कार्यक्रम में स्वामीजी बिना किसी सहारे के अपने पैरों पर खड़े थे और चल-फिर सकते थे! वे किसी युवा की भाँति शांतचित्त और

सतर्क नजर आ रहे थे। अंदरूनी शक्ति के इस स्तर को देखकर डॉ. कलाम गहराई से अभिभूत हो गए थे।

कुछ दिनों बाद हम इस असाधारण जन्मदिन समारोह पर चर्चा कर रहे थे। मैंने उनसे कहा, 'सर, क्या आपको पता है कि एक लाख में महज चार लोग ही 100 की अवस्था पार कर पाते हैं ?' मैंने उस विषय पर गूगल में खोजबीन की थी। उन्होंने जवाब दिया, 'लेकिन सवाल यह है कि उनमें से कितने लोग अपने पैरों पर खड़े होकर चल-फिर सकने की क्षमता रखते हैं या आधे घंटे तक खड़े होकर बौद्धिक प्रवचन दे सकते हैं और हजारों बच्चों के लिए भोजन की व्यवस्था देखने के लिए सभी बच्चों तक पहुँच सकते हैं ?' इस पर मैंने पूछा, 'संभव है कि संतुलित भोजन और स्वस्थ जीवनशैली या संभवतः आनुवंशिकता के चलते ऐसा होता हो ?'

डॉ. कलाम चिंतन में डूब गए।

उन्होंने प्रमुख स्वामीजी के साथ बिताए अच्छे पलों को फिर से याद करना शुरू किया। इसके बाद शायद वे महाप्रज्ञजी के मौन में गोते लगाने लगे, उन्होंने अपनी चेतना को अपने मार्गदर्शक और सर्वश्रेष्ठ मित्र के तौर पर प्रयोग किया। अपनी याददाश्त के समय और काल में गहराई में उतरते हुए उन्होंने निश्चित तौर पर प्रोफेसर ब्रह्म प्रकाश के शब्द सुने होंगे, जिन्होंने शुद्ध और नैतिक जीवन जीने की जरूरत बताई थी, और फादर परेरा और साराभाई की निस्स्वार्थ सेवा वाली सीख भी उन्हें याद आई होगी। इसके साथ-साथ ऋषिकेश में स्वामी सिवानंद के विचार भी उनके कानों में गूँज रहे होंगे, जिन्हें वे महान् समाधिस्थ के रूप में देखते थे और अंततः वे अपने जीवन को संपूर्णता में देख पा रहे होंगे, जिसमें उनके पिता की सरलता की झलक मिल रही होगी और जो हमेशा देनेवाली स्थिति में रहने पर जोर देते थे।

अंततः एक लंबी अवधि के बाद वे बोले, 'यही वह महान् भावना है कि मैं क्या दे सकता हूँ।' उन्होंने विस्तार से बताया, 'महास्वामीजी हमारे उद्देश्य की आस्था और प्रकृति के अनुरूप ही जिए। उन्होंने केवल और केवल दिया ही दिया—भूखे दिमाग को शिक्षा, भूखे शरीर को भोजन देने का ही यह नतीजा था कि वे इतने मजबूत बनते गए। उनकी उदारता ने ही उनकी ताकत के लिए ईंधन का काम किया। यही कारण था कि 102 साल की उम्र में भी वे न केवल अपने पैरों पर खड़े थे, बल्कि सक्रिय जीवन जी रहे थे। खुशहाल जीवन और एक शांतिपूर्ण समाज की भावना के पीछे केवल एक ही वाक्य काम करता है—मैं क्या प्रदान कर सकता हूँ ?'

मेरी तरफ घूमते हुए उन्होंने पूछा, 'इस वाक्य कि मैं क्या प्रदान कर सकता हूँ, का विपरीत वाक्य क्या होगा ?'

स्वाभाविक रूप से मैंने जवाब दिया, 'मैं क्या ले सकता हूँ ?'

'हाँ,' उन्होंने कहा, 'और यही वह विचार है, जो हमारे चारों ओर पाई जा रही गलत या नकारात्मक घटनाओं के लिए जिम्मेदार है। हम अविवेकपूर्ण तरीके से सोचते हैं कि हम प्रकृति से ले लें और उसे नष्ट कर दें; हम सोचते हैं कि दूसरे मनुष्य से ले सकते हैं, जो हमें भ्रष्टाचार और अधर्म की ओर उन्मुख करता है। केवल लेने और प्राप्त करने का यह रवैया परिवारों को भी बरबाद कर देता है। इस धरती को जीवंत बनाए रखने और इस पर मानव सभ्यता को फलने-फूलने के लिए हमें लेनेवाला भाव त्याग देने की प्रवृत्ति विकसित करनी चाहिए।'

इस संदेश की गंभीरता ने मुझे अंदर तक हिला दिया। यह चुनौती मेरे लिए मौन प्रेरणा बन गई। तीन साल बाद 2012 में यह विचार हकीकत में बदल गया और हमारा 'व्हाट कैन आई गिव' आंदोलन में बदल गया, जिसके जरिए डॉ. कलाम ने भ्रष्टाचार, पर्यावरण की गिरावट और सामाजिक बुराइयों से लड़ने का प्रयास किया।

यह अहम है कि हम अपने आप से यह सवाल पूछें, जिसका जवाब मानवता की हकीकत में निहित है। इसलिए आगे बढ़ें और खुद से सवाल पूछें।

'मैं क्या प्रदान कर सकता हूँ?'

जवाब बेहद चौंकानेवाला साबित होगा।

□

व्हाट कैन आई गिव ऑटो

नवंबर, 2011 में डॉ. कलाम और मेरे सामने दिल्ली एयरपोर्ट से अपने 10, राजाजी मार्ग स्थित ऑफिस के रास्ते में कुछ असाधारण सा वाकया पेश आया। शाम के साढ़े छह बज रहे होंगे, आकाश अँधेरे में डूबता जा रहा था और ट्रैफिक धीरे-धीरे बढ़ता जा रहा था। हमारे काफिले में केवल दो कारें थीं और आगे पुलिस की जीप चल रही थी। हम अपनी मंजिल के बेहद करीब थे, जब हम एक ऑटोरिक्शा के बगल से गुजरे। मैंने उस वाहन के पीछे एक बड़ा संकेत लिखा हुआ देखा—'गरीबों और बीमारों के लिए आधा किराया।'

मैंने तत्काल डॉ. कलाम को उस ओर देखने का इशारा किया, लेकिन तब तक हमारी कार आगे निकल चुकी थी। उन्होंने जवाब में कहा, 'ओह! वह तो प्रदान करनेवाला ऑटो है। उस वाहन से 'व्हाट कैन आई गिव' संदेश की ऊष्मा आती हुई महसूस हो रही है। मैं उसके इस लगाव से बेहद प्रभावित हूँ। मैं उस विनम्र व्यक्ति से मिलना चाहूँगा।'

हम बीच रास्ते में अपना काफिला नहीं रोक सकते थे, क्योंकि फिर ट्रैफिक जाम लगने का खतरा था; लेकिन जब हम घर पहुँचे, तो मैंने अपनी मोटरसाइकिल पर

निकल उसे ढूँढ़ने का फैसला किया। मैंने काफी प्रयास किया, लेकिन उस वाहन और उसके ड्राइवर को ढूँढ़ पाने की उम्मीद बेहद कम थी, लेकिन वह अपने आप में एक जबरदस्त पल था।

वास्तव में मैं उस ऑटो को नहीं ढूँढ़ पाया, लेकिन वह पल हम दोनों की यादों में गहरे बैठ गया। इसने डॉ. कलाम के कथन—देनेवाला बनने के लिए आपको अमीर होने की जरूरत नहीं है। आपके दिल में प्रेम और चेहरे पर मुसकान होनी चाहिए।

□

15

अगर आप बीते हुए कल से कुछ लेंगे तो भविष्य में कर्ज तले दब जाएँगे

बीते कल का खाएँगे तो भविष्य पर कर्ज चढ़ाएँगे

नवंबर, 2010 में मुझे डॉ. कलाम के आधिकारिक मेलबॉक्स में एक अप्रत्याशित पत्र मिला। वह एक मशहूर लेखक हॉवर्ड ब्लूम का लिखा हुआ था। ईमानदारी से कहूँ तो मुझे तब तक उनके बारे में नहीं पता था, लेकिन उनके इ-मेल सिग्नेचर में उनकी किताबों का जिक्र था, जिसमें प्रमुख तौर पर 'द जीनियस ऑफ द बीस्ट' शामिल थी। मैंने तत्काल गूगल सर्च में इसके बारे में जानकारी ढूँढ़नी शुरू की और जो देखा, उसे लेकर अवाक् रह गया।

हॉवर्ड ब्लूम का जीवन अपने आप में प्रेरणा का स्रोत है। सन् 1988 में वे गंभीर थकान सिंड्रोम का शिकार होकर बिल्कुल शिथिल हो गए थे। इस हालत में मरीज को असीम थकान और आलस्य की अनुभूति होती है, जिसकी कोई वजह नजर नहीं आती और कभी-कभी यह स्थिति अगले 24 घंटे तक के लिए बनी रह सकती है। श्री ब्लूम के मामले में इस हालत ने उनको अत्यधिक दबाववाली जॉब छोड़ने पर विवश कर दिया। इसके बाद उन्होंने बहुआयामी कॅरियर विकल्पों पर काम करना शुरू किया। जाँच शुरू होने से लेकर अब तक उनकी मानव उद्‍गम और सामूहिक व्यवहार पर तीन किताबें प्रकाशित हो चुकी थीं। 45 साल की अवस्था में कॅरियर की एक अलग उल्लेखनीय राह का दामन थामने वाले हॉवर्ड भविष्य के विज्ञान में निवेश के प्रवक्ता बन गए।

इसके बाद मैं एक बेहद दिलचस्प तथ्य पर आकर टिक गया—हॉवर्ड ब्लूम पूर्व में मेरे पसंदीदा गायकों में से एक बिलि जोएल के पूर्व प्रचारक भी रह चुके थे। जो मेल हम लोगों को मिला था, वह भी काफी दिलचस्प था।

उस मेल में नई तरह की ऊर्जा, अंतरिक्ष आधारित सौर ऊर्जा (SBSP) के कुछ प्राथमिक पहलुओं पर चर्चा की गई थी। उनके मेल में श्री ब्लूम ने डॉ. कलाम से वैश्विक

अभियान का नेतृत्व करने का आग्रह किया था और कहा कि वे दुनिया भर को इस मुद्दे पर जोड़ने के लिए उत्सुक हैं, ताकि इसे हकीकत में बदला जा सके। यह एक निर्भीक, भविष्योन्मुख और विचित्र आइडिया था, लेकिन क्या सभी महान् खोज या आविष्कार अविश्वसनीय प्रस्तावों से ही शुरू नहीं हुए हैं?

मैंने उनके मेल का प्रिंट निकाला और डॉ. कलाम को दिखाया, उसे देखते ही वे उस अवधारणा के प्रति तत्काल आकर्षित हो गए। इस झीनी संभावना, असंभव के बेहद करीब और सुझाव में एकदम नएपन से वह इसकी तरफ खिंचे चले आए। हमने तत्काल इस चुनौती पर काम करने का निश्चय कर लिया। इस तरह अंतरिक्ष से ऊर्जा उत्पादन के एक लंबे शोध पर हमने काम शुरू किया। अगले पाँच साल तक और अपने जीवन के आखिरी दिन तक, डॉ. कलाम इस विषय के प्रखर समर्थक और शोधार्थी बने रहे।

हमने श्री ब्लूम को जवाब में अपने रुझान और झुकाव के बारे में बताया, जिन्होंने इस प्रोजेक्ट के सिलसिले में जॉन मैनकिन और मार्क हॉपकिंस जैसे वैज्ञानिकों से भी संपर्क साधा। जल्दी ही अमेरिका और इसरो की नेशनल स्पेस सोसाइटी (एन.एस.एस.) अस्तित्व में आ गई। इस तरह हमें मिले पहले इ-मेल से लेकर 2010 के अंत तक कलाम—एन.एस.एस. एनर्जी इनिशिएटिव को वैश्विक स्तर पर लॉञ्च कर दिया गया। यह उल्लेखनीय गति से आगे बढ़ा, जबकि इसमें यह जानकारी निहित थी कि इसमें शामिल संगठन और लोग धरती पर अलग-अलग जगह छिटके हुए हैं।

आज स्पेस सोलर पॉवर या जिसे एस.एस.पी. के रूप में ज्यादा जाना जाता है, मानवता के लिए हैरतअंगेज अवसर लेकर आई है और फिर यह एक बड़ी चुनौती भी है। इसमें जरा भी संदेह नहीं है कि आनेवाले वर्षों में जमीन एक सीमित संसाधन बन जाएगी। इसलिए मानवजाति के लिए यह जरूरी हो जाएगा कि ऊर्जा के स्रोत के तौर पर वह धरती के बाहर यानी अंतरिक्ष में संभावनाएँ टटोले। इस लिहाज से एस.एस. पी. एक उत्साहवर्धक थियरी है, क्योंकि सूर्य की ऊर्जा पृथ्वी से बाहर असीमित रूप में उपलब्ध है, खासतौर पर अंतरिक्ष में यह सुरक्षात्मक परतों से आजाद भी है। इसके अलावा, ऐसी तकनीक भविष्य की पीढ़ियों की खास दिलचस्पी वाली भी होगी, जो धरती से बाहर भी रहना पसंद करेगी!

हमने इस मुद्दे पर उपलब्ध हर संभव डाटा और प्रकाशन छान मारे और पूरी दुनिया में इस विषय पर मौजूद विशेषज्ञों से बातचीत तथा चर्चा के आधार पर हमने निष्कर्ष निकाला कि एस.एस.पी. के जरिए हम धरती पर उपलब्ध सौर ऊर्जा संसाधनों से मिलनेवाली ऊर्जा का दोगुना हासिल कर सकते हैं। अमेरिका में हमारे सहयोगी ने इससे सहमति भी जताई।

वास्तव में सबसे बड़ी चुनौती है अंतरिक्ष स्टेशन से बिजली को सीधे धरती पर

उतारने की। क्या लेजर बीम इस उद्देश्य को पूरा करेंगी या माइक्रोवेव्र? डॉ. कलाम ने बिल्कुल नए आयाम का सुझाव दिया—नैनो रोबोट्स। नैनो रोबोट आकार में बेहद सूक्ष्म (एक मिलिमीटर का अरबवाँ हिस्सा) होते हैं। वे धरती से अंतरिक्ष स्टेशन के बीच लगातार आने-जाने का काम कर सकते हैं। उन्हें हम धूल के कण जैसा भी कह सकते हैं और वे नगण्य ऊर्जा का इस्तेमाल करते हुए अंतरिक्ष से आ और जा सकते हैं। भले ही नैनो रोबोट्स का कॉन्सेप्ट सुनने में असंभव सा लगता हो, लेकिन वे वास्तविक जीवन में भी अस्तित्व में हैं। नैनो रोबोट्स का इस्तेमाल चिकित्सा जगत् में इनसानी शरीर के अंग विशेष में दवा पहुँचाने के लिए किया जा रहा है और ऐसा कोई कारण नहीं कि इस तकनीक का प्रयोग अंतरिक्ष से ऊर्जा लाने में न किया जा सके।

एस.एस.पी. को सपने से हकीकत में उतारने में हमें एक और बाधा नजर आई, जो कि मेरे हिसाब से निराश करनेवाली है। हमारी वर्तमान तकनीकी उन्नति को देखते हुए एस.एस.पी. को अपना शैशवकाल ही पार करने में 50 साल लग जाएँगे। दरअसल, एस.एस.पी. को लेकर अगर चरम स्तर पर भी काम किया जाए, तो भी यह 2075 से पहले मन-मुताबिक काम कर पाने में सक्षम नहीं होगी। इस तथ्य को जानते हुए भी डॉ. कलाम इस विषय को अनेक मंचों पर उठाते और आगे बढ़ाते रहे। इसमें 2011 में चीन में आयोजित हुआ चाइना एनर्जी ऐंड एनवायरनमेंट समिट (CEES) भी शामिल है।

एक दिन जब हम डॉ. कलाम के सी.ई.ई.एस. के भाषण पर काम कर रहे थे, तो मैंने उनसे पूछा, 'सर, इस प्रोजेक्ट को अमलीजामा पहनाने में कम-से-कम 50 से 60 साल लगेंगे। आप इसे लेकर इस कदर प्रयासरत क्यों हैं? हममें से कोई भी तब तक इसकी सफलता या असफलता देखने के लिए जीवित नहीं रहेगा। यह हमारे जीवनकाल से परे की चीज है।'

पूरी ईमानदारी से कहूँ, यह एक अगंभीर टिप्पणी थी, जिसके साथ निराशा का भाव भी जुड़ा था। यह हमारी इनसानी कमजोरी है कि हम अपने कठोर परिश्रम का प्रतिफल देखना और भोगना चाहते हैं और इसी के वशीभूत मेरी टिप्पणी भी निकली थी, लेकिन मेरा यह बयान मेरे सदा आशावान शिक्षक के गले नहीं उतरा। उन्होंने एक आम के पेड़ की तरफ इशारा करते हुए तत्काल जवाब दिया, 'उस पेड़ की तरफ देखो।' वह पेड़ हमारी खिड़की से सामने ही दिख रहा था। खिड़की मेरे पीछे थी, इसलिए मैंने मुड़कर उस ओर देखा।

'किसी साथी ने निश्चित रूप से इसे बरसों पहले लगाया होगा। हो सकता है कि इस पेड़ पर दशकों तक फल न लगे हों। शायद उस इनसान ने बीज बोया होगा, इस पौधे को पानी दिया होगा, लेकिन उसे इस पेड़ का फल चखने को नहीं मिला होगा, लेकिन उसे विश्वास था कि इस पेड़ पर जो आम लगेंगे, चाहे जब भी लगें, वे मीठे

होंगे। आज हम इस पेड़ के फलों का आनंद उठा रहे हैं और वह भी बिना यह जाने कि इस पेड़ को किसने लगाया था। यह स्वार्थरहित आस्था और निर्भीक भरोसा ही है, जिसकी वजह से हम आज यहाँ मौजूद हैं।'

मैंने इस तरह की प्रतिक्रिया की आशा नहीं की थी, लेकिन बात में दम तो है ही।

उन्होंने आगे कहा, 'मैं एक और बात बताता हूँ, यह विज्ञान और प्रगति का रास्ता है। जिस इनसान ने बिजली का आविष्कार किया था, उसने प्रकाश की किरण भी नहीं देखी थी। मैं निश्चित तौर पर कह सकता हूँ कि वह यह जानता रहा होगा कि वह अपनी खोज का कोई फायदा नहीं उठा पाएगा, लेकिन इतनी बड़ी वजह भी उसे उसके प्रोजेक्ट पर काम करने से डिगा नहीं पाई। श्रीजन, हम सभी पैदा होने और विकास करने की निरंतर चलनेवाली कड़ी का हिस्सा हैं। महान् वैज्ञानिक आएँगे और चले जाएँगे, और इस दौरान वे कुछ-न-कुछ ज्ञान जोड़ेंगे, जो हमारे इस्तेमाल में तब आएगा, जब उन्हें गुजरे हुए जमाना बीत चुका होगा। उनका जीवन उस काम पर न्योछावर होता है, जिसका फल उनकी आनेवाली पीढ़ियाँ चखती हैं और आनंद उठाती हैं। ऐसा गीता में कहा गया है, क्या ऐसा नहीं है ?'

मुझे याद आया भगवान् कृष्ण का अर्जुन को दिया वह उपदेश, जिसमें वे याद दिलाते हैं कि वास्तव में कुरुक्षेत्र में योद्धा अजेय हैं और वे समयकाल से परे अस्तित्व में रह सकते हैं। भगवद्गीता के अध्याय दो के 12वें श्लोक में कृष्ण कहते हैं, 'दरअसल, ऐसा कोई समय नहीं रहा, जब मैं नहीं था या तुम नहीं थे, या ये राजा नहीं थे और ऐसा भी नहीं रहेगा कि इसके बाद हम सब नहीं रहेंगे।'

डॉ. कलाम ने बात खत्म करते हुए कहा, 'हम बिना कुछ सोचे-समझे अपने बीते हुए कल से हासिल तमाम चीजों की खपत कर जाते हैं। यह बल्ब, यह कंप्यूटर, यह बिजली, फल और भोजन जो हम खाते हैं, वे सब हमें इतिहास में किए गए कठोर परिश्रम के परिणामस्वरूप मिलाए हुए हैं।

सफलता अकसर अनियोजित सह उत्पाद के रूप में अकसर सामने आती है, जब आप उसमें उद्देश्य, कठोर परिश्रम और लगन को समाहित कर देते हैं। जब आप इतिहास से मिली हुई चीज का दोहन करते हैं, आप पर भी भविष्य के प्रति जिम्मेदारी और जवाबदेही बढ़ जाती है। एस.एस.पी. का यह प्रोजेक्ट हमारे उसी कर्ज का भुगतान है, जो कर्ज हमारी पिछली पीढ़ियों ने हम पर चढ़ा रखा है। हम उन महामानवों के कंधों पर खड़े हैं, जो हमसे पहले आए और हमें इस मापदंड को और ऊपर लेकर जाना है तथा हमसे पहलेवाले लोगों से ज्यादा बेहतर चीजें छोड़कर जानी हैं। इसी तरीके के आधार पर मानवजाति विकास करती है। मैं निश्चित रूप से इसे अपने जीवनकाल में अस्तित्व में आता हुआ नहीं देख सकूँगा, लेकिन मैं जानता हूँ कि यह एक न एक दिन हकीकत

बनेगा। हमारे प्रयासों का फल, चाहे जब भी आकार ले, मीठा ही होगा।'

और तभी माहौल में छाई गंभीरता और भारीपन को दूर करने के लिए उन्होंने कहा, 'नजर रखना, मैं कहता हूँ! तुम निश्चित रूप से अपने जीवनकाल में इसे अस्तित्व में देख सकोगे। बस अपने स्वास्थ्य को लेकर सजग रहना।'

एक पल रुकने के बाद उन्होंने फलों से भरी प्लेट मेरी तरफ बढ़ाते हुए बोले, 'ये सेब खाओ। ये स्वास्थ्य के लिए अच्छे हैं और तुम्हें लंबा जीवन भी प्रदान करेंगे।'

मैं मुसकराया। उम्मीद है, एस.एस.पी. किसी-न-किसी दिन मीठा फल बनकर मानवजाति को आह्लादित करेगा, भले ही मैं इसका गवाह बन पाऊँ या नहीं, लेकिन यह निश्चित रूप से अच्छा होगा, अगर यह मेरे जीवित रहते अस्तित्व में आ पाए।

□

16

धरातल से उठती आवाजों पर ध्यान दो

वर्ष 2011 भारतीय लोकतंत्र के लिए कुछ मायनों में ऐतिहासिक था। 2011 से पहले के महीनों में भारत में कारोबार, राजनीति, नौकरशाही और गवर्नेंस में भ्रष्टाचार के कुछ चौंकानेवाले बड़े आरोप सामने आए। यह स्पष्ट हो रहा था कि यह गंदगी एक संगठित और घातक अपराध का रूप लेती जा रही थी। 2011 में सामने आए कुछ बड़े घोटालों में राष्ट्रमंडल खेल घोटाला, आदर्श हाउसिंग सोसाइटी घोटाला, 2010 हाउसिंग लोन घोटाला, राडिया टेप विवाद और 2जी स्पेक्ट्रम घोटाला शामिल हैं। देश का भरोसा प्रशासन से उठ रहा था और नागरिकों का आक्रोश बढ़ता जा रहा था।

मैं उस समय महज 26 बरस का था और दिल्ली में रहने का मतलब तूफान के बीच रहने जैसा था। 2011 के शुरुआती महीनों में भ्रष्टाचार के खिलाफ आक्रोश आंदोलनों का रूप लेता जा रहा था। यह वह समय था, जब सिविल सोसाइटी के प्रमुख सदस्यों, जैसे किरण बेदी, बाबा रामदेव, स्वामी अग्निवेश और अन्य लोग डॉ. कलाम से निजी और सामूहिक रूप में मिलने के लिए आते थे तथा उनसे निवेदन करते थे कि वे भी इन आंदोलनों में हिस्सा लें, जिसकी योजना बनाई जा रही है। वे जनलोकपाल बिल के समर्थन में सड़कों पर आंदोलन शुरू करने की वकालत कर रहे थे, उनका मानना था कि भ्रष्टाचार की समस्या को हल करने के लिए काफी लंबी लड़ाई लड़ने की जरूरत पड़ेगी।

10, राजाजी मार्ग से जंतर-मंतर बहुत ज्यादा दूर नहीं था और उस दौरान इंडिया गेट पर मैंने एक के बाद एक आंदोलनों को शुरू होते देखा, कोई काला धन मामले को लेकर तो कोई धोखाधड़ी के विरोध में ऐसा कर रहा था। दिल्ली की तरह भारत के अन्य भागों में रहनेवाले लोग जिस तरह से इन आंदोलनों से प्रभावित थे, उनमें मैं भी शामिल था।

जून, 2011 में चीजें बद से बदतर हो चुकी थीं, जब काला धन के मामले में बाबा रामदेव के रामलीला मैदान पर चल रहे आंदोलन को खत्म कराने के लिए पुलिस ने बल प्रयोग किया था। 50 से ज्यादा लोग उसमें घायल हुए थे। बाबा रामदेव भी महिलाओं

के कपड़े पहनकर छद्म रूप धरकर भागने का प्रयास करते हुए पकड़े गए थे। तब मैंने डॉ. कलाम से इस समस्या के बारे में पूछा था, जो कि मेरे अनुसार पूरे देश के लिए शर्मनाक स्थिति थी।

रामलीला मैदान की घटना के बाद मैंने उनसे पूछा, 'ऐसी घटनाओं को लेकर आपकी क्या राय बनती है?'

उन्होंने गहरी साँस ली और बोले, 'सरकारों को लोगों के साथ ज्यादा धैर्य से पेश आना चाहिए। कभी-कभी जब लोग ताकत के बल पर ऊँचे उड़ने लगते हैं, तो वे जमीन से आनेवाली आवाजें सुनने की क्षमता खो देते हैं।' मुझे इस जवाब से संतुष्टि नहीं मिली, इसलिए मैंने आगे पूछा, 'आप भारत के राष्ट्रपति रह चुके हैं और जनता के राष्ट्रपति के रूप में जाने जाते हैं। तो जनता का राष्ट्रपति ऐसे हालात से निपटने के लिए क्या करता? आपके अपने लोग परेशानी में हैं।'

मेरे लहजे में उन्होंने आतुरता भाँप ली थी।

'देखो,' वे बोले, 'मेरा मानना है कि भ्रष्टाचार कैंसर की तरह है, जो निश्चित रूप से हमारे देश को प्रभावित कर रहा है। मैं जानता हूँ कि गंभीर बीमारी को दूर करने के लिए गंभीर इलाज की जरूरत है। क्या तुम्हें लगता है कि केवल एक संस्था भ्रष्टाचार दूर कर पाने के लिए सक्षम होगी?' उनका इशारा सर्वाधिक चर्चित जन-लोकपाल बिल की तरफ था।

'लोकपाल अपने सर्वश्रेष्ठ हालत में, कुछ और भ्रष्ट लोगों को जेल भेजने में सफल हो जाएगा, जो कि ठीक है, लेकिन फिर हमें इससे आगे और जरूरत पड़ेगी। हमें भ्रष्टाचार को हर घर से दूर करने की जरूरत है। इसे इनसान के चरित्र से मिटाने की जरूरत है। हमें ऐसे लोगों की जरूरत है, जो बाकी चीजों से ऊपर देश को रखते हैं। आंदोलन हर व्यक्ति, हर परिवार और विद्यालयों के अंदर से शुरू होना चाहिए। यह काम पीढ़ी में सुधार की तरफ बढ़ना चाहिए और नागरिकता के नए अर्थ की रचना में इसका सदुपयोग होना चाहिए। भ्रष्टाचार से जीतने में हमें रणनीतिक सोच, व्यवस्था को परिष्कृत बनाने की जरूरत है, जो घर से शुरू होकर पूरे देश में फैल सके।'

डॉ. कलाम ने हमेशा मुझे मुखर रहने की छूट दी। आखिरकार वे मेरे गुरु थे। इसलिए शायद मैं अपनी आजादी का दुरुपयोग करने का आदी हो चुका था। मैंने पूछा, 'आप इस मामले में क्या करेंगे और कब?'

उनको मेरे सवाल पूछने के लहजे में एक चुनौती का आभास हुआ और वे बोले, 'जल्दी ही एक मौका आएगा। तुम बस देखते रहो।'

और वास्तव में एक ऐसा मौका आ चुका था।

कुछ महीनों बाद 2012 में हम डॉ. कलाम के अपने आंदोलन के विचार को

विकसित करने में सफल हो गए थे—'मेरा योगदान' (व्हाट कैन आई गिव) आंदोलन। जैसी कि पूर्व में बात हुई थी, इस मिशन के पीछे उद्देश्य यह था कि 'हमें क्या मिल सकता है,' की अवधारणा से दूरी बनानी है। हमारा मानना था कि भ्रष्टाचार के अस्तित्व का एकमात्र कारण यही था।

डॉ. कलाम ने युवा प्रतिभागियों से अपील की कि वे इस आंदोलन के बारे में अपने माता-पिता, खासतौर पर अपने पिता से बात करें और उन्हें समझाएँ कि औसत खपत ही असल कुंजी है। हम सबका मानना था कि बच्चों की तरफ से जब यह चिंता भरा संदेश उन तक पहुँचेगा तो इससे उनके अभिभावकों के मन की सुसुप्त चेतना जाग्रत् हो उठेगी।

भ्रष्टाचार से लड़ने का जो मार्ग हमने चुना था, वह हर तरह के शंका समाधान के लिए खुला था, लेकिन हम सब इस तथ्य पर सहमत जरूर थे कि डॉ. कलाम हर समस्या का समाधान उसकी जड़ से ही करने के पक्षधर थे। अपने पूरे जीवनकाल में उनका यही मानना था कि मूलतः लोगों में यह स्नेह भाववाला तत्त्व आवश्यक रूप से होता है, जिसमें भावनाएँ और जटिलताएँ भी भरी होती हैं, और इसी आधार पर उनके अंदर अच्छे निर्णय लेने की क्षमता भी विकसित होती है। इसलिए वे हमेशा ऐसे सतत समाधान के साथ सामने आते थे, जिनका भविष्य में गहरा असर हो। भ्रष्टाचार की बीमारी का जो समाधान हमने अपने मिशन 'मेरा योगदान' के तहत खोजा, वह बेहद सरल था, लेकिन उस पर गंभीरता से शोध किया गया था। वह इनसान की गहराई में निहित मूल्यों पर आधारित था और समाज में नैतिक गिरावट की जड़ों की ओर इशारा करता था। एक बेहद जटिल समस्या का इतना सरल समाधान खोज पाना ही डॉ. कलाम की गुणवत्ता थी।

□

17

राष्ट्रपति चुनाव, 2012

डॉ. कलाम के साथ सबसे ज्यादा तनावपूर्ण, लेकिन दिलचस्प दौर जो मैंने बिताया, वह अघोषित तौर पर 2012 की गरमी का मौसम ही था।

श्रीमती प्रतिभा पाटिल देश के सर्वोच्च कार्यालय से सेवानिवृत्त होनेवाली थीं और भारत के 12वें राष्ट्रपति का चुनाव 19 जुलाई, 2012 को तय था। भारत में राष्ट्रपति चुनाव परोक्ष मतदान के जरिए होता है, जिसमें सांसद और विधायक अपने पसंदीदा राष्ट्रपति उम्मीदवार के लिए वोट करते हैं। उस दौरान सत्ताधारी संयुक्त प्रगतिशील गठबंधन यानी यू.पी.ए. सरकार कांग्रेस के नेतृत्व में थी, जिसके पास स्पष्ट बहुमत था कि वह अगला राष्ट्रपति चुन सकती थी।

अप्रैल के अंत में भारतीय जनता पार्टी यानी बीजेपी, जो कि विपक्ष में थी, ने अपना उम्मीदवार खड़ा करने का निर्णय लिया।

जैसे-जैसे चुनाव का दिन नजदीक आ रहा था, मीडिया में कोलाहल बढ़ता जा रहा था और सभी अपने-अपने आकलन के आधार पर अगले राष्ट्रपति को लेकर कयासबाजी में मशगूल थे। वास्तव में, भारत में राष्ट्रपति का चुनाव परोक्ष रूप से होता है, जिसमें केवल वर्तमान सांसद और विधायकों को ही वोट करने का अधिकार होता है। दूसरी तरफ मीडिया एक अलग ही स्तर पर अपना काम कर रहा होता है; वे सर्वेक्षण शुरू कर देते हैं और उम्मीदवार को लेकर लोगों से राय जानने लगते हैं। इन सर्वेक्षणों के परिणाम छपना भी शुरू हो जाते हैं। इसका नतीजा यह हुआ कि हर सर्वेक्षण में प्रमुख रूप से डॉ. कलाम का नाम सामने आने लगा।

13 जून, 2012 को पश्चिम बंगाल की मुख्यमंत्री ममता बनर्जी ने कांग्रेस अध्यक्ष सोनिया गांधी से मुलाकात की और नए राष्ट्रपति को लेकर अपनी पसंद पर चर्चा की। बैठक के बाद जल्दी ही ममता बनर्जी ने मीडिया से खुलकर बात की और खुलासा कर दिया, 'सोनियाजी की पहली पसंद श्री प्रणब मुखर्जी हैं और उनकी दूसरी पसंद

श्री हामिद अंसारी हैं।' मीडिया में भ्रम फैल गया कि जब एक स्पष्ट उम्मीदवार तय हो सकता था तो दो विकल्प क्यों? कुछ ही घंटों में ममता बनर्जी और समाजवादी पार्टी के प्रमुख श्री मुलायम सिंह ने संयुक्त प्रेस कॉन्फ्रेंस की, जिसमें उन्होंने घोषणा की, 'हमारी पसंद डॉ. ए.पी.जे. अब्दुल कलाम या डॉ. मनमोहन सिंह या श्री सोमनाथ चटर्जी हैं।'

इससे लंबे समय से उबल रही राष्ट्रपति चुनाव की बहस में और गरमी आ गई थी। हालाँकि घटनाओं से नहीं, लेकिन जिस तेजी से हालात करवट ले रहे थे, उनसे हमें हैरत हो रही थी। कुछ वरिष्ठ नेताओं ने पहले ही डॉ. कलाम से बात कर रखी थी कि क्या वे राष्ट्रपति पद के लिए दोबारा इच्छुक हैं। चूँकि वे राष्ट्रपति पद की दौड़ से 2007 में बाहर कर दिए गए थे, तो राजनीतिक तबका 2012 में उनके चुनाव लड़ने को लेकर संशय में था।

ममता बनर्जी और मुलायम सिंह के समर्थन पर बीजेपी को भी अपनी पसंद का उम्मीदवार मिल गया था, जिसे वे यू.पी.ए. के विरोध में खड़ा कर सकते थे। यू.पी.ए. का नेतृत्व करनेवाली कांग्रेस पार्टी को यह देखकर झटका लगा था कि ममता बनर्जी ने श्रीमती गांधी से हुई वार्त्ता का खुलासा कैसे कर दिया। उन्होंने जल्दी-से-जल्दी यह धारणा तैयार कराई और केवल एक नाम पर सहमति बनाई—श्री प्रणब मुखर्जी। प्रणब मुखर्जी सभी को स्वीकार्य थे। वे सत्ताधारी पार्टी के सर्वश्रेष्ठ विकल्प थे, जिस पर सभी समर्थक दल सहमत हो सकते थे, जो फिलहाल डॉ. कलाम के पक्ष में जाते दिख रहे थे, ताकि चुनाव हो सकता, लेकिन बीजेपी की उम्मीदें और कांग्रेस का भय एक ही सवाल पर आकर टिक गया था—क्या डॉ. कलाम वास्तव में चुनाव लड़ने के लिए तैयार होंगे?

अगर वे चुनाव लड़ते तो ज्यादा संभावना यही थी कि वह चुनाव हार जाते और ऐसा देखते हुए ही उन्होंने 2007 में चुनाव लड़ने से मना कर दिया था।

अगले दिन हमें अपने कार्यक्रम के सिलसिले में पटना जाना था, जहाँ डॉ. कलाम अपने मिशन 'मेरा योगदान' का बिहार में शुभारंभ करनेवाले थे। उस नाजुक समय में हमारा हर पल अहम हो चला था। चूँकि यह कार्यक्रम खासतौर पर हमारी टीम ने तैयार किया था, तो पहली चीज मैंने डॉ. कलाम को 14 जून से पहले की रात को यह सुझाई—

'सर, फिलहाल कार्यक्रम स्थगित करने दीजिए। हम इसे बाद में भी कर सकते हैं। फिलहाल हमें दिल्ली में ही रहकर स्थितियों पर नजर रखनी चाहिए।'

'तुमने श्रोताओं के तौर पर किसे आमंत्रित किया है?'

'सर, बिहार के ही लगभग छह सौ स्कूली बच्चे और कुछ अभिभावकों को।'

'तो हमारे लिए वे क्यों परेशानी झेलें, क्योंकि कुछ मजेदार घटनाक्रम यहाँ चल रहा है? वे अच्छे लोग हैं, वे युवा हैं और वे देश के लिए काम करने तथा भ्रष्टाचार मिटाने के मिशन में जुटे हुए हैं। मेरी पहली जिम्मेदारी उनसे मिलना है, बाकी राजनीति

की चीजें बाद में देख ली जाएँगी। एक दिन के लिए यह सब भूल जाओ; हमें अपनी जिम्मेदारी पहले पूरी करनी होगी। चलो, अब मेरे भाषण पर काम करते हैं।'

उस दिन पहले से ही मीडिया डॉ. कलाम के आवास पर एकत्र हो गया था। वहाँ गतिविधियाँ तेज हो गई थीं—पत्रकार एक-दूसरे से होड़ में थे, ओबी वैन लगातार शोर करती हुई आ-जा रही थीं। डॉ. कलाम और मैं शाम को बागीचे में टहलते हुए आपस में बातचीत कर रहे थे। वे शांति की प्रतिमूर्ति बने हुए थे, जबकि उनकी दीवार के बाहर तमाम ओबी वैन पर लगे विशालकाय एंटीना झाँकते हुए से नजर आ रहे थे।

मैंने उनसे फिर अपील की, 'सर, आप चाहें तो बदलने पर भी विचार कर सकते हैं। इन लोगों को देखिए--आम लोगों को, जो मीडिया कर्मचारियों से अलग हैं। वे आपको सुनना चाहते हैं।'

'मैं तुम्हें एक कहानी सुनाता हूँ। क्या तुम महान् गुरु और वैज्ञानिक सी.वी. रमन को जानते हो?'

मैंने हामी में सिर हिलाया, 'बिल्कुल।'

'1954 में जब सी.वी. रमन को भारत रत्न से नवाजा गया, उन्हें राष्ट्रपति भवन पहुँचने के लिए नियत दिन और तारीख बता दी गई। वास्तव में भारत रत्न एक बड़ी उपलब्धि थी, लेकिन आमंत्रण की तारीख से रमन चिंतित हो गए थे। उन्होंने इस पर कुछ घंटों विचार किया और एक चिट्ठी लिखी, जिसमें उन्होंने उस तारीख पर सम्मान लेने के लिए उपस्थित रह पाने में असमर्थता जताई थी।'

मैं यह कहानी बिल्कुल नहीं जानता था। 'वाकई, क्यों?'

'जरा सोचो कि उनके लिए देश के सर्वोच्च सम्मान से भी बड़ा और ज्यादा महत्त्वपूर्ण क्या काम रहा होगा? रमन ने विनम्रता के साथ चिट्ठी में अफसोस व्यक्त किया और लिखा कि वे कार्यक्रम में इसलिए उस तारीख पर शामिल नहीं हो सकते, क्योंकि उस दिन उनका एक शोधार्थी अपनी आखिरी प्रस्तुति देने के लिए आनेवाला है। उन्होंने कहा, 'मेरे छात्र को मेरी जरूरत है। उसने अपनी थीसिस तैयार करने में बरसों की मशक्कत की है। मैं अपने सम्मान के लिए उसे कमतर साबित नहीं कर सकता।' रमन को लगा कि छात्र के साथ किए पेशेवर वादे के ऊपर अगर वह अपने निजी फायदे को तरजीह देते हैं तो फिर वे शिक्षक नहीं रह पाएँगे। और वास्तव में, सम्मान समारोह को दूसरी तारीख के लिए टाल दिया गया।

'पटना के उन छात्रों ने हमारे मिशन का अनुसरण किया है और वे वर्तमान दौर में एक कठिन राह पर आगे बढ़े हैं। मैं उन्हें हतोत्साहित नहीं कर सकता। वे हमारे छात्र हैं!'

हमने डॉ. कलाम के मित्रों और लंबे समय तक साथ काम करनेवाले सहयोगियों को कुछ फोन किए और उनकी राय भी ली। बस इतना भर हुआ। हर चीज एक तरफ

कर दी गई और पटना से लौटने के बाद उन पर ध्यान देने का मामला तय हुआ।

14 जून की शाम जब हम पटना में थे, बिहार के मुख्यमंत्री श्री नीतीश कुमार डॉ. कलाम से मिलने के लिए आए। वे भी जिज्ञासु थे कि क्या डॉ. कलाम राष्ट्रपति चुनाव लड़ना चाहते हैं? कुछ मिनट बाद प्रेस ने भी उनसे सवाल पूछा। डॉ. कलाम ने स्पष्ट तौर पर कुछ नहीं कहा और केवल इतना बोले, 'देखिए और इंतजार कीजिए। मैं सही समय आने पर तय करूँगा।'

इस पहेलीनुमा बयान ने कयासबाजी को नई और ताजी उड़ान दे दी।

जब हम अगले दिन दिल्ली लौटे, तो चीजें और तनावपूर्ण हो चली थीं। हमने बहुत से लोगों को कार्यालय में बुलाया और उस दिन हमारा छोटा सा कमरा राय-मशविरों की गूँज से भर उठा था। कमरे में दस मौजूद लोगों में केवल दो लोग ही इस राय पर सहमत थे कि डॉ. कलाम को चुनाव लड़ना चाहिए, मैं भी उनमें से एक था, लेकिन बाकी लोग या तो सशंकित थे या इस विचार के एकदम खिलाफ थे। उस शाम बगैर किसी ठोस फैसले के बैठक खत्म हो गई।

16 जून की सुबह, यानी ड्रामा शुरू होने के तीन दिन बाद, हमने बीजेपी अध्यक्ष एल.के. आडवाणी के माध्यम से सुना। उनके दूत सुधींद्र कुलकर्णी ने हमें बताया, 'आडवाणीजी ने अपने सभी मुख्यमंत्रियों से बात कर ली है। हर कोई चाहता है कि आप चुनाव लड़ें। यह सर्वसम्मति से लिया गया निर्णय है।'

इधर बीजेपी डॉ. कलाम की सहमति का इंतजार कर ही रही थी, तब तक आर.एस.एस. प्रमुख श्री मोहन भागवत ने 17 तारीख को उन्हें खुले तौर पर अपने समर्थन का ऐलान कर दिया।

18 जून को हालात और तनावपूर्ण बन गए थे।

आडवाणीजी ने खुद फोन किया और कहा कि वे डॉ. कलाम के पक्ष में समर्थन जुटाने के लिए राष्ट्रीय अभियान पर निकलने के इच्छुक हैं, बशर्ते कि वे चुनाव लड़ने के लिए तैयार हों। डॉ. कलाम का समर्थन करनेवाले सभी लोग इस बात को जानते थे कि उनके पक्ष में आँकड़े ज्यादा नहीं हैं। मीडिया सर्वेक्षण भी इस बात की तस्दीक कर रहे थे। कांग्रेस पार्टी उनके खिलाफ थी और यू.पी.ए. के पास स्पष्ट बहुमत भी था, चाहे वह राज्यसभा हो या लोकसभा, और राज्यों की विधानसभाओं में भी यही स्थिति थी। डॉ. कलाम को आदर्शतम स्थिति में भी केवल 42 फीसद वोट ही हासिल हो पाते। मीडिया की राय यह थी कि डॉ. कलाम तभी जीत सकते हैं, जबकि वे सभी पार्टियों को क्रॉस वोटिंग के लिए तैयार कर पाएँ। बहुत से मीडिया विशेषज्ञों का मानना था कि डॉ. कलाम की प्रसिद्धि को देखते हुए यह संभावना काफी हद तक थी कि तमाम सांसद और विधायक क्रॉस वोट को तैयार हो जाते, लेकिन हम, जो उनके नजदीकी

सहयोगी थे, जानते थे कि वे कभी भी क्रॉस वोटिंग जैसी तुच्छ राजनीतिक गतिविधि को प्रोत्साहित नहीं करेंगे। वास्तव में, हम यह भी जानते थे कि डॉ. कलाम के चुनाव जीतने की उम्मीदें नगण्य हैं। वे लोगों के दिलों में भले ही निर्विरोध विजेता हों लेकिन राजनीतिज्ञों का हमेशा ही एक अलग प्रकार का समूह होता है।

सामान्य से हालात में ज्यादा-से-ज्यादा 2007 की स्थिति ही दोहराई जाएगी और चुनाव से हटना पड़ेगा, फिर ऐसी क्या चीज थी, जिसके चलते उनको निर्णय लेने में लगभग एक हफ्ता लग गया?

इधर आडवाणीजी सतर्क थे, उधर ममता बनर्जी अपनी अपीलों में ज्यादा भावुक हो गई थीं, यहाँ तक कि उन्होंने डॉ. कलाम के पक्ष में समर्थन जुटाने के लिए सोशल मीडिया चैनल शुरू कर दिया था।

लेकिन हमने जल्दी ही पाया कि डॉ. कलाम चुनाव लड़ने के इच्छुक नहीं थे। उन्होंने निजी तौर पर ममताजी को फोनकर अपनी इच्छा के बारे में बताते हुए चुनाव से हटने की बात कही। उनके जवाब से अभिभूत ममताजी ने कहा, 'सर, मैं एक राजनीतिज्ञ हूँ। यह मेरे कॅरियर के दौरान एक विलक्षण अवसर होगा, जबकि मैं आपको दोबारा राष्ट्रपति भवन पहुँचाकर देश के लिए वास्तव में कुछ कर पाऊँगी। देश को आपकी जरूरत है और मैं भारत के लिए कुछ बड़ा करने के लिए अपना कॅरियर भी दाँव पर लगाने को तैयार हूँ। कृपया हमारी मदद करें और हमें सहयोग करें। मुझे देश के हित में जो सर्वश्रेष्ठ है, वह करने दीजिए।'

बातचीत के बाद डॉ. कलाम फोन के बगल में ही बैठे रह गए, वे चिंतित दिख रहे थे। एक बार के लिए अपने फैसले को लेकर उनका आत्मविश्वास डोल रहा था। डॉ. कलाम को पूर्व में ममता बनर्जी से कुछ भी लेना-देना नहीं रहा था और उनके प्रति सम्मान में इस कदर बढ़ोतरी डॉ. कलाम के लिए वाकई अनपेक्षित और भावुकता भरी थी। उनकी भावुक अपील वास्तव में एक बड़ा कारण थी कि डॉ. कलाम को चुनाव को लेकर अपने फैसले पर पुनर्विचार करना पड़ा।

लेकिन डॉ. कलाम की निश्चित हार से कदम खींचने की झिझक के पीछे प्राथमिक तौर पर कुछ और ही वजह थी।

यह इसलिए, क्योंकि जनता के राष्ट्रपति ने देश में जमीनी स्तर पर भ्रष्टाचार से लड़ने की इच्छा जताई थी। हमारी चर्चा ने एक नया कोण अख्तियार कर लिया था, भले ही डॉ. कलाम एक हारी हुई लड़ाई लड़ रहे थे, लेकिन क्या इससे देश को भ्रष्टाचार के खिलाफ जगाने में काफी मदद मिलती और इस कैंसर से लड़ाई जीती जा सकती थी? भ्रष्टाचार के कैंसर के प्रति मैंने उनके अंदर न केवल छिपी निराशा देखी, बल्कि आक्रोश भी देखा था।

वास्तव में कार्यालय में दो लोगों को छोड़कर कोई भी राष्ट्रपति पद को लेकर हारी हुई लड़ाई लड़ने के विशेष विचार के समर्थन में नहीं था। एक के बाद एक वरिष्ठ सलाहकार और मित्र अपने-अपने तर्कों के साथ आ रहे थे कि डॉ. कलाम इस रेस के प्रति इतने सरल तरीके से क्यों झुकाव बनाए हुए हैं। उन लोगों का मानना था कि उनका यह कदम भ्रष्टाचार-मुक्त भारत बनाने की दिशा में संदेश देने के लिए बेहद छोटा प्रयास था और इससे ज्यादा कुछ हासिल नहीं किया जा सकता था। वे उनके उद्देश्य या भावना में कमी नहीं पाते थे, लेकिन उन लोगों का मानना था कि इससे ठोस चीज हासिल नहीं होगी।

'इतिहास में आपको एक ऐसे व्यक्ति के रूप में भी उल्लिखित किया जाएगा, जो 13वें राष्ट्रपति का चुनाव हार गया था,' एक वरिष्ठ सहयोगी ने कहा। कुछ इसी तरह आपका विकिपीडिया पेज पढ़ा जाएगा, एक अन्य ने उसमें जोड़ा।

'लेकिन इतिहास आपको ऐसे व्यक्ति के रूप में भी याद रखेगा, जिसने देश के भविष्य के लिए भ्रष्टाचार के खिलाफ संघर्ष किया, वह भी इतिहास के स्कोरकार्ड से कुछ अंक गँवाने की कीमत पर।' मैंने जवाब दिया।

निजी तौर पर मैं यह मानकर उन्हें समर्थन कर रहा था और अब भी करता हूँ कि डॉ. कलाम ने 2012 में चुनाव लड़ा, हो सकता है कि वे काफी कम अंतर से यह चुनाव हारें, लेकिन 18 जून से 19 जुलाई के बीच एक महीने में, जब वोटिंग कराई जाएगी, तो हो सकता है कि वे देश के युवाओं से भ्रष्टाचार के खिलाफ खड़े होने और व्यवस्था के सम्मुख 'भारत 2020', विचार रखकर उस पर काम करने के लिए एक नई क्रांति को हवा दे दें। इससे देश की व्यवस्था को रीबूट करने का जरूरी ईंधन मिल जाता। डॉ. कलाम के मिशन 'मेरा योगदान' की ताकत के बल पर हम युवाओं के आक्रोश को देश के हित में सकारात्मक राह दिखा सकते थे। डॉ. कलाम की सोच का एक हिस्सा इस आस्था के समर्थन में था और इसी चीज ने उन्हें इस दौड़ में बना रखा था अन्यथा उन्होंने इसे पहले दिन ही खारिज कर दिया होता। बाद में उस हफ्ते, जब ज्यादातर लोग कार्यालय से चले गए, डॉ. कलाम ने हम लोगों से वह फोटो निकालने के लिए कहा, जिसमें वे 2002 के राष्ट्रपति चुनाव के दौरान कागजातों पर दस्तखत कर रहे हों और हमने वह ढूँढ़ निकाला।

'आप क्या देख रहे हैं इसमें?' उन्होंने हमसे पूछा।

'मैं आपको देख पा रहा हूँ। आपके दाएँ तरफ वाजपेयीजी हैं।' मैंने कहा।

उन्होंने मुझे रोका। 'नहीं! तुम एक मजाकिया लड़के हो। मैं तुमसे पूछ रहा हूँ कि तुम क्या देख रहे हो इसमें, जबकि तुम मुझे बता रहे हो कि तुम किसे देख रहे हो इस तसवीर में।'

मैं उनका सवाल अब तक समझ नहीं पाया था। भ्रमित सा मैंने फिर बड़बड़ाना शुरू किया, 'मैं टेबल, कुछ कुरसियाँ और कुछ लोग, जो कि आसपास बैठे हुए हैं, को देख पा रहा हूँ।'

जोर से ठहाका लगाकर हँस पड़े। मैं रुक गया और हथियार डाल दिए।

'देखो, इस तसवीर में एकजुटता नजर आ रही है। सभी विरोधी राजनीतिज्ञ एक विशेष अवसर पर एक साथ आए हैं। यह विलक्षण है। यह खूबसूरत है। काम कुछ इसी तरह होना चाहिए। क्या तुम्हें नहीं लगता कि अगर मैंने चुनाव लड़ा, अब तो मैं विभाजन का कारण बन जाऊँगा?' उन्होंने विनम्रता के साथ कहा।

हालाँकि उनकी बात में वाकई एक अहम कारण था, मैं उन्हें चुनाव में खड़ा होने के लिए समझाने के प्रति दृढ था।

'सर, लेकिन देश के उन लोगों का क्या होगा, जो आपको चुनाव लड़ते हुए देखना चाहते हैं? और अगर आपको हार से डर नहीं, तो आप यह चुनाव क्यों नहीं लड़ते और इसे एक अवसर के रूप में भुनाइए कि यह देश को भ्रष्टाचार, शिक्षा, भाईचारा और इन सबसे ऊपर आइडिया ऑफ द नेशन जैसे मुद्दों को लेकर उनको एक साँचे में ढाले?'

तब उन्होंने कहा, 'देखते हैं, लेकिन हमें मीडिया के लोगों को ज्यादा इंतजार नहीं कराना चाहिए। उन लोगों को ज्यादा देर तक बाहर खड़े रखना उनके लिए परेशानी भरा होगा। वे पूरे दिन और सारी रात वहीं टिके हुए हैं।'

इसी के साथ हमारा वार्त्तालाप खत्म हुआ और डॉ. कलाम अपने बागीचे में टहलने के लिए निकल गए। मेरा दिल अब भी चाहता था कि वे इस मिशन को अपने हाथ में लें, लेकिन मैं उनका जवाब भाँप गया था। आखिरी प्रयास के तौर पर मेरे सहयोगी डॉ. कलाम के चुनाव लड़ने के पक्ष में एकमात्र समर्थक और मैंने दो चिट्ठियाँ लिखीं। एक उस मौके के लिए, जबकि डॉ. कलाम चुनाव के लिए राजी हो जाते और दूसरी चिट्ठी तब के लिए, जब वे ऐसा करने से इनकार कर देते। दोनों ही चिट्ठियों का प्रिंट लेकर मैं उनसे मिलने चला गया। मैंने डॉ. कलाम को मुख्य बिल्डिंग के प्रवेश द्वार पर पाया। वे दरवाजे की कुंडी लगा रहे थे। मैंने उनसे कहा, 'सर, जो चिट्ठी आपको बेहतर लगे, उसे उठा लें। अब मैं आपका निर्णय सुबह मीडिया के माध्यम से जानूँगा।'

'मुझे इस बारे में सोचने दो, लेकिन निकलने से पहले रात के खाने का कुछ इंतजाम कर लो, काफी देर हो चुकी है।' वाकई आधी रात हो चुकी थी।

अगली सुबह मैं ऑफिस की तरफ भागा। उनके घर के बाहर भारी भीड़ जमा थी, सभी बड़ी खबर की उम्मीद लगाए बैठे थे। अंदर सचिव फोटोकॉपी लेने में व्यस्त थे। मैं देख रहा था कि वे पन्नों को एक साथ करने के लिए स्टेपलर का इस्तेमाल नहीं कर रहे थे, इसका मतलब केवल यह था कि डॉ. कलाम ने कम शब्दोंवाली चिट्ठी ही चुनी

थी, यानी वे चुनाव नहीं लड़ रहे थे।

मैं इस अंत का हिस्सा नहीं बनना चाहता था, इसलिए मैं ऊपरवाले छोटे कार्यालय में चला गया। एक सचिव मेरे पाए आए। 'साहब, आपसे बात करना चाहते हैं।'

मैं क्षुब्ध था। मैंने सोचा कि अब बचा ही क्या था चर्चा करने को। मैं जबरदस्ती उनके रीडिंग रूम में पहुँचा, जो कि लाइब्रेरी के दूसरी तरफ था। वे अपने नाश्ते के साथ बैठे हुए थे।

मुझे देखते ही उन्होंने खाना रोक दिया और बोले, 'मैं विभाजन का कारण नहीं बनना चाहता। मैंने इसके बारे में काफी सोचा। राजनीतिज्ञों को साथ आने देना ज्यादा बेहतर था, बजाय कि उन्हें बाँटने के। हमें तो किसी भी सूरत में अपने मिशन के साथ आगे बढ़ना है। इसमें थोड़ा और समय लगता, लेकिन ऐसी दशा में हमारे पास समय भी होता, नहीं क्या?'

वे अफसोस जताने के अंदाज में बोल रहे थे, 'मैं जानता हूँ कि तुमने काफी कड़ी मेहनत की और इस मिशन पर काम करने के लिए रात-दिन एक कर दिया। मैं तुम्हारा शुक्रगुजार हूँ।'

उन्होंने मुझसे दरवाजा बंद करने को कहा, जो मैं खुला छोड़ आया था। दरवाजा बंद कर मैं लौटा, तो उन्होंने अपनी बात आगे बढ़ाई, 'देखो, मैं जानता हूँ कि तुम इस फैसले से नाराज होगे। तुम चाहो तो मुझ पर चीख सकते हो। इसके लिए मैं तुमको दस मिनट देता हूँ। तब तक कोई इधर नहीं आएगा। चलो, आगे बढ़ो।'

वास्तव में मैं डॉ. कलाम पर कदापि नहीं चीख सकता था। मैंने बस इतना ही कहा, 'अब आपने तय कर लिया है, तो हम सबको आपके निर्णय के साथ ही रहना है।'

हम दोनों मुसकराए। तब उन्होंने कहा, 'मैंने तुम्हारे लिए एक और काम सोच रखा है। हमें उन लोगों का शुक्रिया अदा करना चाहिए, जिन्होंने विपरीत हालात के बावजूद हमें समर्थन देना जारी रखा। हमें सबसे पहली चिट्ठी ममताजी के लिए तैयार करनी चाहिए।'

शुक्रिया अदा करती चिट्ठियाँ

ममता बनर्जी को संबोधित चिट्ठी फेसबुक के जरिए सोशल मीडिया पर पोस्ट की गई।

सम्मानित ममताजी,

राष्ट्रपति चुनाव 2012 के लिए मेरे नाम का प्रस्ताव आगे बढ़ाने और उसके लिए अथक प्रयास करने के लिए मैं आपका शुक्रिया अदा करना चाहता हूँ।

हमारे संक्षिप्त वार्त्तालाप के दौरान मैंने आपके अंदर भव्य राजनीति के क्षेत्र में महान् नेतृत्व क्षमता देखी। एक उद्‌देश्य के लिए आपकी दृढता, देश के लिए ईमानदारी, विशेषतौर पर आपका साहस और राजनीति के स्वर्णिम सिंहासन के बलिदान तक की भावना वास्तव में राजनीति की गरिमा को बढ़ाती है। देश को वाकई इसकी जरूरत है। हम सबको यह पता है कि इतिहास हमेशा साहसी नेताओं के माध्यम से ही लिखा जाता है।

आपको निराश करने के लिए मैं बेहद अफसोस जताता हूँ।

बेहद सम्मान के साथ,

आपका भरोसेमंद

ए.पी.जे. अब्दुल कलाम

~*~

चिट्‌ठी की आखिरी पंक्ति में अफसोसवाली बात लिखे जाने से मुझे हैरत हुई थी। मैंने इसका जिक्र किया और पूछा कि वह किस बात के लिए अफसोस जता रहे हैं।

उनका जवाब काफी सीधा सा था।

'हमने उन लोगों को निराश किया, जो हमारे साथ तब खड़े थे, जबकि वे जानते थे कि हालात हमारे पक्ष में नहीं हैं। हमें इससे बाहर निकलने पर अफसोस जताना ही चाहिए।'

हम कभी नहीं जान पाएँगे कि अगर डॉ. कलाम जीत जाते तो उन्होंने अपनी दूसरी पारी किस तरह आगे बढ़ाई होती, हालाँकि उनके पास राष्ट्रपति के रूप में पहले कार्यकाल का अनुभव था। हम यह भी नहीं जान पाएँगे कि अगर उन्होंने चुनाव लड़ा होता तो देश में किस तरह का राष्ट्रीय उभार देखने को मिलता।

इस घटनाक्रम ने मेरे गुरु के प्रति मेरा सम्मान और बढ़ा दिया था और इसके बाद हमें और नए तरह के विचार मिलने लगे थे, जिन्हें हमें अपने निशन 'मेरा योगदान' में वर्ष 2012 के दौरान समाहित करना था।

~*~

अगर चुनाव लड़ते तो देश के नाम संदेश

मेरे प्यारे देशवासियो,

राष्ट्रपति चुनाव को लेकर चल रही गहमा-गहमी से आप वाकिफ होंगे। हालाँकि मेरे मन में इस पद पर दोबारा काम करने की इच्छा नहीं थी या मैंने चुनाव लड़ने की इच्छा नहीं दिखाई थी, कुछ राजनीतिक दल चाहते थे कि मैं उनकी तरफ से दावेदारी करता। बहुत से नागरिकों ने भी ऐसी ही इच्छा जताई थी। इससे उनका मेरे प्रति स्नेह और प्रेम झलकता है और साथ ही लोगों की उम्मीदें भी इससे जुड़ जाती हैं। मैं वाकई

इस समर्थन से अभिभूत हूँ। उनकी ऐसी इच्छा है, इसका मैं सम्मान करता हूँ। उन सबने मुझमें जो भरोसा जताया है, उसका मैं तहे दिल से शुक्रिया अदा करता हूँ।

मेरे प्यारे भारतवासियो, मैं जानता हूँ, आप जैसे लाखों लोग मुझे एक बार फिर राष्ट्रपति बनते देखना चाहते हैं। मैं आपकी भावनाओं, जो कि मुझे इ-मेल, फोन, हस्ताक्षर अभियानों, बैठकों और वेबसाइटों पर टिप्पणियों के जरिए प्राप्त हुईं, से वाकिफ हूँ। बहुत से राजनीतिक दलों ने भी मुझसे संपर्क किया, चुनाव लड़ने का आग्रह भी किया, लेकिन मैं हमेशा से यह मानता रहा हूँ कि भारत का राष्ट्रपति एक ऐसा व्यक्ति होना चाहिए, जिसे लेकर आम सहमति हो। राष्ट्रपति भवन पहुँचने के लिए दौड़ या होड़ नहीं लगनी चाहिए।

पहला नागरिक राजनीति और राजनीतिक विचारधारा से ऊपर होना चाहिए। यहाँ तक कि 2007 में भी जब बड़े राजनीतिक दलों ने मुझे उम्मीदवार बनाने का प्रस्ताव रखा था, तब भी मैंने यही कहा था कि चुनाव जैसा कुछ नहीं होना चाहिए। वर्तमान राष्ट्रपति या पूर्व राष्ट्रपति होने से मेरे ऊपर ज्यादा फर्क नहीं पड़ता। मैं सोचता हूँ कि देश के युवाओं से मिलने और उनके विचारों को सुनने के लिए मैं अब ज्यादा आजाद हूँ। पिछले पाँच सालों में मैं देश भर के लाखों बच्चों से मिला और उनसे अपने विचार साझा किए तथा कुछ उनकी भी सुनी।

तृणमूल कांग्रेस (टी.एम.सी.) और एन.डी.ए. के नेताओं ने मुझे फोन करके चुनाव लड़ने की सलाह दी। इस सिलसिले में मेरे ऊपर हर तरफ से दबाव था। कुछ मित्रों ने कहा कि मुझे चुनाव नहीं लड़ना चाहिए और अपनी जिम्मेदारी को गौरवपूर्ण तरीके से निभाना जारी रखना चाहिए। बहुसंख्यक वर्ग, हालाँकि चाहता था कि मैं दो वजहों से चुनाव लड़ूँ—बड़ी संख्या में लोगों की इच्छा का मान रखने के लिए, खासतौर पर युवाओं की, और जिन राजनीतिक दलों ने मेरे ऊपर भरोसा जताया, उनको भी सम्मान देने के लिए। इसलिए मेरे दोस्तो! मेरी जिम्मेदारी क्या है और कैसे मैं इस देश के सवा अरब लोगों को सम्मान दे सकता हूँ?

मेरे प्यारे लोगो! मैं अपने जीवन को खुली किताब मानता हूँ। आम इनसान के विचार मेरे लिए निर्णय लेने में अहम भूमिका रखते हैं, भले ही वे निजी मामले में क्यों न हों। अब मेरे साथी देशवासियो! हमें साथ मिलकर तय करना है कि हम चुनाव लड़ें या नहीं। हाँ, हम जानते हैं कि आँकड़े हमारे पक्ष में नहीं हैं। जो राजनीतिक दल मुझे उम्मीदवार बनाना चाहते हैं, वे भी इस तथ्य को भलीभाँति जानते हैं। लोग यह भी जानते हैं कि अगर मैंने चुनाव लड़ा तो शायद जीत न पाऊँ।

लेकिन इन सब पर विचार करने के बाद मैं सोचता हूँ कि अगर हमने चुनाव नहीं लड़ा तो भी हार जाऊँगा। मैं हारा हुआ कहलाऊँगा, दलों की उम्मीदें जो मुझ पर टिकी

हैं, वे भी मेरी वजह से शर्मिंदा होंगे। बहुसंख्यक भारतीयों की इच्छाओं और भावनाओं को इससे चोट पहुँचेगी, खास तौर पर इसमें लाखों छात्रों और एन.आर.आई. शामिल होंगे, जिन्होंने मुझे अपना समर्थन लिखित भेजा है। मुझे यह स्पष्ट हो गया है कि मैं विशेष तौर पर जनता का उम्मीदवार बन चुका हूँ।

आज भारत परिवर्तन के मोड़ पर खड़ा है, यह ऐसा अवसर है, जो कि किसी देश के जीवनकाल में कभी-कभी ही सामने आता है। एक तरफ हमारे पास 60 करोड़ युवाओं की ताकत है और दूसरी तरफ हमारे देश में इससे कहीं ज्यादा संख्या गरीबी की रेखा के नीचे गुजर करनेवाले लोगों की है। एक तरफ हमारे पास कठोर परिश्रम करनेवाला मध्य वर्ग है, जो कि इस अर्थव्यवस्था में अपना खून-पसीना लगाकर इसे सींच रहा है और दूसरी तरफ हमारे सामने कुछ मुट्ठी भर भ्रष्ट नेता हैं, जो हमारे कार्यबल के अथक परिश्रम का फल घोटालों के जरिए एक झटके में समेट ले जाते हैं, जो कि हैरतअंगेज तरीके से लाखों-करोड़ों में जा पहुँचा है! हमारे पास ऐसे भारतीय हैं, जो अंतरराष्ट्रीय स्तर पर कारोबार नियंत्रित करते हैं, लेकिन वहीं सम्मानित अंतरराष्ट्रीय एजेंसियाँ हैं, जो इस ओर इशारा करती हैं कि हमारी घरेलू राजनीति में किस कदर ढेर सारी कमियाँ विद्यमान हैं। ऐसा क्यों है कि हमारे देश के बारे में बाहर कहा जाता है कि पहले दर्जे के नागरिकों को तीसरे दर्जे की प्रशासनिक व्यवस्था सँभालती है? हम यहाँ होनेवाले परिवर्तन के जरिए कहाँ जाएँ...क्या हम उड़ें, चलें या गिर पड़ें, यह हमारे ही हाथों में है।

मेरे सामने यह भी आया कि लोग और राजनीतिक दल भी अपेक्षित बदलाव चाहते हैं। हाल में हुए कुछ बदलावों से वे निराश नजर आते हैं और संविधान तथा उसमें अंकित अधिकारों की गारंटी की विश्वसनीयता और मूलतत्त्व पर उन्होंने सवाल भी उठाए हैं। 2020 तक देश को विकसित बनाने के क्रम में हमारे पास केवल आठ साल ही बचे हैं, लेकिन हम हर मोर्चे पर, चाहे वह आर्थिक हो, सामाजिक हो, गरीबी से ऊपर उठने, भ्रष्टाचार से आजादी, नैतिक भ्रष्टता, काले धन की खोज, आवश्यक वस्तुओं का मूल्य-नियंत्रण, राजनीतिक लाभ के लिए पैसे का लेन-देन, हमारी विदेश नीति का अच्छा प्रबंधन और उसकी रणनीति, हमारे पड़ोसियों की तरफ से भारत में भरोसे का स्तर, मानवाधिकार हनन के मामलों में त्वरित सुनवाई या शांति का माहौल कायम रखने में विफल साबित हुए हैं। विकास के पथ पर आगे बढ़ने की बजाय हमारा देश पटरी से उतरता जा रहा है।

शायद वे लोग मेरे नामांकन के जरिए बदलाव लाने की राह देख रहे होंगे। ऐसे ही लोगों ने विगत दिनों भ्रष्टाचार के खिलाफ आंदोलनों के प्रति अपना समर्थन जताया है। छोटी सी टीम के साथ, सिविक सोसाइटियाँ अनजाने में उभरकर आईं और पूरा देश उनके मिशन के पीछे चल पड़ा है। जहाँ भी छोटे-से-छोटा मौका लोगों को मिला है,

भारतीयों ने व्यवस्था में व्याप्त कमियों के खिलाफ अपना आक्रोश जताया है और इसमें उन्होंने तत्काल बदलाव की जरूरत महसूस की है। चुनाव लड़ने से मेरे लिए दोनों हाथों में लड्डू मिलने जैसा ही था। अगर मैं चुनाव हार जाता, तो भी मेरी जीत ही थी, क्योंकि मैं लाखों-करोड़ों लोगों के विचारों का सम्मान करता। अगर मैं जीत जाता, तो यह लोगों की जीत होगी, जैसा कि आपकी तरफ से बदलाव का अभियान छेड़ा गया है, यह उसकी जीत होती। इसलिए मेरे प्यारे भारतीयो, मैंने आप सबके साथ यह चुनाव लड़ने का फैसला किया है। मैं इस प्रतिस्पर्धा में यह जानते हुए भी आया हूँ कि मेरे पास बहुमत नहीं है। मैं इस दौड़ में यह जानते हुए भी शामिल होऊँगा कि मैं निश्चित रूप से हार जाऊँगा, लेकिन मैंने पहले ही लाखों दिलों को जीत लिया है और मैं इस जिम्मेदारी से बँध गया हूँ कि यह चुनाव उन सबके लिए लड़ा जाएगा।

मैं किसी राजनीतिक दल से नहीं जुड़ा हूँ। न मैं किसी राजनीतिक विचारधारा को सहमति देता हूँ, न विरोध करता हूँ। मैं महज एक वैज्ञानिक हूँ और हमेशा एक शिक्षक के तौर पर ही याद किया जाना चाहता हूँ। अब चूँकि मैंने चुनाव में उतरने का फैसला कर लिया है, तो मैं अब एक उम्मीदवार भी बन गया हूँ। एक उम्मीदवार को चुनाव अभियान के दौरान तमाम दलों के नेताओं से मिलना और उनसे समर्थन माँगना होता है। मेरी कोई पार्टी नहीं है और न ही कैडर की ताकत मेरे साथ है या वोटों के लिए अभियान चलाने वाले या लॉबिंग करनेवाले ही मेरे साथ हैं। मैं आपसे अपील करता हूँ, मेरे प्यारे भारतवासियो, मेरे लिए अभियान चलाइए।

दोस्तो! अस्सी साल की उम्र में, जबकि पहले ही मैं राष्ट्रपति के तौर पर देश की सेवा कर चुका हूँ, मुझे चुनाव हारने का भी मलाल नहीं होगा, जब तक कि हम सब जाग्रत् नहीं हो जाते। साथ-साथ जागरूक होना है एक बेहतर, आर्थिक रूप से संपन्न, सामाजिक रूप से समान और भ्रष्टाचार-मुक्त भारत के लिए, जहाँ देश किसी भी दल, किसी भी संगठन या किसी भी व्यक्ति से ऊपर हो, जहाँ विभाजन की बारीक लकीर भी हमारे बीच न हो और देश को परिवर्तन देने के लिए हमें एक साथ आने से न रोक सके। क्या यह सब होगा, क्या आप यह सब हासिल करने में मेरी मदद करेंगे?

मैं महसूस करता हूँ कि चुनाव लड़ने का मेरा फैसला हमारा सामूहिक निर्णय है। मैं अब लोगों का उम्मीदवार हूँ। मैं उम्मीद करता हूँ कि मेरी जीत हो या हार, आप सब मुझे हमेशा ऐसे ही स्नेह प्रदान करते रहेंगे। हो सकता है कि मैं हार ही जाऊँ, मैं नहीं जानता, लेकिन इतना जरूर जानता हूँ कि मैं आपके प्रति सच्चा, निष्ठावान और स्नेहिल बना रहूँगा, लेकिन कुछ शब्द हैं, जो सीधे मेरे दिल से आ रहे हैं।

भगवद्गीता के एक श्लोक के साथ मैं अपनी बात पूरी करता हूँ—

कर्मण्येवाधिकारस्ते मा फलेषु कदाचन।
मा कर्मण्यफलहेतुर्भुः मा ते संगोऽस्त्वकर्मणि॥

अर्थात् तेरा कर्म करने में ही अधिकार है, उसके फलों में कभी नहीं। इसलिए तू फल की दृष्टि से कर्म मत कर और न ही ऐसा सोच कि फल की आशा के बिना कर्म क्यों करूँ?

ईश्वर आपका कल्याण करे, मेरे प्यारे साथियो।

जय हिंद!

~*~

अगर चुनाव नहीं लड़ते

देश के नाम संदेश

मेरे प्यारे साथियो,

राष्ट्रपति चुनावों की गहमागहमी से आप सभी वाकिफ हैं। यद्यपि कि मैंने कभी इस बारे में नहीं सोचा या दिलचस्पी दिखाई कि मैं दूसरे कार्यकाल के लिए चुनव लड़ना चाहता हूँ, लेकिन टी.एम.सी. प्रमुख ममता बनर्जी और कुछ अन्य राजनीतिक दल चाहते हैं कि मैं उनकी तरफ से उम्मीदवार बनूँ। बड़ी संख्या में नागरिकों ने भी ऐसी ही इच्छा जताई है। यह केवल उनका मेरे प्रति प्यार और स्नेह को दरशाता है और साथ ही इससे लोगों की अपेक्षाएँ भी जुड़ी हैं। मैं इस समर्थन से वाकई अभिभूत हो गया हूँ। चूँकि यह आप सभी की इच्छा है, मैं इसका सम्मान करता हूँ। जिन लोगों ने मेरे प्रति अपना विश्वास दिखाया है, मैं उन सभी का शुक्रिया अदा करना चाहता हूँ।

मैंने इस मामले में पूरी गंभीरता के साथ विचार किया है। वर्तमान राजनीतिक हालात पर गौर करते हुए मैंने तय किया है कि मैं राष्ट्रपति पद का चुनाव नहीं लड़ूँगा।

ईश्वर आपका कल्याण करें।

□

18

शिक्षा से कहीं परे है बुद्धिमत्ता

मार्च, 2012 में डॉ. कलाम उत्तर प्रदेश के एक दूरदराज के जिला जौनपुर गए हुए थे। जौनपुर बेहद गरम क्षेत्र है और मार्च के महीने में वहाँ दिन और रात के तापमान में काफी अंतर देखने को मिलता है।

उनके वहाँ जाने का मुख्य उद्देश्य था, वहाँ स्थित एक छोटा सा सुजानगंज प्राणवम इंटरमीडिएट स्कूल। यह एक निम्न आय वर्ग का शैक्षिक संस्थान है, जिसे केरल से यहाँ दो दशक पूर्व आए एक दंपती ने शुरू किया था। उन्होंने स्थानीय भाषा सीखी थी और अपना जीवन शिक्षा को समर्पित कर दिया था। सेवा का भाव उन दंपती को इस रूखे-सूखे जौनपुर शहर की ओर खींच लाया था, जो उनके अपने घर से हजारों किलोमीटर दूर है। उन्होंने गेहूँ के खेत के बीच में ही वह स्कूल खड़ा कर लिया था।

कुछ महीनों बाद दंपती ने डॉ. कलाम से उनके दिल्ली स्थित आवास पर मुलाकात की। वे उनकी कहानी सुनकर इतने रोमांचित हो उठे कि उसी पल उन्होंने जौनपुर जाने का मन बना लिया। काफी मामलों में उन्होंने इसे अपने बचपन से जोड़ा, जब आर्थिक परेशानियों के बावजूद वे शिक्षा हासिल कर रहे थे।

जौनपुर दिल्ली से हवाई मार्ग से नहीं जुड़ा है और नजदीकी एयरपोर्ट या तो इलाहाबाद या बनारस हैं। ये जगहें उस गाँव से काफी दूर हैं, और डॉ. कलाम हमेशा स्टैंडर्ड वाणिज्यिक विमानों से ही सफर करने को तरजीह देते थे। आयोजकों पर कभी भी विशेष फ्लाइटों का बोझ नहीं डालते थे। इसलिए हमारा यात्रा कार्यक्रम बेहद विस्तृत था। हमें 13 मार्च को इलाहाबाद में उतरना था और वहाँ रात बितानी थी। अगले दिन हमें जौनपुर पहुँचना था, जो कि वहाँ से 120 किलोमीटर दूर था। वहाँ का कार्यक्रम पूरा करने के बाद हमें पवित्र नगरी वाराणसी जाना था, जो जौनपुर से 70 किलोमीटर दूर है। पूर्वी उत्तर प्रदेश में 4 टन की बुलेटप्रूफ, एयरटाइट, गड़गड़ाती एंबेसडर कार में 200 किलोमीटर का सफर आसान नहीं होता और यह बेहद थकाऊ बन जाता है,

लेकिन डॉ. कलाम तमाम कठिनाइयों को कुछ इस जोश और जज्बे के साथ पार करते थे, मानो उनकी उम्र 20 साल से ज्यादा न हो।

हम देर शाम इलाहाबाद एयरपोर्ट पर उतरे। हमारे साथ आया दल भी काफी बड़ा था, क्योंकि सुरक्षा का प्रोटोकॉल ऐसा ही होता है। हमारे काफिले में एक दर्जन से अधिक वाहन थे, जिसमें एंबुलेंस भी शामिल थी। डॉ. कलाम हमेशा सुनिश्चित करते थे कि कार में उनकी बगल में ही बैठूँ। ड्राइवर की बगल में उनका निजी सुरक्षा अधिकारी (पी.एस.ओ.) बैठता था। उसका काम ही यह था कि वह डॉ. कलाम को एक मिनट के लिए भी अकेला न छोड़े। उस व्यक्ति को हमेशा एक वी.आई.पी. के पीछे खड़े रहना होता है, अकसर गहरे रंग का चश्मा लगाकर, यहाँ तक कि जब वह स्टेज पर भाषण दे रहे हों, तब भी। ऐसे व्यक्ति को पी.एस.ओ. कहते हैं।

डॉ. कलाम अकसर पी.एस.ओ. को बातों में शामिल कर लेते थे, उससे स्थानीय खबरों और लोगों के बारे में पूछते थे। दरअसल, वह हमेशा अपना भाषण दो वाक्यों से शुरू करते थे, जो स्थानीय भाषा में होते थे। ज्यादातर वे अपने पी.एस.ओ. से ही स्थानीय शब्द सीखने का प्रयास करते थे। जौनपुर की ओर सफर के दौरान भी डॉ. कलाम ने पी.एस.ओ. से पूछा कि यह इलाका किस वजह से चर्चित है, लेकिन जो उत्तर उन्हें मिला, उससे वे झटका खा गए।

'साहब, यहाँ की खासियत केवल यहाँ के लोग ही हैं।' पी.एस.ओ.ने कहा।

डॉ. कलाम के मन में कौतूहल उमड़ने लगा, 'किस तरह के लोग हैं ये?'

'गुंडे,' वह बोला, 'साहब, यहाँ के घर बड़े गुंडों के नाम से जाने जाते हैं। हर घर से कम-से-कम एक गुंडा निकलना-ही-निकलना है। हालात बेहद दुःखदायी हैं यहाँ।'

डॉ. कलाम ने मेरी तरफ देखा।

मैं भी उत्तर प्रदेश से हूँ, इसलिए मुझे लगा कि अपने गृह राज्य पर लग रहे आरोप से उसे बचाने का फर्ज मेरा भी बनता है। 'नहीं-नहीं। ऐसा नहीं है।' मैंने बीच में बात काटी, कुछ उदाहरणों के जरिए मैंने बचाव करना चाहा और इस पहचान को खारिज करना चाहा। 'यही वह जमीन है, जहाँ इंदिरा गांधी और अमिताभ बच्चन जैसे लोग पैदा हुए हैं!'

लेकिन हमारा पी.एस.ओ. मेरी सोच से कहीं ज्यादा ही निराशावादी निकला। 'ये सब पुरानी बातें हैं। अब तो सब महान् गुंडे हैं। बड़ी मूँछोंवाले गुंडे।'

मैंने हार मान ली।

ड्राइवर, जो कि संयोग से घनी मूँछोंवाला ही व्यक्ति था, ने पी.एस.ओ. को टेढ़ी नजर से देखा।

डॉ. कलाम मेरे बचाववाली मुद्रा पर मुसकराए। फिर बोले, 'यहाँ कोई गुंडा नहीं

है ! तुम बस देखते रहो। कुछ अच्छा होनेवाला है।'

हम इलाहाबाद में सर्किट हाउस पहुँचे। तब तक शाम हो चुकी थी। सूरज ढलने लगा था और मौसम में ठंडक आने लगी थी। जल्दी ही हमें हमारे कमरे दिखा दिए गए। यह ब्रिटिश राज की पुरानी इमारत थी, जिसका ढाँचा खूबसूरत था। दीवारें मोटी थीं और उन पर सफेदी पुती हुई थी, दो पैनलवाले दरवाजे लगे थे।

रात के खाने से पहले मैं सर्किट हाउस के चारों तरफ टहलने निकल गया। शाम होते ही बड़े-बड़े डंकवाले मच्छरों ने हमला बोल दिया था। कुछ देर टहलने के दौरान मैंने कुछ आवाजें सुनीं; दो लोग बाहर मेन गेट पर सुरक्षाकर्मियों से बात कर रहे थे। बढ़ती जिज्ञासावश मैं उस ओर बढ़ चला और पता करने लगा कि वहाँ क्या चल रहा है।

वे लोग गाँव से आए हुए लग रहे थे। उनमें से एक की उम्र 60 साल के आसपास रही होगी, उसने काफी बड़ी शर्ट और पैंट पहन रखी थी और गले पर एक छोटा तौलिया लटक रहा था। दूसरा 40 के आसपास की उम्र का रहा होगा और उसने खादी का कुरता पहन रखा था, जिस पर कीचड़ के काफी धब्बे नजर आ रहे थे। दोनों ने अपने कंधे पर भारी-भरकम बोरा लाद रखा था। मैं उन के पास पहुँचा।

वे लोग पसीने से तर थे, संभवत: वे काफी दूर से पैदल चलकर आ रहे थे। 'बाबा, क्या हुआ ?' मैंने पूछा।

नौजवान ने हिंदी और भोजपुरी मिलाकर कहा, 'सर, हमारे पास कुछ खास चीज है, जो हम जन-राष्ट्रपतिजी को दिखाना चाहते हैं। हम यहाँ से 40 किलोमीटर दूर से केवल इसी काम के लिए आए हैं।' उसने बोरे को आगे रख दिया और उसमें से लकड़ी के टुकड़े निकालने लगा।

जन-राष्ट्रपति का मतलब जनता का राष्ट्रपति, जिसके लिए डॉ. कलाम अब तक जाने जाते रहे थे, यहाँ तक कि उन्हें राष्ट्रपति कार्यालय छोड़े हुए काफी समय बीत चुका था। यह देखना अपने आप में सुखद था कि दूरदराज के गाँवों से आए लोग उन्हें उसी सम्मानजनक तरीके से अब भी पुकारते थे और गर्मजोशी से स्वागत करते थे।

उसने अपनी बात जारी रखी, 'सर, ये मेरे पिता हैं। मैं इनका बड़ा बेटा हूँ। हमने एक खोज की है, जो भारत को बदल देगी !'

'क्या है यह ? क्या होता है इससे ?' मैंने जिज्ञासावश पूछा।

'इस मॉडल की खोज करनेवाले हम लोग हैं और हमारी एकमात्र शर्त यह है कि हम जन-राष्ट्रपतिजी के सामने इसके बारे में सब बताएँगे। वे भी वैज्ञानिक हैं, वे निश्चित रूप से इसे सराहेंगे।' बुजुर्ग व्यक्ति अपना उत्साह रोक न पाया और बीच में बोला, 'यह रेलवे के लिए बड़े काम की चीज है, मैं जानता हूँ !'

मैंने घड़ी देखी; रात का खाना दस मिनट के भीतर शुरू हो जाना था। फिर भी मैं

जानता था कि डॉ. कलाम को आम नागरिकों की खोज देखने का मौका मिला तो वे इसके लिए सबकुछ छोड़ सकते हैं।

मुझे उनके शब्द याद हो आए, 'कभी-कभी महान् खोजकर्ता की राह में विचारों का अभाव बाधक नहीं होता, बल्कि अवसरों की कमी सबसे बड़ी बाधा बनकर सामने आ जाती है।'

'मेरे साथ आओ!' मैंने कहा।

लोहे का गेट आवाज के साथ खुला। युवक ने बोरे को सावधानी से अपनी पीठ पर लाद लिया, यह दिखाते हुए कि अंदर रखी खोज उनके लिए बेहद कीमती है। मैंने उन्हें डॉ. कलाम के कमरे के बाहर रुकने को बोला, जहाँ कुछ पुलिसवाले इंतजार कर रहे थे। जैसे ही हम वहाँ पहुँचे, डॉ. कलाम ने दरवाजा खोला। यह संयोग बाप और बेटे को स्तब्ध कर गया।

उनको देखते ही दोनों हाथ जोड़कर उनके पाँव छूने के लिए लपके। इस क्रम में उनकी कोहनियाँ आपस में लड़ गईं।

मैंने डॉ. कलाम को जल्दी-जल्दी सारी कहानी बताई, वे मुसकराए। वे खाने के लिए जल्दी में बिल्कुल नहीं थे। उन लोगों की घबराहट देखकर वे हिंदी में बोले, 'दिखाइए, क्या है?'

बुजुर्ग को उनके शब्दों से साहस मिला। बोरे में से उसने दो बड़े लकड़ी के टुकड़े निकाले, जिसके एक तरफ कील लगी हुई थी। ये चीजें विशेष तौर पर बनाई गई लगती थीं। उसने उनको आपस में जोड़कर एक बार पूरा खोल दिया। उसके बाद फिर उनको आपस में जोड़ दिया और अपनी कहानी शुरू की।

'साहब, मैं बहुत पढ़ा-लिखा नहीं हूँ, मैं कक्षा छह में दो बार फेल हुआ, इसलिए मेरे पिता ने मुझे कोई छोटा-मोटा काम करने के लिए भेज दिया। किस्मत से मुझे भारतीय रेल में नौकरी मिल गई। दरअसल, अपने जीवन में मैंने रेलवे में काफी काम किया है। उत्तर रेलवे में अटेंडेंट के तौर पर हजारों किलोमीटर का सफर मैंने तय किया है। मुझे ट्रेन का सफर बेहद पसंद था और मैं लंबी-लंबी दूरी पर निकल जाता था, लेकिन मुझे एक समस्या काफी चुभती थी। जब भी मैं सोने की कोशिश करता था, मैं पटरियों से आनेवाली खट-खट की आवाज से सो नहीं पाता था। मैंने पाया कि सफर करनेवाले यात्री भी इस खट-खट से परेशान रहते हैं। वे भी इस वजह से अच्छी नींद नहीं ले पाते। यहाँ तक कि एसी कंपार्टमेंट में भी इस वजह से लोगों को परेशान होते हुए मैंने देखा है।'

मैं देख रहा था कि डॉ. कलाम का पूरा ध्यान उनकी बातों पर था।

बुजुर्ग के बेटे, जो कि बगल में खड़ा था, ने अपने पिता से लकड़ी के वे टुकड़े ले लिये और उनका डेमो दिखाने लगा। पहले वह उन्हें खींचकर अलग करता और

दोबारा उन्हें आपस में जोड़ देता। वह डॉ. कलाम को यह प्रक्रिया दिखाकर रोमांचित महसूस कर रहा था।

बूढ़े पिता ने अपनी कहानी जारी रखी, 'मुझे नहीं पता था कि ट्रेन से ऐसी आवाज क्यों आती है। इसलिए मैं हर किसी से पूछता था। मैंने स्कूल के शिक्षक से पूछा, गाँव के बुजुर्गों से पूछा और यहाँ तक कि रेलवे के अधिकारियों से भी पूछा, लेकिन किसी ने मुझे जवाब नहीं दिया।'

उसने अपने कंधे पर रखे तौलिए से अपना चेहरा पोंछा और नए जज्बे के साथ आगे बढ़ा—'राष्ट्रपति साहब, मैं एक मामूली आदमी हूँ, लेकिन मैं लोगों की यह समस्या दूर करना चाहता हूँ। करोड़ों लोग रेलवे से रोज सफर करते हैं और मैं उनको आराम दिलाना चाहता था। फिर एक दिन एक नौजवान इंजीनियर मिला, जो उसी ट्रेन में सफर कर रहा था, जिसमें मैं भी था। जब उससे बात हुई, तब उसने मुझे पटरियों के बीच मौजूद खाली जगह को इस आवाज के पीछे की वजह बताया। मैंने रेल पटरी को ध्यान से देखा और वाकई उनके बीच में जगह पाई, जो कि उनके गरमी और ठंड में फैलने और सिकुड़ने की प्रकृति के कारण जान-बूझकर बनाई जाती है।' अब उसकी आवाज में ओज भी आ गया था और डॉ. कलाम और बाकी आसपास के लोग उसे बहुत ध्यान से सुन रहे थे।

फिर उसने लकड़ी का टुकड़ा अपने बेटे के हाथ से ले लिया और उन्हें गर्व से दिखाने लगा। 'मैं घर लौट आया और हर रात को मैं इन लकड़ी के टुकड़ों पर काम करता, उन्हें जोड़-तोड़कर एक बेहतर ट्रैक बनाने का प्रयास करता, ताकि ट्रेन बिना शोर किए दौड़ सके। मैं बढ़ई भी हूँ, आप देख ही रहे हैं। हर कोई मुझ पर हँसता था, कहता था कि मैं गरीब और अनपढ़ हूँ, इसलिए मैं वैसा कुछ भी नहीं कर पाऊँगा। वे कहते थे कि इसमें समय बेकार करने की बजाय मुझे मजदूरी करनी चाहिए।'

उसने डॉ. कलाम की ओर देखा, अपनी बात जारी रखने से पहले उसे देखकर ऐसा लगा, मानो वह उनके चेहरे पर कुछ पढ़ना चाह रहा हो।

'फिर आप राष्ट्रपति बन गए। मैं आपकी कहानी से बहुत प्रभावित हुआ। मैंने गाँववालों को बताया कि अगर एक गरीब आदमी मिसाइल उड़ा सकता है, तो दूसरा गरीब आदमी ट्रेनों को सुकून से चलने लायक भी बना सकता है। इसलिए मैंने लगातार प्रयास किया अगले चार-पाँच साल तक और अब जाकर यह डिजाइन तैयार हुआ है।' उसने कीलोंवाले हिस्से की तरफ के जोड़ की ओर इशारा करते हुए कहा, 'यह एक इंटरलॉकिंग डिवाइस है और साथ ही फैलने के लिए यह पूरी जगह भी देता है। मुझे उम्मीद है कि इससे खट-खट हमेशा के लिए दूर हो जाएगी।' उसने अपने हाथ जोड़ लिये और उसे देखकर उसके बेटे ने भी वैसा ही किया।

'साहब मुझे इसके लिए पैसे की जरूरत नहीं है। मैं केवल यह सुनिश्चित करने

के लिए आया था कि यह चीज सही लोगों तक पहुँचे, ताकि इसे वास्तव में लागू किया जा सके। मुझे पता है कि यह बड़े पैमाने पर देश की मदद करेगा। पहियों पर चलते हुए भी लोग आराम की नींद ले सकेंगे!' यह कहते हुए उसने मॉडल मुझे पकड़ा दिया।

मैं जरा झिझका।

डॉ. कलाम इस वाकये से बेहद प्रभावित हुए। उस बुजुर्ग इनसान की खोज और उसकी विनम्रता ने उन्हें अंदर तक छू लिया। उन्होंने उससे कहा, 'बहुत अच्छा।' और मुझसे कहा कि अगले कुछ वाक्यों का अनुवाद करके उसे बताऊँ।

'मैं आपकी संवेदनशीलता और आपकी खोज को देखकर बेहद खुश हूँ। आपके पास काफी भावुक मन है, जिसमें तमाम समस्याओं का समाधान करने के लिए विचार आते हैं। मैं आपके मॉडल की तसवीर लेकर उसे रेलवे के लोगों के पास भेजूँगा और इन्हें इंटरनेट पर हर किसी के साथ साझा करूँगा। आप भी एक साथी वैज्ञानिक हैं, प्यारे दोस्त!'

फिर वे रुके और निराशावादी पी.एस.ओ. की ओर घूमकर उसे देखने लगे।

'देखिए, इलाहाबाद ने क्या पैदा किया है। ये ही लोग हैं, जिन्हें हमें याद रखने की जरूरत है।'

पी.एस.ओ. ने शर्मसार अंदाज में सहमति जताते हुए सिर हिलाया।

मैंने अपने फोन के कैमरे से मॉडल की तसवीरें लीं और डॉ. कलाम ने उसके साथ खुशी-खुशी तसवीर खिंचवाई। तब तक रात के लगभग 9 बज चुके थे। बूढ़े वैज्ञानिक और उसका बेटा दोनों खुशी और उम्मीद से चहक रहे थे और उन्होंने अपना मॉडल दोबारा बोरे में डाल लिया।

डॉ. कलाम ने मुझसे कान में कहा, 'इनको विदा करने से पहले इनके लिए फल लेते आओ।'

मैं अंदर कमरे में गया, जहाँ फलों से भरा कटोरा टेबल पर रखा हुआ था। हाथ में जितने आ सके, उतने फल लेकर मैं लौटा। डॉ. कलाम ने उन्हें फल देते हुए कहा, 'ये आपके सफर में काम आएँगे। मैं जानता हूँ कि यह बेहद थकाऊ सफर रहा होगा। वैज्ञानिकों को अच्छे से खाना चाहिए।'

उन लोगों ने डॉ. कलाम से हाथ मिलाया और सम्मान में फिर से झुक गए। बुजुर्ग ने अपना नाम और नंबर एक कागज के टुकड़े पर जैसे-तैसे दर्ज किए। उसका नाम राम अवतार था।

बाद में खाना खाने के बाद, जैसी कि हमारी आदत थी, हम मुख्य परिसर में टहलने निकल गए।

'जिस आदमी से हम अभी कुछ देर पहले मिले, वह दिल से वैज्ञानिक है। उसके

अंदर चार चीजें हैं,' डॉ. कलाम ने कहा, 'वह पैनी नजर वाला है। दूसरों की समस्याओं के प्रति वह संवेदनशील है। उसके अंदर निरंतर सीखने की ललक है और अंततः गरीबी झेलते हुए भी उसने अपना काम बंद नहीं किया। वह कमाई में भले गरीब हो, लेकिन विचारों से रईस है। वास्तविक रईसी खोजपरक सोच, संवेदनशील हृदय और मुसकान भरे चेहरे में होती है, पैसा तो महज अस्थायी चीज है। मैं खुशकिस्मत हूँ कि उससे मेरी मुलाकात हुई।'

'और हमारे प्यारे पी.एस.ओ., मुझे उम्मीद है कि उसने इतना तो सीख ही लिया होगा कि आगे से निराशावाद छोड़ सके, न कि इलाहाबाद।' मैंने जोड़ा।

हम दोनों मुसकराए और अपने-अपने कमरों में चले गए।

दो दिन बाद मॉडल से संबंधित जानकारी रेलवे अधिकारियों के पास भेज दी गई। राम अवतार और उसके बेटे को डॉ. कलाम के आधिकारिक सोशल मीडिया पेज पर उनके मॉडल के साथ जगह दी गई।

जल्दी ही डॉ. कलाम ने मुझे ऑफिस में बुलाया। 'मेरे पास तुम्हारे लिए एक कहानी है।' उन्होंने कहा।

जैसे ही मैं लाइब्रेरी में पहुँचा और बैठा, उन्होंने कहा, 'याद है, वो रेलवे ट्रैक मॉडल वाला साथी, जो हमसे मिला था?'

मैंने हामी भरी।

वे मुसकराए और बोले, 'लोगों ने अब उसे गंभीरता से लेना शुरू कर दिया है। मैं उसी से मिलती-जुलती एक और कहानी तुमको सुनाने जा रहा हूँ।'

तो कहानी शुरू होती है।

'17वीं सदी के आखिर में ब्रिटेन ने रॉयल ऑब्जर्वेटरी शुरू की। उसका मुख्य लक्ष्य था समुद्र में नैविगेशन (नौ-संचालन) को सुधारना। उन दिनों में सबसे बड़ी समस्या यह थी कि नाविक देशांतर (लॉन्गिट्यूड) का ठीक-ठीक अंदाजा नहीं लगा पाते थे। इस वजह से वे अपनी स्थिति को लेकर आश्वस्त नहीं रहते थे। उस दौरान जी.पी.एस. तो था नहीं!'

'बिल्कुल!' मैंने कहा।

फिर वे बोले, 'तुम जानते हो, ब्रिटेन ने दुनिया के बड़े हिस्से पर इसी वजह से राज किया, क्योंकि वह समुद्र में बड़ी ताकत था और इसलिए रॉयल ऑब्जर्वेटरी के पास गलत देशांतरवाली गंभीर समस्या के समाधान का गंभीर जिम्मा था। उन दिनों ब्रिटेन के पास बेहतरीन वैज्ञानिक और अंतरिक्ष-विज्ञानी हुआ करते थे। इसलिए रॉयल ऑब्जर्वेटरी ने महान् आइजक न्यूटन और यहाँ तक कि उपग्रह विशेषज्ञ एडमंड हैली को भी बुला भेजा, लेकिन इतने बड़े दिमागवाले लोग भी इस समस्या का हल नहीं ढूँढ़ सके।'

'सन् 1700 की शुरुआत में स्थितियाँ कुछ ज्यादा ही बिगड़ गईं। सर शॉवेल को देशांतर के गलत आकलन का इतना बड़ा खामियाजा भुगतना पड़ा कि गहरे कोहरे में इटली के पास उनके चार जहाज आपस में टकराकर डूब गए। इस हादसे में टाइटेनिक से भी ज्यादा लोगों की जानें चली गईं। देशांतर समस्या को लेकर रॉयल ऑब्जर्वेटरी गहरे दबाव में आ गई और यह लगातार बढ़ता गया तो एक नया तरीका लागू किया गया।

'बजाय कि मुट्ठीभर विशेषज्ञों पर निर्भर रहने के, उन लोगों ने इस चुनौती को जनता के बीच ले जाने का फैसला किया। जो भी इस समस्या का समाधान ढूँढ़कर ले आएगा, उसके लिए 20 हजार पाउंड (आज के हिसाब से लगभग 30 लाख पाउंड) इनाम घोषित किया गया। स्वाभाविक रूप से, वे किसी अंतरिक्ष-विज्ञानी से इस समस्या के समाधान की अपेक्षा कर रहे थे। आखिरकार, यह मुद्दा सितारों को ढूँढ़ने और उन्हें समझने से जुड़ा हुआ था।

लेकिन समाधान सामने आया एक अनजाने स्रोत से। एक बढ़ई, जिसका नान जॉन हैरिसन था, उसने बिना खगोल विज्ञान की कोई जुगत लगाए, एक समाधान पेश कर दिया। उसने एक घड़ी डिजाइन की, जो कि समुद्र में सूर्य के आधार पर सटीक तरीके से देशांतर का आकलन करती थी। एक समस्या, जिसका समाधान न्यूटन के पास भी नहीं था, उसे महज एक सामान्य से बढ़ई ने खोज निकाला था। यही जीवन है। यही विज्ञान है। यही तरक्की है।'

इतना कहकर वे अपनी कुरसी पर आराम की मुद्रा में बैठ गए।

'इसलिए मैं कहता हूँ कि हमें अपने बढ़ई मित्र को गंभीरता से लेना चाहिए।' उन्होंने जोर देकर कहा।

'वह खट-खट को बिल्कुल शांत कर सकता है।' मैंने कहा।

मैं उठा और बाहर चला गया, जाते-जाते उनका दरवाजा भी बंद किया, जो किरकिराहट की आवाज के साथ बंद होता था। इसे भी एक बढ़ई की जरूरत आन पड़ी थी।

~*~

गाँववालों के लिए शपथ

डॉ. कलाम को ग्रामीण भारत से ढेर सारी उम्मीदें थीं और अकसर वे देश के दूरदराज के इलाकों में जाते रहते थे—दूरस्थ गाँवों के स्कूलों, अस्पतालों, प्रशासन और निजी सी.एस.आर. (कॉरपोरेट सोशल रिस्पॉन्सिबिलिटी) कार्यक्रमों के लिए। जब भी हम ग्रामीण लोगों से बातचीत करते थे तो वे उन लोगों को एक विशेष शपथ दिलाते थे। जब हम हिंदी बोलनेवाले गाँवों में जाते तो वे मुझसे शपथ का अनुवाद कराते।

- बच्चे उसी तरह कीमती हैं जैसे कि संपत्ति।
- हम समाज में लड़की और लड़के को समान रूप से तरजीह देंगे। शिक्षा का दोनों के लिए समान महत्त्व है और उन्नति के अधिकार में उनकी बराबर की सहभागिता होगी।
- हम छोटा परिवार रखेंगे, ताकि सभी स्वस्थ रहें और बड़े पैमाने पर समाज खुशहाल बन सके।
- हम कठिन मेहनत करके पैसा कमाते हैं। हम उसे जुए या शराब में बरबाद नहीं करेंगे।
- हमें अपने बच्चों को शिक्षा का महत्त्व बताने की जरूरत है कि पढ़ाई से ज्ञान बढ़ता है, जिससे सफलता का रास्ता बनता है।
- हमें अपने जंगलों को बचाने और प्रदूषण को रोकने के लिए आगे आना चाहिए।
- हम कम-से-कम पाँच पौधे जरूर लगाएँगे।
- हम अपने बच्चों के लिए अनुकरणीय और आदर्श बनेंगे।

□

19

आजादी की चाय

सन् 2012 में हम पुणे में स्कूलों और कॉलेजों के कुछ कार्यक्रमों में हिस्सा लेने के लिए गए हुए थे। पुणे का वाणिज्यिक एयरपोर्ट भारतीय एयरफोर्स के साथ साझा किया जाता था और शहर से उड़ान भरने और उतरने के लिए विमानों की संख्या निश्चित थी और इनके लिए ऑपरेशन की अनुमति तभी थी, जब सेना उस बेस का इस्तेमाल न कर रही हो। हम शहर में तय कार्यक्रम से पूर्व शाम को पहुँच गए।

हमें हाल में ही मरम्मत के बाद तैयार हुए सरकारी अतिथिगृह में ठहराया गया था, जो कि खूबसूरत सफेद इमारत थी, जिस पर काफी बड़ा गुंबद बना हुआ था। रात में खाने के बाद हम टहलने निकल गए। रात में मोबाइल से मुक्त समय भी दिया गया था, और हमारे बीच काफी उल्लासपूर्वक धरती पर मौजूद हर मुद्दे पर बात हो रही थी। हम फूलों की क्यारी के क्रम में चारों तरफ गोल चक्कर लगा रहे थे। प्रोटोकॉल के तहत हमारे हर कदम पर दो गार्ड भी हमारे साथ थे। डॉ. कलाम ने पीछे आ रहे गार्डों से कहा, 'आप लोग घर जा सकते हैं या चाहें तो एक जगह बैठकर निगरानी कर सकते हैं। आप बैठिए!'

हालाँकि गार्डों ने उनकी बात नहीं मानी। इसके बजाय, उन्होंने अपनी गति धीमी कर ली और हमसे काफी दूरी बनाकर चलने लगे, ताकि हम अपनी आपस की बात गोपनीय रख सकें।

जल्दी ही हम मुख्य द्वार तक जा पहुँचे, एक बड़ा सा लोहे का ढाँचा, जो अधखुला था। हमें शहर के बाहर का पूरा नजारा दिख रहा था। वहाँ बाजार और यातायात का सामान्य शोर सुनाई दे रहा था और लोग इधर-उधर आते-जाते दिख रहे थे। मनोरंजन के लिए हम वहाँ कुछ देर के लिए ठहर गए; उस माहौल ने डॉ. कलाम को ज्यादा आकर्षित किया। मेरे लिए यह एक सामान्य सा दृश्य था, लेकिन उनके लिए यह अद्‍भुत था।

तभी हमारी बगल से एक बस तेजी से गुजरी। मेरे मन में एक विचार कौंधा।

'आखिरी बार आपने बस में कब सफर किया था?' मैंने उनसे पूछा।

उन्होंने मेरी तरफ देखा और बोले, 'यही कोई 17 या 18 साल पहले, जब मैं ओड़िशा में चाँदीपुर के पास शायद एक प्रोजेक्ट पर काम कर रहा था।'

मैंने उनके जवाब में एक भारीपन सा महसूस किया।

'कभी' 90 के मध्य में। यह काफी लंबे समय की बात है। मुझे याद है कि मैं हाइवे पर ही ज्यादा सफर करता था और हम स्थानीय ढाबों पर ही रुकते थे। ओड़िशा में ऐसे ही एक ढाबे पर गरम दूध मिलता था, जिसे उबालकर और गाढ़ा किया जाता था। वहाँ मौजूद दुकानदार भगौने से निकालकर एक गिलास गरम दूध हमें देता था। केवल एक गिलास दूध पीकर आप पूरे दिन काम कर सकते थे।'

गरम दूध उनके भोजन का हिस्सा अंतिम दिन तक बना रहा। हर रात खाना खाने के बाद डॉ. कलाम एक गिलास दूध पीते थे।

उन्होंने अपनी बात जारी रखी, अब उनके चेहरे से दु:ख के भाव प्रतिबिंबित होने लगे थे। 'कभी-कभी मुझे लगता है कि मैं जेल में कैद हूँ, एक ऐसे रूप में, जिसमें लोग अपनी कोठरी से बाहर नहीं निकल सकते। मेरी जिंदगी भी बिल्कुल वैसी ही हो गई है। अंतर केवल इतना है कि मेरी कोठरी बड़ी है और खाना अच्छा है, लेकिन आजादी उसी तरह से छिन गई है। कमजोर से कमजोर पक्षी भी चमकदार पिंजरे में खुश नहीं रहता। यहाँ-वहाँ घूमने की आजादी ही कीमती चीज है, मैं बता रहा हूँ तुम्हें।

'जब तक यह तुम्हारे पास है, इसका आनंद उठाओ। मुझे उन ढाबों की बेहद याद आती है। तुम्हें अपने जीवन में खुशियों के पलों का आनंद उठाना चाहिए, इससे पहले कि वे ओझल हो जाएँ। हो सकता है कि किसी दिन तुम्हें भी आसपास मौजूद सुरक्षाकर्मियों के आगे समर्पण करने को बाध्य होना पड़े।'

जैसे ही हम अपने अतिथिगृह वापस जाने के लिए मुड़े, मैंने देखा कि वे आधे खुले गेट से बाहर दूर कहीं देख रहे थे। सुरक्षाकर्मियों ने उसे बंद करना शुरू कर दिया था। शायद यह सुरक्षा घेरे के कारण हो रहा नुकसान था, जो उन्हें दु:खी किए हुए था।

□

उनका यह विचार कि वी.वी.आई.पी. की जिंदगी एक कैदी के समान होती है, यह मैं भूल नहीं पाया कभी।

दिल्ली लौटते समय अचानक मेरे मन में एक विचार कौंधा। मैं डॉ. कलाम की तरफ घूमा और बोला, 'क्यों न मैं एक दिन अपनी कार ले आऊँ और उसमें बैठाकर आपको घर से बाहर ले चलूँ। हम इंडिया गेट जाएँगे और जल्दी ही वापस हो लेंगे। मुश्किल से 15 मिनट लगेंगे और हम आने-जाने के लिए पीछे का गेट इस्तेमाल करेंगे।'

जैसी कि मैंने अपेक्षा की थी, वे हँस पड़े। 'तुम देखते हो कि हमारे घर पर कितने

सारे सुरक्षाकर्मी काम करते हैं। अगर मैं ऐसा करूँगा तो वे सब मुश्किल में पड़ जाएँगे।'

मैं जानता था कि मेरे विचार को खारिज कर दिया जाएगा, लेकिन स्वतंत्र रूप में इंडिया गेट जाने के मेरे विचार ने उनके चेहरे पर मुसकान तो ला ही दी थी।

हफ्तों बाद हम पूर्वी उत्तर प्रदेश के दौरे पर एक बार फिर गए। हमने इलाहाबाद, वाराणसी और आजमगढ़ का दौरा किया था। एक कार्यक्रम जिला प्रशासन ने तैयार किया था, जिसमें हमें हिस्सा लेना था; उन लोगों ने आजमगढ़ के तमाम सरकारी स्कूलों से बच्चों को एकत्र किया था और उन्हें कार्यक्रम में ले आए थे। एक बार फिर हम इलाहाबाद पहुँचे। कार्यक्रम से एक दिन पहले शाम को हम वहाँ उतरे और योजना के अनुसार अगले दिन कार्यक्रम के बाद वाराणसी के लिए निकल पड़े।

अगली सुबह, हालाँकि हम ठीक समय पर इलाहाबाद के अतिथिगृह से बाहर आ गए, लेकिन रास्ते में हड़ताल के चलते रास्ता जाम किए जाने की वजह से हमारी गति उसी क्रम में धीमी हो गई।

जब हम कार्यक्रम स्थल पर आधे घंटे देर से पहुँचे तो कार्यक्रम का समय भी आगे बढ़ा दिया, ताकि बच्चों को ज्यादा इंतजार न करना पड़े। हम भारतीय इस मामले में शायद ज्यादा पारंगत हैं कि हमें अप्रत्याशित देरी और घटनाओं का पूर्वाभास हो जाता है। पश्चिमी देश के मेरे एक मित्र ने एक बार कहा था, 'भारतीय ही इस बात को बेहतर तरीके से जानते हैं कि कोलाहल के तूफान से बेहतर तरीके से कैसे निकलना है।'

उसी दिन हमें एक अन्य जगह भी पहुँचना था। हमारी दिल्ली वापसी की फ्लाइट वाराणसी से थी और उसी रास्ते पर हमें आजमगढ़ में वेदांता अस्पताल के छोटे से कार्यक्रम में भी हिस्सा लेना था। आजमगढ़ उर्दू के मशहूर शायर कैफी आजमी का जन्मस्थान भी है। कार्यक्रम खत्म कर हम वाराणसी की ओर चल पड़े, ताकि अपनी फ्लाइट पकड़ सकें।

रास्ते भर हमने देखा कि छोटी-छोटी दुकानें एक-दूसरे से गुँथी हुई सी थीं, कुछ पर चाय और पकौड़े बिक रहे थे, कुछ पान की दुकानें भी थीं, जिन पर बनारसी पान बिक रहे थे और कुछ इलेक्ट्रॉनिक और कपड़ों की भी दुकानें थीं। वहीं कुछ ठीक-ठाक स्तर के रेस्तराँ भी थे, जिन पर मोटे-मोटे शब्दों में 'एयर कंडीशंड' या 'एयर कूल्ड' होने का दावा किया जा रहा था और वहीं कुछ दवा की भी दुकानें खुली हुई थीं। भारत के अर्ध-शहरी या ग्रामीण इलाकों में ऐसे दृश्य सामान्य रूप से नजर आते थे, जिसमें दुकानें एक लाइन से बनी होती हैं। वस्तुओं की ऐसी विविधता और संतुलन का मिश्रण 'हॉरिजंटल (क्षैतिज) सुपरमार्केट' का प्रतिनिधित्व करते हैं, जहाँ जरूरत का हर सामान आप पा सकते हैं। इन बाजारों में न गली की जरूरत होती है, न छत या किसी नक्शे की, पूरी योजना प्राकृतिक, बाजारोन्मुख और अन्वेषण से ओत-प्रोत होती है।

जैसी कि मुझे उम्मीद थी, मैं देख सकता था कि मेरे गुरु भी इन ग्रामीण व्यापारिक क्षेत्रों से प्रभावित थे। वे दूर-दूर तक फैले और तेजी से पीछे छूटते ढाबों को हसरत भरी नजर से देख रहे थे। मुझे अचानक उनकी बताई ओड़िशा की कहानी याद आ गई। मैंने अपने विचार को एक और मौका देना तय किया। 'सर, आप ओड़िशा के ढाबों का अनुभव यहाँ क्यों नहीं लेते? हम निश्चित रूप से अपने काफिले को यहाँ रुकने को कह सकते हैं। हम चाय पिएँगे और पाँच मिनट के अंदर निकल लेंगे।'

मैंने उम्मीद तो की थी इसे भी खारिज किए जाने की, लेकिन मुझे चौंकाते हुए उन्होंने जिज्ञासा में पूछा, 'क्या हम वाकई ऐसा कर सकते हैं?' उनकी आवाज में उम्मीद भरी चमक सी थी।

'बिल्कुल,' मैंने जवाब दिया, हालाँकि मैं भी यह नहीं जानता था कि यह होगा कैसे।

इसलिए मैं ड्राइवर और पी.एस.ओ. की तरफ मुखातिब हुआ और उनसे कहा कि वे पायलट वाहन (काफिले के पहले वाहन) से वायरलेस के जरिए संपर्क कर अगले ढाबे पर रुकने को बोलें। पी.एस.ओ. ने हैरत जताते हुए कहा, 'साहब को चाय लेनी है, बढ़िया होटल चलें। यहाँ से पाँच कोस दूर एक बड़ा होटल है।'

इससे पहले कि वह अपनी बात पूरी कर पाता, डॉ. कलाम ने बीच में टोका, 'बड़ा होटल नहीं, हम ढाबे पर रुकेंगे।'

सुरक्षाकर्मी चकराया सा दिखा और ड्राइवर ने अपनी हँसी रोकने की पूरी कोशिश की।

वायरलेस संदेश पायलट कार को भेज दिया गया और कुछ ही मिनटों में हमारा काफिला एक छोटे से ढाबे 'साईं चाय की दुकान' पर रुका। महाराष्ट्र में शिरडी के प्रसिद्ध संत के नाम पर उस दुकान का नाम रखा गया था।

दुकान पर दुकानदार बड़े से शीशे के काउंटर के पीछे बैठा था। काउंटर पर विविधता से भरे भारतीय पकवान रखे हुए थे, जिसमें समोसा, पकोड़े, जलेबी और बरफी प्रमुख रूप से मौजूद थे। काउंटर के पीछे एक रेफ्रिजरेटर था, जिसमें कोला और प्रसिद्ध स्थानीय पेय बंता (नीबू, काला नमक और चीनी मिला कार्बोनेटेड पानी) भी मौजूद था। हमारे लंबे-चौड़े काफिले और काफी पुलिसवालों को देखकर दुकानदार हड़बड़ी में काउंटर से बाहर आया और प्लास्टिक की कुछ कुरसियाँ और टेबल बिछा-कर आवभगत में लग गया। उसने बताया कि उसका नाम कुबेर है। हिंदू मान्यता में कुबेर धन और संपदा के देवता माने जाते हैं।

'आज पकवानों में खास क्या है?' हमने उससे पूछा।

कुबेर ने पूरे आत्मविश्वास से भरकर कहा, 'यहाँ हर चीज ताजी है और दिन में

दो बार तैयार की जाती है।' उसने कहा, 'मैं मसाला चाय बहुत बढ़िया बनाता हूँ!'

उत्साहित होकर हमने पूछा कि चाय में खास बात क्या है। इस पर उसने लैमिनेट किया हुआ मेन्यू हमें पकड़ा दिया। उस मेन्यू में एक दर्जन अलग-अलग स्वादोंवाली चाय का जिक्र था—अदरक, नीबू, चॉकलेट और मिंट से लेकर इलायची, दार्जिलिंग और तमाम अन्य का भी जिक्र उसमें था। हम इस बात पर हैरान थे कि हाइवे पर मौजूद इतनी छोटी सी दुकान में उच्च स्तर की सोच और कल्पना का कितना बड़ा इस्तेमाल किया गया था। हमारे पास समय की कमी थी, इसलिए हमने उसे हमारे लोगों के लिए जल्दी से एक दर्जन चाय तैयार करने और साथ ही कुछ समोसे देने को कहा। कुबेर और उसका सहायक तत्काल काम में जुट गए और पाँच मिनट बाद हमारे हाथों में गरमा-गरम चाय और समोसे थे।

हमने खास इलायचीवाली चाय ऑर्डर की थी, जिसमें ताजगी भरी खुशबू आती है। इसलिए हमने इसे 'फ्रीडम चाय' या 'आजादी वाली' चाय नाम दिया।

□

जल्दी ही हमारी आजादी वाली चाय के ठिकाने नियमित अंतराल पर बनने लगे। ये ठिकाने हमें आजादी से कहीं ज्यादा चीजें मुहैया कर रहे थे; वे हमें भारत के बारे में तीन खास बातें भी बताते थे।

पहला, इसने दिखाया कि किस तरह स्थानीय बाजार सफल उद्यमी तैयार कर सकते हैं। भारत में ऐसे उपभोक्ता भरे पड़े हैं, जिनकी खरीद शक्ति औसत है। आजमगढ़ जैसे दूरदराज के इलाके का छोटे से बाजार का भी जी.डी.पी. यहाँ के उद्यमियों को सँभालने के लिए काफी होता होगा।

दूसरा, ये छोटे उद्यमी खोजपरक होते हैं। कुबेर ने हमें बताया था कि उसने चाय की अलग-अलग किस्मों के बारे में काफी पढ़ा और स्थानीय स्तर पर पसंद के मुताबिक उन्हें तैयार करना सीखा। उसने शहर जाकर मेन्यू तैयार किया और कई बार उसमें सुधार कराकर छपवाया।

तीसरा, कारोबार को स्थानीय परिदृश्य में तैयार किया जा सकता है। हालाँकि बड़े, ग्लोबल फूड चेन में कुछ भी गलत नहीं है, उनकी अपनी अहमियत होती है, ये छोटे कारोबार भी स्थानीय लोगों के बीच अपनी जगह आराम से बना लेते हैं। यह एक बेहद नाजुक माँग-उत्पादन-आपूर्ति के संतुलन पर आधारित है, जिसे सावधानी से सहेजे जाने की जरूरत है। कुबेर का फ्रिज, अंतरराष्ट्रीय कोला और स्थानीच बंता पेय से भरा हुआ था, यह इस बात का द्योतक है कि किस तरह घरेलू और स्थानीय ब्रांड भी वैश्विक ब्रांड के साथ सहअस्तित्व में रह सकता है।

इन विचारों ने हमें गंभीरता से भारत की स्थानीय आर्थिक ताकत के बारे में सोचने

पर विवश किया और तीन साल बाद हमारे उसी विचार ने डॉ. कलाम की आखिरी पुस्तक 'एडवांटेज इंडिया' को आकार देने का काम किया।

~*~

मैं भी उड़ूँगा

तेरहवीं सदी में फारस के एक शायर जलालुद्दीन मोहम्मद रूमी डॉ. कलाम के पसंदीदा लोगों में एक थे। वे जब भी युवाओं से मिलते थे, अकसर रूमी के शेरों का जिक्र करते थे—

उड़ान के पंख

मैं क्षमताओं के साथ पैदा हुआ
मैं अच्छाइयों और भरोसे के साथ पैदा हुआ,
मैं विचारों और सपनों के साथ पैदा हुआ
मैं महानता के साथ पैदा हुआ,
मैं आत्मविश्वास के साथ पैदा हुआ
मैं पंखों के साथ पैदा हुआ,
इसलिए रेंगने का मेरे लिए कोई मतलब नहीं
मेरे पास पंख हैं, मैं उड़ूँगा
मैं उड़ूँगा और उड़ूँगा!

□

20
आपने शादी क्यों नहीं की?

कभी-कभी एक हल्का-फुल्का सवाल भी डॉ. कलाम के साथ बातचीत के दौरान उठ जाता था और वे अकसर इसे किसी-न-किसी बहाने हँसी-मजाक के क्रम में टाल जाते थे, जिससे आमतौर पर लोगों के बीच मिश्रित धारणा बनी रहती थी। सवाल यह था कि उन्होंने शादी क्यों नहीं की।

सन् 2011 में मुंबई में एक कार्यक्रम के दौरान श्रोताओं के बीच से एक अपेक्षाकृत वरिष्ठ सदस्य ने यही सवाल उनसे घुमा-फिराकर पूछा, 'सर, मेरी उम्र 60 वरस है। आप देख सकते हैं कि मेरे सिर के सारे बाल गायब हो चुके हैं। दरअसल, मेरी उम्र के ज्यादातर लोग या मुझसे युवा गंजे नजर आते हैं। आप संभवत: बीस साल बड़े हैं हम सब से, लेकिन आपके बाल किसी रॉकस्टार की मानिंद दिखते हैं! क्या आप इसका कारण खुद का अविवाहित होना मानते हैं या कोई और वजह है?' वे एक पल के लिए रुके और फिर बोले, 'और आप अब तक अविवाहित क्यों हैं?'

श्रोता ठहाके लगाकर हँसने लगे। यहाँ तक कि डॉ. कलाम, जो कि मंच पर ही थे, वे भी आधे मिनट तक अपनी हँसी रोक नहीं पाए। जब हॉल में एक बार फिर शांति छा गई, तो उन्होंने जवाब दिया, 'जैसा कि आप जानते हैं कि मैं एक वैज्ञानिक हूँ और इस वजह से मैं इतना तो सुझाव दे ही सकता हूँ कि इन दोनों (शादी और बाल झड़ने) के बीच कोई वैज्ञानिक रिश्ता नहीं है।'

एक बार फिर पूरा हॉल ठहाकों से गूँज उठा और इस क्रम में वे एक बार फिर दूसरे सवाल का जवाब टाल गए।

दिन बीता और हम राजभवन लौट आए। यह मालाबार की पहाड़ियों पर स्थित था। यह अरब सागर के नजदीक बनी शानदार इमारत थी। वे छोटे से बागीचे में टहल रहे थे और समुद्र की लहरों को उठते और किनारों से टकराकर वापस लौटते देख रहे थे। वह सवाल मेरे मन में लगातार उठ रहा था और मुझे लगातार परेशान किए हुए था। फिर मैं खुद को ज्यादा देर तक रोक नहीं पाया और उनसे पूछ ही बैठा, 'तो सर, आपने आज दिन में पूछे गए सवाल का जवाब नहीं दिया?'

'कौन सा?'

'उस आदमी का, जिसने पूछा था कि आपने शादी क्यों नहीं की, आपने उसे एक मजाकिया लहजे में टाल दिया!'

'तुम भी मजाक करते हो, मुझे लगता है,' उन्होंने जवाब दिया, 'जब मैं छोटा था, तब मेरे घर में दर्जनों लोग मेरी आज की उम्र के ऐसे थे, जिन्होंने शादियाँ की थीं। मैं उन सबमें सबसे छोटा था। अगर किसी एक ने शादी नहीं की तो क्या फर्क पड़ता है?'

वे उस दिन विशेष तौर पर हल्के-फुल्के मिजाज में थे, इसलिए मैंने खोजबीन जारी रखी। 'लेकिन यह इस सवाल का पूरा जवाब तो नहीं हुआ।'

'सवाल क्या था?' उन्होंने पूछा।

'आप अब तक अविवाहित क्यों हैं?'

'यह सवाल ही अपने आप में अधूरा है।'

मैं जानता था कि मैं उन्हें व्याकुल कर रहा हूँ, लेकिन वे अब भी अच्छे मिजाज में थे, इसलिए मैंने अपनी बात जारी रखी। 'अच्छा, तो अब आपको सवाल में ही खोट दिखने लगा। यह अच्छी बात नहीं है!' मैंने शिकायती लहजे में कहा।

'मैं बता रहा हूँ न तुमको। इस सवाल के लिए मैं केवल 50 फीसद अंक ही दूँगा। उसने मेरे अविवाहित रहने को लेकर सवाल किया था। मैं केवल अविवाहित ही नहीं हूँ, मैं ब्रह्मचारी भी हूँ!'

हम एक चौराहे पर आ गए थे और वे अचानक दाईं तरफ मुड़ गए। मैं उनके इस जवाब से अचकचा गया और अपनी हँसी रोकने की कोशिश करने लगा।

'लेकिन सर, क्या दोनों ही चीजें एक जैसी नहीं हैं, इनमें अंतर क्या है?' मुझे नहीं पता कि उनसे इस तरह से निर्भीकता से पूछने की मेरे अंदर इतनी हिम्मत कहाँ से आ गई। वास्तव में मैं जानता था कि दोनों के बीच अंतर क्या है।

उन्होंने सोचा कि मैं उनकी टाँग खिंचाई कर रहा हूँ, लेकिन फिर भी उन्होंने जवाब देना जारी रखा, ताकि मैं उनका पीछा छोड़ दूँ।

'तुम नहीं जानते? वाकई अंतर है दोनों में और मैं बताऊँगा कैसे। देखो, अगर तुम ब्रह्मचारी हो, तो निश्चित तौर पर अविवाहित हो, लेकिन अगर तुम अविवाहित हो, तो जरूरी नहीं कि तुम ब्रह्मचारी भी हो। समझे?'

मेरे जवाब का एक पल भी इंतजार किए बगैर उन्होंने कहा, 'ठीक है, अब बस। क्या खाना तैयार है? जाओ और पता करो। जाओ, मैं कह रहा हूँ।'

'लेकिन अभी तो आठ ही बजे हैं। डिनर तो रात नौ बजे है।'

'तो जाओ, पता करो कि क्या पक रहा है।' उन्होंने अधीरता दिखाते हुए कहा।

मैं मुसकराते हुए निकल गया।

□

21

अगर आप भय को नियंत्रित नहीं कर सकते, तो उस पर ध्यान न दीजिए

29 अक्तूबर, 2014 के दिन डॉ. कलाम को राजस्थान के बागड़ जिले में पिरामल स्कूल में जाना था। श्री अजय पिरामल के नेतृत्व में पिरामल फाउंडेशन फॉर एजुकेशन लीडरशिप (पी.एफ.ई.एल.) ने देश में समग्र शिक्षा को लेकर खास पहल छेड़ रखी थी।

बागड़ पहुँचना कठिन था। यह दिल्ली से 250 किलोमीटर दूर था और दिल्ली से बागड़ के लिए कोई सीधी विमान सेवा भी नहीं थी। झुंझनू के पास एक छोटी सी हवाई पट्टी थी, जो कि बागड़ से 40-45 मिनट की दूरी पर थी। पिरामल फाउंडेशन के लोग इतने विनम्र थे कि उन्होंने अपना निजी विमान हमें मुहैया करा दिया, ताकि हम दिल्ली से झुंझनू तक आराम से पहुँच सकें। डॉ. कलाम और मेरे साथ श्री प्रसाद भी थे, जो कि हमारे कार्यालय में ही काम करते थे और श्री हरेंदर सिक्का, जो कि पिरामल समूह के अध्यक्ष थे, वे भी हमारे साथ थे।

हमारी बातचीत के दौरान हमने पाया कि श्री सिक्का ने भारतीय नौसेना में बतौर नेवल पायलट काम कर रखा था। उन्होंने पिरामल उद्योग से संबंधित काफी अहम जानकारियाँ हमसे साझा कीं। उन्होंने विशेषतौर पर खतरनाक ड्रग्स के मुद्दे पर लंबी चर्चा की और हम यह जानकर सन्न रह गए कि यह समस्या कितना विकराल रूप धारण कर चुकी है। श्री सिक्का ने बताया कि टैल्कम पाउडर (खुशबूदार पाउडर) की तमाम फैक्टरियाँ अवैध तरीके से संचालित हो रही हैं, जहाँ कैप्सूलों में इन पाउडरों को भरा जाता है। जब भी इस तरह की अवैध फैक्टरी संचालित करते हुए कोई पकड़ा जाता है तो वह अपने बचाव में यही कहता है, 'टैल्कम पाउडर शरीर के लिए नुकसानदेह नहीं है!'

'यह तो हमारी स्वास्थ्य व्यवस्था के प्रति लोगों में जो भरोसा कायम है, उसके

प्रति धोखा है। इससे तो दवा कंपनियों से लोगों का भरोसा उठ जाएगा।' डॉ. कलाम को इस हालात से काफी चिंता हुई।

एक घंटे के अंदर हम झुंझनू पहुँच गए, जहाँ हमें जिला प्रशासन के लोग और अजय पिरामल खुद लेने के लिए आए हुए थे। छह फीट लंबे थे और उनके चेहरे पर मुसकान लगातार बनी हुई थी। डॉ. कलाम, श्री पिरामल और मैं एक एस.यू.वी. में बैठे और बागड़ की ओर चल पड़े। सफर के दौरान श्री पिरामल ने प्रसिद्ध पिरामल फेलोशिप, पी.एफ.ई.एल. और पिरामल स्कूल के बारे में हमारा ज्ञानवर्धन किया।

हमें पता चला कि पी.एफ.ई.एल. पूरे देश के सरकारी स्कूलों के 787 हेडमास्टरों के साथ मिलकर भविष्य के नेतृत्वकर्ता तैयार करने के अभियान में जुटा हुआ है। इस अभियान से लगभग एक लाख बच्चे सीधे तौर पर उन्नत बन रहे हैं। पिरामल फेलोशिप, जिसे पहले गांधी फेलोशिप भी कहा जाता था, वह दो साल का एक कार्यक्रम है, जिसमें विश्वविद्यालयों के ग्रेजुएट और प्रोफेशनल ग्रामीण इलाकों में काम करने के लिए पिछले दो साल से भेजे जा रहे हैं। युवा पिरामल फेलो को मुख्य तौर पर स्कूलों के हेडमास्टरों के साथ काम करना होता है, जो कि दूरदराज के गाँवों में स्थित मिडल स्कूलों में तैनात होते हैं। प्रधानाचार्यों की मदद करना जरूरी है, क्योंकि वे ही जिम्मेदार होते हैं युवा और प्रभाव छोड़ सकनेवाले छात्रों को तैयार करने की भूमिका में, ताकि समाज में वे छात्र अपना असर छोड़ पाएँ और उसे एक नया आकार दे पाएँ। बागड़ में प्रवेश के बाद हम सीधे पिरामल स्कूल पहुँचे। यह बेहद करीने से बनाया गया परिसर था, जो 44 हजार वर्गफीट क्षेत्र में फैला हुआ था।

स्कूल में हम 50 युवा पिरामल फेलो महिला–पुरुषों से मिले, जो देश के कोने–कोने और यहाँ तक कि विदेशों से भी यहाँ आए हुए थे। हमने कुछ स्कूलों के प्रधानाचार्यों से भी मुलाकात की, जिनके साथ मिलकर ये युवा फेलो काम कर रहे थे और उनके माध्यम से इन युवाओं के कठोर परिश्रम और लगन की तारीफ सुनना काफी अच्छा लग रहा था। हमें कुछ शैक्षिक खेलों के बारे में भी बताया गया, जिसे प्रधानाचार्यों और फेलो के बीच खेलने के लिए विकसित किया गया था। एक खेल तो वाकई हमें प्रभावित कर गया; यह पारंपरिक साँप–सीढ़ी के खेल का ही उन्नत संस्करण कहा जा सकता है, जिसके जरिए बच्चों को दिलचस्प अंदाज में गणित पढ़ाने का लक्ष्य समाहित था। इन युवा पेशेवरों ने मध्यकालीन युग के खेल को ग्रामीण इलाकों में शिक्षा के प्रसार के औजार के तौर पर विकसित कर दिखाया था। पिरामल फेलो ने वाकई हम पर गहरी छाप छोड़ी।

श्री प्रसाद की चेतावनियों के बावजूद हमने पिरामल स्कूल में तय समय से ज्यादा वक्त बिताया, हमने फेलो द्वारा तैयार की गई सभी उन्नत गतिविधियों की जानकारी ली। फलस्वरूप हमें अगले कार्यक्रम में जाने के लिए देर होने लगी, जो हमें वहाँ के

एक स्थानीय स्कूल में हिस्सा लेने के लिए जाना था, लेकिन अब हम डॉ. कलाम के कार्यक्रमों में छोटी-मोटी देरी के अभ्यस्त हो चुके थे, हम उनके भाषणों की लंबाई से समझौता कर लेते थे, जिसमें कार्यक्रम को लेकर औपचारिक बातों और गैर-जरूरी चीजों को हम हटा देते थे।

जब डॉ. कलाम उक्त कार्यक्रम में अपना भाषण दे रहे थे, तभी हमें झुंझनू हवाई पट्टी पर हमारा इंतजार कर रहे दो पायलटों का संदेश प्राप्त हुआ। उन लोगों ने हमें याद दिलाया कि हमें शाम 5.30 बजे से पहले पहुँचना होगा, क्योंकि उस हवाई पट्टी पर रात में विमान संचालन की सुविधा उपलब्ध नहीं है। अगर हमने ज्यादा देर कर दी तो उड़ान के लिए मंजूरी नहीं मिलेगी, यानी झुंझनू में ही रात बितानी पड़ेगी। हमें जब यह संदेश प्राप्त हुआ, तब घड़ी में पहले से ही 4.45 बज रहे थे और डॉ. कलाम अभी अपने आधे भाषण तक ही पहुँचे थे।

आगे क्या हुआ, इसे समझने के लिए आपको यह जानना पड़ेगा कि डॉ. कलाम किस तरह अपने भाषण देते थे। एक उन्नत किस्म का कंप्यूटर मॉनिटर उनके सामने रखा होता था। उस मॉनीटर को भेजा जानेवाला संदेश मेरे लैपटॉप से जुड़ा रहता था। हम दोनों ही अलग-अलग मॉनिटरों पर एक समय में एक पेज साथ-साथ देख सकते थे। इसे हमने 'सिस्टम' नाम दिया हुआ था। जो कुछ भी मैं अपने लैपटॉप पर टाइप करता था, वह उनके स्क्रीन पर भी दिखता था। इस सिस्टम का इस्तेमाल ज्यादातर सवाल-जवाब कार्यक्रम के दौरान होता था, जब श्रोताओं के सवाल के लिए जरूरी आँकड़े डॉ. कलाम को मुहैया कराने होते थे। अकसर हम श्रोताओं के साथ मजाकिया लहजे में बातें करते थे। अहम क्रिकेट मैचों के दौरान उन्हें लाइव स्कोर और अपडेट देता रहता था। डॉ. कलाम, जो कि एक दिलचस्प इनसान थे, वे अकसर भीड़ को खुश करने के लिए खबरें सुनाते रहते थे और यह सब उनके भाषण के बीच में ही चलता रहता था। वह 'सिस्टम' हमारा रियल-टाइम ट्रांसलेटर भी था। जब भी कोई डॉ. कलाम से स्थानीय भाषा में सवाल पूछता था, तो मैं उसे तत्काल उसका अंग्रेजी अनुवाद करके उन तक पहुँचा देता था। स्थानीय भाषा में पूछे सवाल के अनुवाद के बारे में मैं वहाँ के स्थानीय सुरक्षा अधिकारी की मदद लेता था, जो मेरी बगल में बैठा होता था। इस क्रम में हम यह सुनिश्चित करते थे कि डॉ. कलाम को किसी अन्य से उस सवाल के अनुवाद के लिए न पूछना पड़े। इस प्रकार वे श्रोताओं से संपर्क साधते और स्थानीय भाषाओं को सम्मान देते थे। हमारा 'सिस्टम' बहुत सामान्य और विश्वसनीय था।

हम एक बार फिर अपने परिवहन चिंताओं के मुद्दे पर लौटते हैं, वह हवाई पट्टी स्थानीय स्कूल से बीस से पच्चीस मिनट की दूरी पर थी, जिसका मतलब यह था कि हमें उस स्कूल से बीस मिनट के अंदर निकल लेना था, तभी हम अपने तय समय में

पहुँच पाते। मैं उनको भाषण खत्म होने के बाद सवाल लेने से रोकने के लिए व्याकुल हो उठा। जैसे ही उनका भाषण खत्म हुआ, मैंने अपने लैपटॉप पर टाइप किया—

'पायलट आपको हर जगह खोज रहे हैं। विमान रात में नहीं उड़ पाएगा। अगर हम अभी नहीं निकले, तो वे हमें लिये बिना निकल जाएँगे और हमें आज की रात यहाँ राजस्थानी डिनर लेकर रुकना पड़ेगा।'

मैंने उन्हें गंभीर संदेशों को मनोरंजक अंदाज में भेजना सीख लिया था। उन्होंने संदेश पढ़ा और मेरी तरफ देखकर मुसकराए और माइक से कुछ कदम हटे। फिर उन्होंने मुझसे पूछा, 'क्या तुम राजस्थानी डिनर खाना चाहते हो?'

मैंने फिर टाइप किया, 'हाँ, लेकिन बेहतर होगा कि हम उसे दिल्ली लेते चलें और वहीं खाएँ। केवल दो सवाल ही लीजिए। 2=2'

'2=2' आमतौर पर मेरा तरीका था, उनको बताने का कि श्रोताओं की तरफ से दो से ज्यादा सवाल न लें, लेकिन वे मेरे ऐसे निवेदनों को स्वीकार नहीं करते थे और अपने हिसाब से कम-से-कम छह तक तो जाते ही थे!

फिर वे भीड़ की तरफ मुखातिब हुए और घोषणा की, 'मेरा कंप्यूटर कह रहा है कि आप मुझसे कोई दो सवाल पूछ सकते हैं या मेरा जहाज मुझे छोड़कर उड़ जाएगा। इसलिए कोई दो साथी मंच पर आएँ और सवाल पूछें।'

हालाँकि उन्होंने चार सवाल ले ही लिये और तेजी से कार्यक्रम खत्म कर दिया गया।

जब हम अंततः 5.10 बजे वहाँ से निकले, तो मैंने गौर किया कि सड़क पर पहले जो गड्ढे सूखे दिख रहे थे, अब उनमें पानी भर दिया गया था। स्कूपी के बंद हॉल में, हमें महसूस ही नहीं हुआ कि बाहर अप्रत्याशित रूप से बारिश हुई थी।

पायलट ने फिर से हमें फोन किया। इस बार खबर कुछ ज्यादा ही गंभीर थी। उन्होंने कहा कि तूफान आ रहा है, जिसका मतलब था कि हम उड़ान नहीं भर सकते थे।

हम समय रहते हवाई पट्टी पर पहुँच गए। बारिश नहीं हो रही थी और हवा भी तेज नहीं थी, इसलिए पायलटों ने तत्परता दिखाते हुए उड़ान भरने की तैयारी कर ली। हमारे आने की उम्मीद में इंजन को ऑन ही रखा गया था, ताकि तीन मिनट के अंदर हम उड़ान भर सकें। पाँच मिनट की उड़ान के दौरान ही छह सीटवाले हवाई जहाज में बत्ती गुल हो गई और हवाई जहाज तेज हवा के चलते बुरी तरह हिलने लगा। बाहर काला घना बादल छा रहा था, उस समय 5.45 बज रहा था, लेकिन बादलों के कारण अँधेरा होने लगा था। उथल-पुथल से घबराहट बढ़ती जा रही थी और जहाज धीरे-धीरे ऊँचाई गँवाता जा रहा था। हवा के बहाव में वह कुछ मीटर दूर तक बह जाता और फिर वापस अपनी स्थिति में आ जाता। ऐसा कई बार हुआ। चूँकि श्री सिक्का नौसेना में अधिकारी रह चुके थे तो उन्होंने हमें धैर्य रखने की सलाह दी। जिस तरह के विमान में हम उड़

रहे थे, वैसे छोटे विमानों में कॉकपिट और यात्रियों के बीच कोई गेटनुमा चीज नहीं होती। इसलिए श्री सिक्का पायलटों से अपनी सीट पर बैठे-बैठे ही लगातार समस्याओं के बारे में जानकारी ले रहे थे। पायलट पीछे मुड़कर हमारी तरफ देखते हुए असहाय से होकर कंधे उठा दे रहे थे; वे भी समझ नहीं पा रहे थे कि समस्या का उपाय क्या है।

जब पायलट यह कहे कि उसे नहीं पता कि समस्या क्या है तो यह बिल्कुल उसी तरह लगता है जैसे कि किसी सर्जरी के बीच डॉक्टर कहे कि उसे नहीं पता कि अब आगे क्या किया जाना चाहिए। अचानक हम सब चौकन्ने हो गए। वहाँ बैठा हर व्यक्ति अपने-अपने तरीके से डर और घबराहट से लड़ रहा था और हम चाहे जितना अच्छा अभिनय कर लें, जब मौत सिर पर खड़ी हो तो हम अपने खास तरीके से ही प्रतिक्रिया करते हैं। मैं एकदम शांत हो गया और अपने सामने रखे पानी से भरे गिलास को पकड़ लिया, ताकि वह गिर न पड़े। विमान रह-रहकर अँधेरे में खो जा रहा था। श्री प्रसाद खिड़की की तरफ झुककर अपनी आँखें बंद किए बैठे थे; पसीने की बूँदें उनके माथे पर नजर आ रही थीं। श्री सिक्का ने प्रार्थना शुरू कर दी थी। डॉ. कलाम, जो मेरी बगल में बैठे थे, मुसकराने का प्रयास कर रहे थे; लेकिन जल्दी ही वे भी घबराने लगे थे। छोटा सा जहाज हर तरफ से बारिश की बूँदों की मार झेल रहा था। मैंने तो मान लिया था कि जहाज के पंख कभी भी टूटकर गिर सकते हैं, लेकिन मैं खिड़की से तूफान को देखने से नहीं रोक पा रहा था।

अचानक मैंने देखा कि खिड़की बंद हो गई। मैंने महसूस किया कि डॉ. कलाम ने उसे बंद किया था।

इससे पहले कि मैं कुछ कहता, उन्होंने कहा, 'तब तुम अपने आसपास की चीजों को नियंत्रित नहीं कर सकते, तो उसके परिणामों पर गौर करना छोड़ो। अगर तुम उस खौफ की तरफ देखना छोड़ दो, जो कि तुम्हारे नियंत्रण में नहीं आ सकता, तो तुम उससे आसानी से निपटने के तरीके ढूँढ़ लोगे।'

ईमानदारी से कहूँ तो उस पल मैं इस कदर भयभीत था कि मुझे उनका कहा कुछ भी समझ में नहीं आ रहा था। मैंने मान लिया था कि हम गिरनेवाले हैं, और मेरे मन में भयानक तसवीरें बन रही थीं।

यह स्थिति अगले पंद्रह मिनट तक बनी रही और अचानक पायलट खुशी से उछल पड़े, 'लाइट!'

हमने कॉकपिट की तरफ देखा। विंडस्क्रीन से हम केवल नीले रंग की बत्ती का घेरा देख पा रहे थे। जैसे-जैसे हम उस तरफ बढ़ते गए, वह गोला आकार में बड़ा होता गया। जल्दी ही हम उस ओर बढ़े और फिर आकाश एक बार फिर चमक उठा। बारिश भी थम चुकी थी।

जब पायलटों ने घोषणा की कि हम जल्दी ही दिल्ली में उतरनेवाले हैं, तो हम सबने राहत की साँस ली।

उस शाम को मुझे अहमदाबाद के लिए उड़ान पकड़नी थी। सब लोग चले गए, तब भी मैं एयरपोर्ट पर ही बैठा रहा। मेरी फ्लाइट दो घंटे की देरी से थी। जब मैं विमान में चढ़ गया, तब पायलट ने देरी की वजह बताई—दिल्ली के आसपास अचानक आए तूफान की वजह से सभी फ्लाइट एक घंटे के लिए स्थिगित कर दी गई थीं। मैंने महसूस किया कि वह उसी तूफान की बात कर रहा है, जिससे हम लोग कुछ देर पहले ही गुजरे थे।

जब मैं अहमदाबाद में उतरा, मेरे पास डॉ. कलाम का फोन आया। उन्होंने मेरा हालचाल लेने के लिए फोन किया था। फिर हम उस तूफान के बारे में बात करने लगे, जिसमें हम उस दिन फँसे थे।

'मैंने भी यही सोचा था कि उस उड़ान का अंत एक दुर्घटना के रूप में होगा।' उन्होंने कहा।

उस खतरे के बारे में बात कर हम खूब हँसे, जिससे बीते हुए ज्यादा समय नहीं बीता था। मैंने तब उनसे पूछा, 'आपने बताया था कि अनियंत्रित भय को दरकिनार कर उनसे लड़ा जा सकता है। मुझे लगता है कि उस पल की सीख ने मेरे लिए काफी काम किया था, लेकिन अपने डर से लड़ने के लिए आप क्या करते हैं?'

'मैं यह कोशिश कर रहा था कि तुम लोग अपना डर भूल जाओ। उस तरह से मैं भी अपने डर को दरकिनार कर रहा था।'

तीन दिन बाद जब मैं दिल्ली लौटा, तो मैंने उनके लिए एक छोटी सी टिप्पणी लिखी, डर से निपटने के डॉ. कलाम के दो नियम—

1. अगर डर अनियंत्रित है, तो उसे दरकिनार करने का प्रयास करें, यानी उससे ध्यान हटाएँ।
2. अगर पहला नियम काम नहीं करता, तब दूसरों की मदद करने पर ध्यान दें, ताकि पहला नियम खुद-ब-खुद आप पर लागू हो जाए। आप दूसरों पर अपना ध्यान ले जाकर अपने डर से आसानी से लड़ सकते हैं।

उन्होंने वह टिप्पणी ले ली और कहा, 'मैं इन्हें याद रखूँगा। हम इनके बारे में भी किसी दिन बैठकर लिखेंगे और इसमें एक और जोड़ेंगे।'

'डर से डर पैदा होता है, साहस से साहस का जन्म होता है।'

'वाकई, तीनों नियम अब जाकर पूरे हुए हैं।' मैंने कहा। □

22
मेरा एकमात्र अफसोस

सन् 2014 में हमने मुंबई के एक स्थानीय कॉलेज के 50वें स्थापना दिवस समारोह में हिस्सा लिया। वह एक सामान्य समारोह था और डॉ. कलाम यह देखकर खुश थे कि उक्त कॉलेज निम्न आय वर्ग के परिवारों के छात्रों को किफायती शुल्क लेकर गुणवत्तापरक शिक्षा मुहैया करा रहा था।

इस समारोह में शामिल होने से पहले हमें एक अन्य बड़े कार्यक्रम में शामिल होना था, जो एक कॉरपोरेट फर्म की ओर से आयोजित था। जब कॉलेज के प्रिंसिपल को पता चला कि हम उस बड़े आयोजन में हिस्सा लेकर आ रहे हैं, तो वे जरा शर्मिंदा सा महसूस कर झेंपने लगे, क्योंकि उनका कार्यक्रम कॉरपोरेट की चमक-दमक वाले समारोह की अपेक्षा बेहद सामान्य और छोटा था। हमने जैसे ही सेमिनार हॉल में प्रवेश किया, प्रिंसिपल ने अफसोसवाले अंदाज में कहा, 'सर, हमारे पास बेहद सीमित संसाधन हैं, इसलिए हम बड़ा कार्यक्रम आयोजित नहीं कर पाए। कृपया माफ करिएगा। लेकिन अगली बार हम सुनिश्चित करेंगे कि आपको भव्य स्वागत मिले।'

'मेरे कहने पर क्या आप एक काम करेंगे?' डॉ. कलाम ने हॉल में प्रवेश करते हुए उनसे पूछा।

प्रिंसिपल केवल सहमति में ही सिर हिला सके।

'अगली बार जब आप मुझे बुलाएँ, तब हर तरह के संसाधन इकट्ठे कर लेना।'

मैंने उन्हें हैरानी से देखा। मुझे उनसे यह अपेक्षा नहीं थी।

'और जब आप इकट्ठा कर चुकें, तो मेरे पोस्टर लगाने पर उस पैसे को व्यर्थ न करना। मुझे लगता है कि ये लोग बिना पोस्टर के जरिए बताए भी मुझे जानते होंगे। बजाय ऐसा करने के, उस पैसे का इस्तेमाल अपने कॉलेज के गरीब बच्चों की मदद के लिए करना। आपको बेहतर स्कॉलरशिप शुरू करनी चाहिए। वह आपका लक्ष्य होना चाहिए। कार्यक्रम को और बेहतर तरीके से आयोजित करने का यह सर्वश्रेष्ठ तरीका होगा। वैसे

भी आप इस कॉलेज के संचालन के जरिए महान् काम कर रहे हैं, इस कॉलेज को छात्रों की पहुँच में बनाए रखने का अच्छा काम करते रहिए, ठीक है?'

प्रिंसिपल सहमत हो गए। उन्हें उस पल खुद पर गर्व महसूस हुआ। डॉ. कलाम का यही जादू था। वे हमेशा दूसरे इनसान के काम को गरिमा और सम्मान प्रदान करते थे। एक बड़े नेता का यह गुण होता है, एक बड़ा नेता दूसरों को अपनी काबिलीयत खोजने के लिए प्रेरित करता है।

डॉ. कलाम को खचाखच भले हॉल में जबरदस्त स्वागत मिला। अपने भाषण में उन्होंने उन युवाओं की चिंताओं का उल्लेख किया, जो चुनौतीपूर्ण आर्थिक हालात का सामना करते हुए अपनी शिक्षा जारी रखना चाहते हैं। उन्होंने अपने जीवन का उदाहरण दिया, अपनी सफलताएँ और असफलताओं का भी जिक्र किया। उन्होंने महान् नोबेल विजेता मारिओ कैपेच्छी का भी जिक्र किया, जिनका लगभग पूरा परिवार दूसरे विश्व युद्ध में मारा गया था। उन्हें अपना बचपन अनाथालय में बिताना पड़ा था, लेकिन तमाम कठिनाइयों के बावजूद उन्होंने खुद को बचाए रखा और डी.एन.ए. की खोज कर डाली, जिसके चलते उन्हें विज्ञान का सबसे बड़ा सम्मान हासिल हो सका।

भाषण खत्म होने पर लोग खड़े होकर डॉ. कलाम की जय-जयकार करने लगे। इसके बाद सवाल-जवाब का सत्र हुआ। डॉ. कलाम ने हर सवाल का तर्क और गरिमा के साथ जवाब दिया।

अचानक बीस की उम्र का एक छात्र उनसे सवाल पूछने के लिए उठा। वह हॉल में पीछे की तरफ बैठा हुआ था और माइक उस तक समय पर नहीं पहुँच सका था, इसलिए उसने ऊँची आवाज में अपना सवाल किया, 'डॉ. कलाम, आपके हाथ तमाम सफलताएँ लगीं। मैं निश्चित तौर पर जानता हूँ कि कुछ विफलताओं से भी आप गुजरे होंगे। आप कहते हैं कि आपने अपनी विफलताओं को सफलताओं की सीढ़ी बनाया। मैं कुछ इस बारे में भी जानना चाहता हूँ। क्या ऐसा कुछ भी है, जो आप न कर पाए हों और जिसके लिए आपको अफसोस अब तक हो?'

दिलचस्प सवाल है, मैंने सोचा।

यह पहला मौका था कि किसी ने उनसे ऐसा सवाल किया और हमारी पूरी टीम उनकी प्रतिक्रिया जानने के लिए उत्सुक हो उठी थी।

डॉ. कलाम ने सोचने के लिए थोड़ा वक्त लिया और कुछ देर बाद जवाब दिया, 'आप शायद जानते हों, घर पर मेरे एक बड़े भाई रहते हैं, जिनकी उम्र 98 साल है। वे धीरे-धीरे चल पाते हैं, लेकिन वे लगातार चल सकते हैं और बिना किसी सहारे के। उनकी आँखें कमजोर हो गई हैं, इसलिए घर में खास तौर पर रात में रोशनी रहनी जरूरी है।

'अब आप देखें, रामेश्वरम् में कभी-कभी काफी लंबे समय के लिए बिजली गुल हो जाती है। इस वजह से उन्हें इधर-उधर चलने-फिरने में काफी दिक्कत महसूस होती है। इसलिए पिछले साल मैंने छत पर सोलर पैनल लगवा दिए, जो एक अच्छी बैटरी से जुड़े रहते हैं। सूरज की रोशनी उस पैनल को बिजली उपलब्ध कराती है और रात में बैटरी से बिजली की आपूर्ति सुचारु रूप से होती है। इसके चलते घर में अब काफी बिजली मौजूद रहती है। मेरे भाई इन दिनों खुश हैं।

'जब मैं उन्हें खुश देखता हूँ, तो मैं भी खुश महसूस करता हूँ, लेकिन उसी समय मेरी आँखों के सामने मेरे अपने माता-पिता के चेहरे भी घूम जाते हैं। वे दोनों लगभग सौ साल तक जीवित रहे और उनके आखिरी दिन बेहद कठिनाई में गुजरे, क्योंकि उनकी भी आँखें कमजोर हो चुकी थीं और वे भी बड़ी मुश्किल से अपने काम कर पाते थे। तीन दशक पहले, बिजली कटौती और भी जल्दी-जल्दी होती थी। उस दौरान मैं उनके लिए कुछ नहीं कर पाया। उस समय सौर ऊर्जा जैसी चीज उपलब्ध ही नहीं थी। यह तथ्य कि मैं उनके लिए कुछ नहीं कर सका, यह मुझे आज भी बेहद कचोटता है, यह कुछ ऐसी चीज है, जो मेरे साथ हमेशा रहेगी।'

उनके इस जवाब ने श्रोताओं के दिलों को छू लिया। यहाँ एक ऐसा इनसान था, जो अस्सी साल का बूढ़ा है, जिसने जीवन में काफी कुछ हासिल कर लिया है, लेकिन फिर भी उसके दिल में स्नेह है और वह विनम्रता के साथ अपने जीवन की सबसे बड़ी विफलता के बारे में सबको बता रहा है। अपने माता-पिता की सेवा न कर पाने का मलाल उसे अब तक है। हममें से कितने लोग ऐसे हैं, जो इस तरह से सोचते भी हों?

यहाँ तक कि मैं अपने बारे में भी सोचने लगा कि मैंने अपने माता-पिता के बारे में आखिरी बार कब सोचा था, कब मैंने सोचा था कि उनके कंधे का बोझ कुछ हल्का करने का प्रयास करूँ। जिंदगी की चूहा-दौड़ में हम अकसर उन लोगों को भूल जाते हैं, जिन्होंने हमें वह सबकुछ दिया, जो वे दे सकते थे और हमें वह बनाया, जो आज हम हैं। □

23
शताब्दी समारोह

डॉ. कलाम अपने बड़े भाई जनाब ए.पी.जे. मराईकर के बेहद करीब थे। वे डॉ. कलाम से 16 साल बड़े थे और उनके लिए पिता जैसे थे। उन्होंने डॉ. कलाम को अनेक मौकों पर अहम फैसले लेने में मदद की थी, साथ ही वे उनके आध्यात्मिक मार्गदर्शक भी थे। दोनों भाइयों में संबंध काफी मजबूत थे। लाइब्रेरी में, जहाँ डॉ. कलाम सबसे ज्यादा वक्त बिताते थे, वहाँ दोनों भाइयों की तसवीरें भी लगी हुई थीं, जबकि एक भाई अपने 80 के दशक में था, तो दूसरा सौ के आसपास। डॉ. कलाम के परिवार के सभी सदस्यों को लंबा जीवन उपहार और आशीर्वाद के रूप में मिला था।

मई, 2015 में डॉ. कलाम के बड़े भाई उनसे मिलने के लिए आए। यह एक विशेष अवसर था कि जनाब ए.पी.जे. मराईकर अगले कुछ महीनों में 99 साल के होनेवाले थे। उनका जन्मदिन 5 नवंबर को पड़ता था। जिस दिन बड़े भाई रामेश्वरम् के लिए निकल रहे थे, उस दिन रात के खाने पर डॉ. कलाम उनसे मिले। बाद में उन्होंने मुझे बताया, 'तुम सुनो, मेरे भाई नवंबर में 99 साल के हो जाएँगे। उस समय मुझे बताना कि सूरज के चारों ओर हम कितने चक्कर लगा चुके होंगे?'

यह सवाल वे अकसर लोगों से उनके जन्मदिन पर पूछा करते थे। एक ठोस रॉकेट इंजीनियर होने के नाते, वे धरती को सूरज के चारों ओर चक्कर लगाने और चाँद के धरती के चारों ओर चक्कर लगाने की गणना करते और उनमें संबंध निकालते थे।

मैं उनके इस तरह के सवाल से अब तक वाकिफ हो चुका था।

'सौवाँ चक्कर!' मैंने जवाब दिया।

'सही! अब सुनो। अगल साल यानी नवंबर, 2016 में मेरे भाई 100 साल के हो जाएँगे। उन्होंने कभी भी अपना जन्मदिन भव्य तरीके से नहीं मनाया है। उनके 100वें जन्मदिन पर मैं उन्हें चौंकानेवाली बड़ी पार्टी देना चाहता हूँ। उनको यह अच्छा लगेगा, ठीक है?'

'जी, बिल्कुल! उनको यह अच्छा लगेगा,' मैंने उन्हें आश्वस्त किया, 'हमें ऐसा करना चाहिए। आप यह जश्न कहाँ मनाना चाहते हैं?'

डॉ. कलाम वाकई उत्साहित हो उठे थे। 'मेरे खयाल से ऐसा उनके घर पर ही किया जाना चाहिए, इस तरह उन्हें वाकई सरप्राइज मिलेगा। हम पूरे परिवार—पोते, पोतियों, बच्चों, सबको इसमें शामिल कर सकते हैं। इस तरह लगभग 50 लोग तो हो ही जाएँगे, लेकिन मेरी एक समस्या है, मैं नहीं जानता कि यह सब कैसे होगा। तुम लोग जरूर जानते होंगे कि जन्मदिन की पार्टियाँ कैसे आयोजित की जाती हैं। मैं चाहूँगा कि नवंबर, 2016 की शुरुआत में तुम रामेश्वरम् चले जाना और वहाँ मेरे लोगों की इस काम में मदद कर देना। मैं बाद में आऊँगा और तुम लोगों से जुड़ जाऊँगा। उनकी तीन अंकों की उम्र का जश्न मनाने के लिए यह अच्छा तरीका रहेगा। तुम क्या सोचते हो?'

'हाँ, ठीक रहेगा। मैं कुछ ऐसी ही योजना बनाकर आपके सामने रखूँगा।' मैंने जवाब दिया।

मैं आश्वस्त था कि किसी का सौवाँ जन्मदिन समारोह मनाना बहुत सारे लोगों के लिए नई बात होगी!

फिर उन्होंने मेरे ऊपर एक और सवाल दागा।

'और मुझे क्या उपहार देना चाहिए उनको इस मौके पर?'

मैं इसके लिए तैयार नहीं था। मेरे पास इसका फिलहाल कोई जवाब नहीं था। सौ साल बूढ़े इनसान को आप उपहार में क्या दे सकते हैं? मैंने बस इतना कहकर जान बचाई, 'सर, उनका जन्मदिन साल भर से ज्यादा दूर है। अक्तूबर में आपके जन्मदिन के बाद इस विषय में सोचना शुरू करेंगे। क्या कहते हैं आप?'

'ठीक है, हम इंतजार करेंगे।' उन्होंने कहा।

लेकिन मैं महसूस कर रहा था कि वे मेरे इस जवाब से खुश नहीं थे। मैं ऑफिस लौट आया और यह समझ रहा था कि मैंने उन्हें निराश कर दिया।

मैंने कुछ लेखन सामग्री इकट्ठी की और उनके अध्ययन-कक्ष में जा पहुँचा, जहाँ वे बैठे हुए थे। अगले आधे घंटे तक हम जश्न की विस्तृत योजना बनाने में जुटे रहे। हमने हर चीज के बारे में सोचा, बैनर जिस पर '100' लिखा होगा, तमिल गीत, जो पार्टी में गाया जाएगा। उस अवसर के जश्न को लेकर हमने तमाम विचार तैयार किए और अंततः इस पर आकर रुके कि देश भर के ग्रामीण इलाकों में सौ लाइब्रेरी खोली जाएँ। धरती पर सौ सालों के लिए सौ लाइब्रेरियाँ। डॉ. कलाम इस विचार से काफी खुश हुए। हमने जुलाई से इस काम पर जुटने का तय भी कर लिया।

किस्मत को जैसा कि मंजूर था, इस योजना के सात हफ्ते बाद डॉ. कलाम का

निधन हो गया। हम उन्हें सौ लाइब्रेरियाँ या जश्न की विस्तृत योजना को हकीकत में नहीं दिखा सके।

डॉ. कलाम अपने भाई को सूर्य के चारों ओर सौवीं बार चक्कर लगाते हुए नहीं देख पाए, लेकिन जैसा कि हम सब जानते हैं कि सूर्य भी एक तारा है और कहा जाता है कि हमारे बीच के महान् लोग अपने निधन के बाद चमकदार तारों में बदल जाते हैं।

ताकतवर सितारों की रोशनी हमसे हजारों-लाखों किलोमीटर दूर जल रही होती है और यह सैकड़ों सालों बाद हम तक पहुँचती है, लेकिन यह प्रकाश हम तक एक न एक दिन पहुँचता जरूर है, दूरी भले ही कितनी भी हो। ऐसा माना जाता है कि ये चमकदार सितारे हमें देखते रहते हैं। इस बात को सच मानते हुए, छोटी संख्यावाले कलाम के अनुयायियों ने दिसंबर, 2015 में 'कलाम लाइब्रेरी प्रोजेक्ट' पर काम करना शुरू किया। यह किताब जब तक आपके हाथ में पहुँचेगी, संभवतः हम सौ लाइब्रेरियाँ खोलने का उनका लक्ष्य हासिल कर चुके होंगे और इस किताब को पढ़ने के साथ ही, आप भी उस प्रोजेक्ट का हिस्सा बन चुके होंगे, क्योंकि इस किताब से होनेवाली आमदनी भी ज्यादा-से-ज्यादा लाइब्रेरियाँ खोलने में ही लगेगी, जैसा कि डॉ. कलाम की इच्छा थी। □

24

प्रदान करने में मैंने जीवन का मंत्र सीखा

5 जून, 2014 को डॉ. कलाम, घनश्याम शर्मा (उनके निजी सहायक) और मैं इंदौर स्थित भारतीय तकनीकी संस्थान (आई.आई.टी.) में दीक्षांत समारोह में हिस्सा लेने पहुँचे।

भारत भर में फैले प्रतिष्ठित आई.आई.टी. नेटवर्क से जुड़ा यह संस्थान सबसे युवा संस्थान था। दरअसल यह दूसरा दीक्षांत समारोह ही था, जिसमें हम पहुँचे थे। डॉ. कलाम, जो कि अपने आप में संस्थान निर्माता थे, ऐसे अनुभवहीन और शैशव अवस्था वाले संस्थानों के प्रति विशेष लगाव रखते थे। उनकी मदद करना और उन्हें आगे बढ़ने और विकास करने के लिए प्रोत्साहित करने के लिए वे अकसर इन संस्थानों में दौरा किया करते थे। कुछ संस्थान, जिनसे वे जुड़े हुए थे, उनमें आई.आई.टी. पटना, हैदराबाद और इंदौर, भारतीय सूचना तकनीक संस्थान (आई.आई.आई.टी.) हैदराबाद, भारतीय अंतरिक्ष विज्ञान और तकनीक संस्थान (आई.आई.एस.टी.) केरल, जहाँ के वे चांसलर भी थे और इसके अलावा आई.आई.एम. शिलाँग, जहाँ उन्होंने आखिरी साँस ली, शामिल हैं।

एक तरह से देखा जाए, तो वे उदाहरण स्थापित करने में आगे थे। 'मेरा योगदान' आंदोलन भी उन्हीं का अभियान था। शिक्षक के रूप में उनका मानना था कि ये संस्थान यथासंभव मदद के हकदार हैं और उनकी मदद के लिए वे हमेशा तैयार रहते थे।

इंदौर के लिए उड़ान में हमें आखिरी कतार में सीट दी गई। वह एक छोटा विमान था और इसलिए उसमें बीच में सीट नहीं थी। डॉ. कलाम खिड़की की तरफ बैठ गए और मैं उनकी बगल में बैठ गया। एयरलाइंस स्टाफ ने सुनिश्चित कर लिया कि समस्त यात्रियों के अलावा डॉ. कलाम जहाज में अपनी सीट पर बैठ गए हैं और वह भी पीछे के दरवाजे से, ताकि कोई उनकी मौजूदगी न भाँप सके।

जहाज ने जल्दी ही उड़ान भर ली और सीट बेल्ट साइन दिखने के बाद सभी लोगों ने सीट बेल्ट बाँध ली। डॉ. कलाम की आदत थी कि विमान के ऊँचाई पर जाने

के बाद जैसे ही विमान की बत्तियाँ बुझा दी जाती थीं, तो वे सीट बेल्ट खोल दिया करते थे, ताकि अपने हैंडबैग तक आसानी से पहुँच सकें, जो कि उनके पैरों के पास रखा होता था। उनके हैंडबैग में तमाम कागजात और किताबें रहती थीं और वे अपना एक भी सेकंड गँवाए बिना उनके अध्ययन में जुट जाते थे।

इस बार जैसे ही सीट बेल्ट संकेत बंद हुए, एक छोटी बच्ची, जिसने अभी-अभी चलना सीखा था, विमान के गलियारे में नैचोज (एक प्रकार का मेक्सिकन व्यंजन) लेकर टहलने लगी और सभी यात्रियों को प्यार से बाँटने लगी। हर बार जब भी कोई उससे नैचोज का एक टुकड़ा लेता तो वह बेहद खुश हो जाती।

जब तक वह हमारे पास पहुँची, उसका पैकेट लगभग खत्म हो चुका था। हालाँकि वह डॉ. कलाम को नहीं पहचान सकती थी। उसने अपने हाथ से नाक पोंछी और बोली, 'लो, खा लो।' अच्छा है। यह देखना अपने आप में अद्‌भुत था कि बमुश्किल दो साल की बच्ची स्वेच्छा से उसके पास रखा कीमती सामान सभी को बाँट रही थी। डॉ. कलाम उसके पास तक पहुँचे और उसके पैकेट में रखा छोटा सा टुकड़ा उठा लिया। उसे खाते हुए वे बोले, 'बहोत अच्छा! क्या नाम है?'

'मानवी!' बच्ची ने जवाब दिया।

उनकी बातचीत सुनकर उसकी माँ, जो कि हमसे अगली सीट पर बैठी थी, ने घूमकर देखा। वह यह देखकर भौचक रह गई कि उनकी बेटी देश के पूर्व राष्ट्रपति से बात कर रही है। अचंभे में वह केवल इतना कह सकी, 'वावो!' एक बार जब उसे अपनी आँखों पर भरोसा हो गया, तो उसने अपनी नन्ही बेटी के बारे में हमें बताया। हमें पता चला कि उनकी दो साल की बेटी मानवी नियमित तौर पर अपनी चीजों को बाँटती है। वह हर किसी के साथ अपना खाना साझा करती है, भले ही लोग उसके लिए अनजान ही क्यों न हों।

'मैं तो मानवी के इस स्वभाव से बेहद प्रभावित हूँ। उसे वाकई अपनी माँ से अच्छी शिक्षा मिली है। इसके लिए आप बधाई की पात्र हैं। मुझे पक्का यकीन है कि वह एक अच्छे इनसान के रूप में बड़ी होगी।' डॉ. कलाम ने कहा।

पूर्व राष्ट्रपति से अपने लिए ऐसे शब्द सुनकर खुशी से झूमती उक्त महिला ने डॉ. कलाम से मानवी के साथ एक तसवीर लेने का निवेदन किया।

'बिल्कुल, मुझे खुशी होगी। आइए!' मानवी की तरफ देखते हुए वे बोले।

मैं अपनी सीट से उठ गया और उन्हें बैठने को बोला।

मासूम बच्ची, जो कि डॉ. कलाम के कद से अनजान थी, उनकी बगल में पूरे आत्मविश्वास के साथ बैठ गई। दूसरी तरफ, उसकी माँ इतनी उत्साहित हो उठी थी कि वह अपने फोन से ढंग की एक भी फोटो खींच नहीं पा रही थी। इसलिए मैंने अपने

फोन से उन लोगों की तसवीरें लेने का प्रस्ताव दिया और उनके मोबाइल पर भेज दीं।

'स्माइल! तीन...दो...एक...' डॉ. कलाम ने उस बच्ची से कहा। वह हमेशा कहते थे कि उलटी गिनती हमेशा उलटे क्रम में ही होनी चाहिए। इसमें वैज्ञानिकता और समझदारी ज्यादा है। अगर आप सीधी तरफ गिनना शुरू करेंगे तो मैं नहीं जानता कि आप कहाँ रुकेंगे और क्लिक करेंगे!'

इसके तत्काल बाद हम सभी को विमान के उतरने की सूचना मिली और तैयार होने को कहा गया। मानवी अब भी मेरी सीट पर बैठी थी और डॉ. कलाम से बात कर रही थी। वह अपने पैकेट में बचे हुए नैचोज तलाश रही थी, ताकि वह अपने नए दोस्त को कुछ और दे सके, लेकिन चूँकि विमान उतरनेवाला था, इसलिए वह उसे लेकर अपनी सीट पर जाकर बैठ गई और सीट बेल्ट लगा ली।

जब विमान एयरपोर्ट पर उतरा और गेट खोल दिए गए, मानवी की माँ ने अपना इ-मेल पता मुझे दे दिया, ताकि मैं तसवीरें उन्हें भेज सकूँ, जिन्हें मैंने अपने फोन में ले रखा था। मुझे पता था कि डॉ. कलाम इस घटनाक्रम को अपने सोशल मीडिया पर जरूर साझा करेंगे। एयरपोर्ट से निकलने के पाँच मिनट के अंदर डॉ. कलाम मानवी के बारे में बात करने लगे। कितनी अद्‍भुत बच्ची थी! वह तो हमारे 'मेरा योगदान' मिशन की एंबेसडर बनने का गुण रखती है। किसी बच्चे में ये संस्कार हैरान करनेवाले हैं, उसे जो भी पसंद है, वह उसे खुशी-खुशी साझा कर देती है, आज मैंने भी उससे कुछ सीखा।'

'क्या सीखा आपने?' मैं जानता था कि यह उनके लिए काफी अहम अनुभव था, लेकिन मैं यह सोचकर हैरान था कि इसमें उन्होंने क्या चीज पा ली सीखने लायक।

'तुमने देखा, मैंने सीखा कि आपको जो चीज बेहद पसंद हो, उसे साझा करना जन्मजात गुण होता है; इसे किसी धर्म या किताबों के जरिए नहीं सिखाया जा सकता। हमें केवल अपने अंदर मौजूद बच्चे तक पहुँचने की जरूरत होती है। हम इस घटना के बारे में भी अपने भाषण में बात करेंगे।'

'आपका मतलब ट्वीट?' मैंने पूछा।

'हाँ, मैं कहता हूँ, करो!' उन्होंने जिद की।

मैंने वैसा ही किया। ट्वीट में लिखा—

इंदौर की फ्लाइट में दो साल की मानवी से मिला। वह हर किसी को अपने नैचोज बाँट रही थी। साझा करने की प्रभावशाली भावना।

मीडिया ने उनके इस ट्वीट को हाथोहाथ लिया और इस तरह अगले दिन पूरी दुनिया उस छोटी सी बच्ची से साझा करने की प्रेरणा लेने के लिए उतावली हो उठी।

मैंने जब खबर देखी, तो उसे डॉ. कलाम को भी दिखाया।

'उसका व्यवहार ही कुछ ऐसा था, जिसके बारे में ज्यादा-से-ज्यादा लोगों को

बताया जाना चाहिए और उसकी खुशी मनाई जानी चाहिए। हमने उसके बारे में लिखकर कुछ अच्छा काम किया।' उन्होंने कहा।

डॉ. कलाम मानते थे कि लोगों के अच्छे कामों को दुनिया के सामने जरूर लाना चाहिए, वह काम चाहे जिस किसी ने भी किया हो।

□

25

मतभेदों का सम्मान और जश्न

डॉ. कलाम को अमूमन सामान्य और नियमित आहार पसंद था, जिसमें दक्षिण भारतीय खाना जैसे कि दोसा, इडली, सांभर, दाल, हल्का पका हुआ चावल और कभी-कभी रोटी शामिल रहते थे। इसे आप चाहें तो सुबह का नाश्ता, दोपहर और रात का खाना, कुछ भी मान सकते हैं, यहाँ तक कि गुवाहाटी एयरपोर्ट पर उनका दोपहर का आखिरी खाना भी सामान्य सा दोसा और सांभर ही था।

वे अपने खाने के समय को लेकर पाबंद रहते थे। इसलिए हमने एक फॉर्मूला खोज निकाला था, ताकि वे समय पर ही अपना भोजन लें। वह कुछ इस तरह था—टी माइनस 2 और टी माइनस 4। आसान था यह। अगर हमें जल्दी काम शुरू करना होता था, मान लीजिए, सुबह 8.30 बजे, तो डॉ. कलाम चार घंटे पहले उठ जाते थे। उस समय वे चाय और कुछ मैरिगोल्ड बिस्किट लेते थे। टी माइनस 2—यानी 6.30 बजे—वे नाश्ता ले लेते थे। यह नियम कभी टूटता नहीं था, भले ही डॉ. कलाम रात में किसी भी वक्त सोने गए हों। गौरतलब यह है कि 80 की उम्र में भी उनका यह अनुशासन कायम था। इससे भी फर्क नहीं पड़ता था कि उन्होंने तीन घंटे की नींद ली या चार घंटे की या दिन कितना भी काम के दबाववाला क्यों न हो; वे बिना बाधा हमेशा यह नियम अपनाते थे।

वे इस बात को सुनिश्चित करते थे कि उनका सारा स्टाफ साथ में ही खाना खाए। उन्हें कम तेलवाला केरल का दोसा विशेष पसंद था, और वे यह सुनिश्चित करते थे कि उनके दिल्ली के बावरची को वह बनाना जरूर आता हो। कोई भी खाना बिना सादे योगर्ट, जिसे वह तमिल में थायिर बोलते थे, के पूरा नहीं होता था। इसमें कटे हुए नीबू और अचार शामिल होता था। अगर नीबू नहीं है, जो कि अकसर हमारे दौरे पर हो ही जाता था, तो वे हमारे आयोजकों से इसके बारे में व्यवस्था करने को कहते थे।

मुझे यह समझने में कुछ वक्त लगा कि वे आयोजकों से सीधे नीबू के लिए क्यों नहीं कहते थे। ऐसा इसलिए, क्योंकि नीबू जैसी छोटी-मोटी चीज के लिए, अगर वह

अनुपलब्ध हुई, तो आयोजकों को निराश नहीं करना चाहते थे। अगर यह अपेक्षा उनके किसी स्टाफ या साथ में खाना खा रहे साथी की तरफ से की जाती थी, तो नीबू की अनुपलब्धता से आयोजकों को विशेष शर्मिंदगी नहीं उठानी पड़ती थी।

भोजन के दौरान वे हमसे खाने की अच्छाई या बुराई या स्वाद के बारे में लगातार पूछते रहते थे। मुझे सेब विशेष रूप से पसंद थे, यह कुछ ऐसी चीज थी, जिसके बारे में वे जान गए थे। इसलिए जब भी वे होटलों की स्वागत टोकरी में कहीं सेब देखते तो उसे उठाकर मुझे दे देते और साथ ले चलने के लिए कहते। वह कहते, 'तुम सेब के साथी हो, अपने दोस्तों को साथ ले चलो।'

2014 में स्कॉटलैंड की यात्रा मुझे याद है, जहाँ बावरची और उसकी टीम को दोसा बनाने के बारे में नहीं पता था। इसलिए हमने उनके व्यंजन में ही मामूली सुधार का प्रयास किया। हमने उनको कहा कि वे जो भी पैनकेक बनाएँ, उसे बेहद पतला और बिना चीनी या सिरप डाले हुए बनाएँ। इस तरह केरल का दोसा एडिनबरा में भी तैयार हो गया! डॉ. कलाम कहते, 'इसका स्वाद 80 फीसद त्रिवेंद्रम और 20 फीसद एडिनबरा का आ रहा है!'

उन्हें पनीर नापसंद था और हमारे बहुत सारे मेजबान कुछ और ही समझते थे, लेकिन उन्होंने कभी इसकी शिकायत नहीं की और हमेशा उसका छोटा सा हिस्सा ले लेते, लेकिन वे अपनी चाय के स्वाद को लेकर हमेशा सावधान रहते। दरअसल, विमान यात्रा के दौरान वे अकसर अपने हाथों से चाय बनाने का निवेदन करते थे।

आमतौर पर हम राज भवन (राज्यपाल आवास) में ही रुकते थे, जब भी हम देश में राज्यों की राजधानियों के दौरे पर होते थे। कभी-कभी स्टाफ हमें अपने-अपने कमरों में ही भोजन परोसने का प्रयास करता था। ऐसे में वे हमेशा मना कर देते थे और इस बात पर जोर देते थे कि उनका सारा स्टाफ और सहयोगी एक जगह डाइनिंग टेबल पर बैठकर खाना खाएँ। एक बार उन्होंने इसका कारण भी बताया था, 'मैं जानता हूँ कि अगर वे लोग आपको अलग-अलग खाना देंगे, तो वे सारी अच्छी चीजें आपको नहीं देंगे।' वे इस डाइनिंग टेबल के नियम पर इस तरह जोर देते थे कि कभी-कभी तो मेजबान राज्यपाल को भी हमारे साथ ही लंच या डिनर पर बैठना पड़ जाता था। गहरे स्नेह को दरशानेवाले इस छोटे से काम ने उनको लोगों के बीच मशहूर कर दिया था।

एक बार जयपुर के राजभवन में तकनीकी पेचीदगी आ खड़ी हुई थी। हम किसी आयोजन से लौटे थे और अपने-अपने कमरों में आराम कर रहे थे। तभी राज भवन के कर्मचारी ने मुझसे और मेरे एक साथी से लंच के लिए साथ आने को कहा। जब हम लंच टेबल पर पहुँचे तो हमने महसूस किया कि वहाँ केवल हमें ही लंच परोसा गया है, जबकि डॉ. कलाम और गवर्नर किसी अन्य कमरे में साथ-साथ भोजन करेंगे। वास्तव

में हमें इससे कोई दिक्कत नहीं थी, लेकिन केवल वही एक समय था, जबकि किसी दौरे पर हमने अलग-अलग जगहों पर भोजन किया। इसके बाद अलग-अलग भोजन करने के बाद जब हम दोबारा मिले, तो उनका पहला सवाल यही था, क्या तुम लोगों ने खाना खाया?' हमने हामी में सिर हिलाया, हालाँकि वे सहमत नहीं हुए और हमसे उन चीजों के बारे में पूछा कि हमने क्या-क्या खाया। वे जब आश्वस्त हो गए, हमें भी उसी मेन्यू के हिसाब से खाना दिया गया था, जिसके अनुसार उन्हें. तब जाकर उनको चैन मिला।

□

मेरा जन्म लखनऊ शहर में हुआ था। कभी इसे अवध के नाम से जाना जाता था, यह एक ऐतिहासिक शहर है, जिसे तीन खास बातों—खाना, संगीत और वास्तुकला के लिए जाना जाता है। यह शहर 1857 में ब्रिटिश शासन से पूर्व सदियों तक मुगल बादशाहों से बेहद प्रभावित रहा। मैं एक हिंदू परिवार में पला-बढ़ा और बहुत सारे समान पृष्ठभूमि के लोगों की ही तरह, मैं भी नॉन वेजिटेरियन खाना पसंद करता हूँ।

मेरे शिक्षक डॉ. कलाम रामेश्वरम् में एक मुसलिम परिवार में पैदा हुए। रामेश्वरम् को हिंदुओं की पवित्र जगह के रूप में जाना जाता है। इस स्थिति के कारण मेरे जीवन में तमाम दिलचस्प और समझ बढ़ानेवाली घटनाएँ हुईं।

शुरुआती दिनों में उनके साथ किसी सफर पर मैं विमान यात्रा के दौरान नॉनवेज खाना ऑर्डर करने की हिम्मत नहीं कर पाता था। मैं नहीं जानता था कि वे मेरे नॉन वेज खाने को लेकर सहज रह पाएँगे या नहीं और वह भी उनके बगल में बैठकर। यह कुछ समय तक यों ही चला, जब तक हमारे ऑफिस से ही किसी ने उनसे इस बात का जिक्र कर दिया कि मुझे मांसाहार पसंद है।

अगले दिन लंच में उन्होंने मुझे चौंका दिया। 'तुम्हारे लिए मैंने कुछ बेहद खास चीज मँगाई है, जिस पर तुम टूट पड़ोगे!'

'टूट पड़ने' से उनका आशय 'जमकर खाने' से रहता था। अकसर वे पूछते थे, 'तुम लोग खाने पर टूट पड़े या नहीं?' यह समझने के लिए हम लोग अच्छे से खा रहे हैं या नहीं।

उन्होंने चेलप्पा को बुलाया, जो कि हमें खाना परोसता था। वह मेरे लिए बेहद खुशबूदार गरमागरम एग करी ले आया। 'मुझे नहीं पता था कि तुम नॉन वेज खाने पर टूट पड़ते हो। तुम्हें यह बात बतानी चाहिए थी। मेरे साथी काफी विचित्र चीजें बनाने में माहिर हैं।' उन्होंने चेलप्पा की तरफ इशारा करते हुए कहा।

'विचित्र चीजों' से उनका आशय नॉन वेजिटेरियन खाने के प्रकारों से था।

'टूट पड़ो!' वे बोले।

मैं जरा झिझका और उनको अपनी पसंद के बारे में न बताने की कोई ठोस वजह नहीं खोज सका।

मेरी झिझक को महसूस करते हुए वे बोले, 'परेशान न हो। उसे खाओ। लोगों को इससे नहीं आँका जाता कि उनकी प्लेट में क्या है, बल्कि उनके चरित्र से आँका जाता है।' और तब मेरी शंका को हमेशा के लिए दूर करते हुए, वे जरा मुड़े और बोले, 'चेलप्पा, जब भी संभव हो, अपने दोस्त के लिए यहाँ विचित्र चीजें बनाते रहना।'

इससे उत्साहित होते हुए मैंने पूछा, 'सर, आपके परिवार में हर कोई नॉन वेजिटेरियन है। बच्चे आसानी से यह आदत अपने बड़ों से सीख जाते हैं। फिर आप शाकाहारी कैसे रह गए, क्या किसी शिक्षक ने आपको इसके लिए प्रेरित किया?'

इस पर उन्होंने मुझे सबसे उम्दा प्रेरक कहानी सुनाई। 'तुम जानते हो, मैं वेजिटेरियन बना अपनी कमजोर आर्थिक हालत के चलते। मैं जन्म से शाकाहारी नहीं था। जब मैंने एम.आई.टी. में वैमानिकी की पढ़ाई के लिए दाखिला लिया, तो फीस इस कदर ज्यादा थी कि मैं अपना खर्च बड़ी मुश्किल से चला पाता था और अकसर मुझे दूसरों से उधार लेना पड़ता था। उस दौरान मुझे छात्रावास में भी रहना होता था और तीन मेस—ऊँचे दरजे, जिसमें रईस छात्रों के लिए बहुआयामी व्यंजन होते थे, दूसरा सामान्य नॉन वेजिटेरियन और तीसरा सख्त शाकाहारी, जो कि सबसे सस्ता था, के खाने उपलब्ध रहते थे। उन चार सालों के दौरान मेरे पास इतना पैसा नहीं होता था और मैं अपने माता-पिता पर दबाव भी नहीं डाल सकता था, इसलिए मैंने उन्हें बताए बगैर मेस में शाकाहारी खाना खाना शुरू कर दिया। बाहर खाने का सवाल ही पैदा नहीं होता था, तो मैं मेस का ही खाना खाता था। मैंने सोचा कि जब मैं कमाने लगूँगा तो फिर से नॉन वेज खाने लगूँगा। इसलिए बावजूद इसके कि मैं ग्रेजुएट हो गया और कमाने लगा, मैं शाकाहारी ही रह गया। अब तो इस विचित्र चीज का स्वाद लिये हुए मुझे छह दशक से भी ज्यादा समय गुजर चुका है और मुझे ऐसे ही रहना अच्छा लगता है।'

यह वाकई एक बेहद दिलचस्प वाकया और बातचीत थी। इससे उनकी संवेदनशील और तार्किक प्रकृति के बारे में मुझे पता चला। इससे मुझे पता चला कि वे कठिन फैसले लेने में किस तरह सक्षम होते थे और उसके लिए वे लंबे समय से बना रखी आदत को भी तोड़ने में पीछे नहीं रहते थे, जब वे वाकई ऐसी जरूरत महसूस करते थे।

उस दिन के लंच के बाद से, जब भी संभव होता, एक नॉन वेजिटेरियन व्यंजन मेरे लिए विशेष तौर पर उपलब्ध कराया ही जाता था। डॉ. कलाम सब्जियाँ अपनी तरफ खींच लेते थे, जबकि विचित्र चीजें मेरी तरफ बढ़ा देते थे। फिर वे टेबल पर ही उँगलियों से एक काल्पनिक रेखा खींच देते थे और कहते थे, 'यह तुम्हारा इलाका और यह मेरा।' डेजर्ट के तौर पर वे मेरे इलाके में उसे बढ़ा देते थे और कहते थे, 'तुम डबल खाओ!'

और इसमें वे जोड़ते हुए कहते, 'फिर तुम भी डबल हो जाओगे।'

हमारी यात्रा के दौरान अकसर हमारे नामों के चलते खाने-पीने को लेकर हिसाब-किताब गड़बड़ा जाता था। ऐसे ही एक सफर पर होटल स्टाफ ने डॉ. कलाम को शाकाहारी और मुझे मांसाहारी भोजन परोसा। चूँकि मीट उसमें अच्छे से मिलाया हुआ था, इसलिए उसे पहचानना जरा कठिन था कि वह शाकाहारी भोजन है या मांसाहारी। हम खाना शुरू करनेवाले ही थे, जब हमने गौर किया कि शाकाहारी खाना मेरी प्लेट में था, जो कि डॉ. कलाम की प्लेट से गायब नजर आ रहा था। वे रुके और हमारे खाने को सावधानी से जाँचा, तब महसूस किया कि गलती हो गई है। डॉ. कलाम इस पर जरा सा भी बेचैन नहीं हुए। वे हँसे और बोले, 'तुमने तो मुझे यह विचित्र चीज खिला ही डाली थी। चलो, अब प्लेट बदल लेते हैं।'

ऐसा ही था। उस घटना के बाद उन्होंने एक भी शब्द उस वाकये पर नहीं कहा। डॉ. कलाम समाधान खोजने में ज्यादा विश्वास करते थे, बजाय छोटे-छोटे मुद्दों पर बाल की खाल निकालने या हंगामा खड़ा करने के। वे जोर देते थे कि जब कभी संभव हो तो उनके स्टाफ को उनकी पसंद का नॉन वेजिटेरियन खाना मिलना चाहिए। वे दूसरे लोगों की आदतों और परंपराओं के प्रति भी बेहद सजग रहते और इसे एक मिलनसार समाज की जरूरत समझते हुए दूसरी संस्कृतियों का बाकायदा सम्मान करते थे। उनका मत था कि इस दुनिया को खूबसूरत बनाने का राज सहनशीलता ही है। 2009 में अपने एक भाषण में उन्होंने कहा था, 'एक खूबसूरत समाज का लक्ष्य हासिल किया जा सकता है, बशर्ते—

1. लोगों की राय को लेकर सहनशीलता हो,
2. भिन्न संस्कृतियों को लेकर सहनशीलता हो,
3. भिन्न मान्यताओं को लेकर सहनशीलता हो,
4. लोगों के तौर-तरीकों को लेकर सहनशीलता हो।

एक महान् और परिपक्व समाज वही है, जहाँ लोग विभिन्नताओं का सम्मान कर जश्न मनाते हों।'

आज जब भी मैं प्रतिबंधों और विवादों के बारे में पढ़ता हूँ कि लोगों को यह खाना चाहिए और वह नहीं खाना चाहिए, मुझे डॉ. कलाम की याद आती है कि कितनी खूबसूरती से उन्होंने हमारी डिनर टेबल पर सहनशीलता को लेकर महत्त्वपूर्ण सीख दी थी।

□

26

पिक्चर परफेक्ट!

जुलाई, 2014 में डॉ. कलाम ने डॉक्टर अंबेडकर कॉलेज, नागपुर के स्वर्ण जयंती समारोह में हिस्सा लेने के लिए न्योता स्वीकार कर लिया। जब कॉलेज ने स्थानीय स्तर पर यह खबर प्रसारित करवाई, तो हमने एक अन्य स्कूल जीवोदय एजुकेशन सोसाइटी, जो कि विशेष (विकलांग) शिक्षा का कॉलेज था, की तरफ से भी हमें वहाँ आने का निवेदन प्राप्त हुआ। उन लोगों ने लिखा कि उनके बहुत से छात्र सफल और आत्म-निर्भर पेशेवर बन चुके हैं। उन्होंने निवेदन किया कि डॉ. कलाम के आने से छात्रों का नैतिक बल बढ़ेगा और उन्हें बाधाओं से पार जाने में प्रेरणा मिलेगी।

डॉ. कलाम संस्थानों के न्योते स्वीकार करने के मामले में बेहद सतर्कता बरतते थे और एक विशेष नियम तो जरूर अपनाते थे। अगर वे किसी चर्चित संस्थान में जा रहे होते थे तो किसी-न-किसी छोटे संस्थान में भी जरूर जाते थे। यह उनका तरीका था कि वे समाज के कमजोर तबके के लोगों से जुड़ पाते थे और उन्हें बड़े सपने देखने के लिए प्रोत्साहित कर पाते थे। जीवोदय एजुकेशन सोसाइटी इस लिहाज से उनके अनुकूल लग रही थी।

यह विशेष स्कूल 1989 में नागपुर आर्कडायसेस द्वारा स्थापित किया गया था। डायसेस को चर्च का जिला प्रशासन कहते हैं, जिस क्षेत्र में चर्च काम कर रहा होता है। इस विशेष स्कूल में इसकी स्थापना की शुरुआत से ही विकलांगों को हर तरह की जरूरत का सामान उपलब्ध कराया जाता रहा है।

जब हम स्कूल पहुँचे तो वहाँ हेडमास्टर और कुछ शिक्षकों ने हमारा स्वागत किया, उन्होंने घुमाकर हमें अपना परिसर दिखाया। उसे काफी खूबसूरती से बनाया गया था। सभी कक्षाओं को आकर्षक रंग-बिरंगे कागजों की कटिंग, ड्रॉइंग और छात्रों द्वारा बनाई अन्य कलाकृतियों से सजाया गया था।

ऑडिटोरियम भी आकार में उम्दा था, लेकिन इसका मंच काफी बड़ा था। डॉ.

कलाम, हेडमास्टर और वरिष्ठ शिक्षक मंच के बीच में बैठे थे और मैं डॉ. कलाम के दाईं तरफ पीछे बैठा हुआ था। उद्घोषक, जो कि एक युवा शिक्षक था, ने कार्यक्रम का एजेंडा मंच से सबको बता दिया।

डॉ. कलाम हमेशा उन लोगों की कही अहम बातें लिख लेते थे, जो उस समय भाषण या व्याख्यान दे रहे होते थे। वे तब भी बात लिख रहे होते थे, जब संचालक माइक पर पहुँच जाते थे। फिर वे उन सबको मुझे दे देते और मैं उन्हें वाक्यों में परिवर्तित करके अपने लैपटॉप में सेव कर लेता था। वे लाइनें फिर उनके रीडिंग स्क्रीन पर भेज दी जातीं और वे अपने भाषण की शुरुआत उन्हीं शब्दों या वाक्यों से करते थे। यह हमारा तरीका था, जिसके माध्यम से हम श्रोताओं और अपने साथी वक्ताओं से एक साथ जुड़ जाते थे।

उस दिन, मंच पर बैठे-बैठे और संचालक के परिचय कार्यक्रम खत्म करने के इंतजार के दौरान डॉ. कलाम मेरी तरफ मुड़े और इशारा किया। जब मैं उनकी बात सुनने के लिए झुका तो उन्होंने कहा, 'जानते हो, यह शिक्षक भी इसी स्कूल का छात्र रह चुका है। हमें उसे अलग से बधाई देनी चाहिए। दरअसल प्रिंसिपल, जो कि हमारे बगल में बैठे थे, ने बताया कि यहाँ के बहुत से शिक्षक इस स्कूल के पूर्व छात्र रह चुके हैं, उन लोगों को भी वैसी ही समस्याओं से जूझना पड़ा था, जिनसे उनके वर्तमान छात्र जूझ रहे हैं।

जब डॉ. कलाम को बोलने का अवसर मिला, तो वे पहले संचालक के पास गए और उन्हें बधाई दी। वे बोले, 'मुझे पता है कि छात्रों में भरी काबिलीयत के बारे में आपसे बेहतर यहाँ शायद ही कोई जानता होगा। बहुत बढ़िया! आपने आज के कार्यक्रम के साथ बहुत शानदार काम किया है और मैं निश्चित रूप से कह सकता हूँ कि आप एक शानदार शिक्षक भी होंगे।'

डॉ. कलाम जब उनसे मुखातिब हुए, तो छात्र ऊर्जा से ओतप्रोत खुशी से उछल रहे थे। उन्होंने जब बोलना शुरू किया तो छात्रों ने पूरी तन्मयता से उनकी बातें सुनीं, क्योंकि वे उन्हें दिमाग की ताकत के बारे में समझा रहे थे—हमारा दिमाग हीरे से भी ज्यादा मजबूत है। इस अवसर के लिए उन्होंने दो कविताएँ संगृहीत कर रखी थीं और एक कविता को उन्होंने छात्रों से दोहराने के लिए भी कहा—

> जब ईश्वर हमारे साथ है, तो कौन खिलाफ हो सकता है
> हम जीतेंगे, जीतेंगे, अपनी दृढ इच्छा से जीतेंगे
> हमारा मन हीरे से भी ताकतवर
> हम सब ईश्वर के बच्चे
> हम जीतेंगे, जीतेंगे अपनी दृढ इच्छा के बल पर जीतेंगे
> जब ईश्वर है हमारे साथ, तो कौन हो सकता है खिलाफ॥

दूसरी कविता अभिभावकों के तोहफे के तौर पर सुरक्षित कर दी गई। उन्होंने कुछ

'गृहकार्य' भी तय कर दिए, उन्होंने उस कविता को उन लोगों से अपनी मातृभाषा में याद करने को कहा। उन्होंने कहा कि इसे हर अभिभावक अपने बच्चे के साथ रात में सोने से पहले जरूर सुनाएँ—

मैं हूँ नहीं अकेला,
ईश्वर है मेरे साथ।
गर ईश्वर है मेरे लिए,
कौन हो सकता है मेरे खिलाफ।
मैंने ईश्वर को ढूँढ़ा, उसने मेरी सुनी,
सारे भय से परे उसने मुझे प्रदान किया।
दैवीय किरण ने मुझमें प्रवेश किया
और मेरे शरीर व आत्मा का दर्द दूर किया।
दैवीय सौंदर्य ने मेरे अंदर प्रवेश किया
और खुशियों के खिलाए फूल।
जब ईश्वर है मेरे लिए
कौन हो सकता मेरे खिलाफ।

उनके भाषण के बाद डॉ. कलाम ने कुछ सवालों के जवाब दिए। फिर हेडमास्टर ने एक अति विकलांग बच्चे को मंच पर बुलाया। अपार हर्ष और तालियों के बीच एक छोटी लड़की अपने हाथ में एक कागज का टुकड़ा लिये डॉ. कलाम के पास आई। उनके हाथ में वह कागज देते हुए उसने कहा, 'मैंने बनाया।' उसने पेंसिल से डॉ. कलाम का स्केच बनाया था। उन्होंने तत्काल उससे हाथ मिलाया और उसका नाम पूछा।

'मेरा नाम है…' एक क्षण के लिए वह ठहरी और फिर बोली, 'खलीलुल्लाह।'

खलीलुल्लाह डाउन सिंड्रोम से पीड़ित थी, जो कि एक असाधारण अवस्था है, और 0.1 फीसद नवजातों में पाई जाती है। इस सिंड्रोम के चलते बच्चों का विकास बुरी तरह प्रभावित होता है, यहाँ तक कि उनका आईक्यू 50 से भी नीचे चला जाता है, लेकिन यह कमी खलीलुल्लाह को पेंसिल उठाने और डॉ. कलाम का शानदार पोर्ट्रेट बनाने से न रोक सकी।

उन्होंने उससे पूछा कि इसे बनाने में उसे कितना वक्त लगा?

'मैंने इसे कई बार बनाया,' उसने जवाब दिया, 'लेकिन यह ठीक से नहीं बन पाता था। इसलिए मैंने इसे बार-बार बनाया। इसे पूरा करने में मुझे कई दिन लगे।'

आखिरी परिणाम शानदार निकला।

आमतौर पर जब डॉ. कलाम को कोई तोहफा दिया जाता है तो वे उसे सुरक्षित रखने के लिए अपनी टीम को सौंप दे देते हैं। इस बार हालाँकि खलीलुल्लाह अपनी सीट

पर वापस चली गई थी बैठने के लिए, उन्होंने उस कागज को मोड़कर अपने कोट की अंदरूनी जेब में रख लिया था। वे कभी-कभी ही ऐसा करते थे। मेरी तरफ देखकर वे मुसकराए और मैं समझ गया कि खलीलुल्लाह ने उनके दिल को गहराई से छू लिया है।

बाद में जब हम कार में अकेले निकल पड़े, तब मैंने स्केच दिखाने के लिए निवेदन किया। हम दोनों ने उसे बेहद गौर से देखा। एक छोटी सी खामोशी के बाद वे बोले, 'जानते हो, यह मेरा पसंदीदा स्केच है।'

'आपने अपनी जेब में क्यों रखा इसे?'

'क्योंकि हो सकता है, तुम लोग खो देते इसे।' वे बोले।

अब मैंने इसका विरोध किया। 'मैंने कब कोई चीज खोई है?'

'लेकिन यह बहुत कीमती है, समझे। इसलिए मुझे अतिरिक्त सतर्कता बरतनी थी।'

'क्यों?' मैंने आगे पूछा।

'जरा कल्पना करो उस लड़की के दर्द की, जिसने इस स्केच को तैयार करने में बार-बार लगातार मेहनत की, जब तक कि वह संतुष्ट नहीं हो गई। उसके मन में यही वह सटीकता का चरम कायम था, जिसकी तलाश में वह संघर्ष करती रही, यह मेरा दावा है। इसकी कीमत वह प्रयास है, जो इसे आकार देने में लगाया गया है! इसलिए यह बेहद कीमती है, समझे?'

कार जब अतिथिगृह पहुँची, तो मैंने कहा, 'ठीक है, लेकिन आप मुझे एक मिनट के लिए यह चित्र उधार दे सकते हैं क्या? आप निश्चित रूप से यह चाहेंगे कि इसे आपके सोशल मीडिया पर साझा किया जाए।'

मुझे देते हुए वे मुसकराए और बोले, 'लेकिन यह मुझे वापस चाहिए, तत्काल।'

मैंने इस स्केच की तसवीर लेकर एक छोटे से संदेश के साथ ट्वीट किया—

'यह स्केच मुझे नागपुर में खलीलुल्लाह ने बनाकर उपहार में दिया। एक छोटी बच्ची, जो डाउन सिंड्रोम से पीड़ित है। शुक्रिया मेरी दोस्त!'

□

डॉ. कलाम की 84वीं जयंती 15 अक्तूबर, 2015 को थी, उनके निधन के बाद पहली बार यह अवसर था। सोशल मीडिया पर एक अपील से शुरुआत की गई और दस हजार से ज्यादा डॉ. कलाम के प्रशंसकों ने खलीलुल्लाह के बनाए स्केच को अपनी प्रोफाइल पिक्चर के तौर पर अपने सोशल मीडिया पर लगाकर सम्मान दिया। यह डॉ. कलाम के प्रति एक सम्मान तो था ही, साथ ही बच्चों के प्रति उनके प्रेम को एक श्रद्धांजलि भी थी। उनके कुछ कट्टर प्रशंसक अब भी अपनी प्रोफाइल पिक्चर के तौर पर उस स्केच का इस्तेमाल करते हैं।

□

27

खुद पर हो एतबार, तो जोखिम जरूर लें

सन् 2014 में मैं एक तकनीकी उद्यम शुरू करने पर विचार-मंथन कर रहा था, जिसके तहत कम लागत में बहुआयामी रोबोट तैयार किया जाता। एक खास संभावना यह थी कि एक एरियल मशीन, जिसे ड्रोन के तौर पर जाना जाता है, तैयार की जाती। इसमें काफी संख्या में रोबोटिक हाथ, कैमरे और अन्य डिवाइस लगे होते हैं, जो रोबोट को एक निश्चित जगह से सामान उठाने और दूसरी निश्चित जगह पर रखने की क्षमता प्रदान करते हैं। इस प्रोजेक्ट को काफी बड़े निवेश के बाद ही शुरू किया जा सकता था।

उस समय बाजार में ज्यादातर उपलब्ध ड्रोन चीन से आयात किए जाते थे। इसलिए एक मिलता-जुलता भारतीय उत्पाद निश्चित तौर पर लोगों का ध्यान खींचता, लेकिन मैं कोई ऐसा निवेशक ढूँढ़ नहीं सका, जो इस खास प्रोजेक्ट पर ध्यान देता और मेरे पास अपने संसाधन सीमित थे। गहन खोज का नतीजा यह हुआ कि हमारी टीम और मैं आश्वस्त हो गए कि हम बहुआयामी ड्रोन का उत्पादन करने में सफल हो सकते हैं, लेकिन बिना निवेशक की वित्तीय मदद के, इस प्रोजेक्ट को आगे बढ़ाने का सीधा सा मतलब था, एक बड़ा जुआ खेलना। मैंने डॉ. कलाम से रिसर्च की शुरुआत में इस मुद्दे पर बात की थी। वैज्ञानिक के तौर पर उनकी हर उस चीज में गहरी दिलचस्पी होती थी, जो उड़ सकती थी और पूरी योजना के स्तर पर उन्होंने हमारा हर तरह से मार्गदर्शन किया। किताबें या अखबार पढ़ते समय अगर वे इसके संबंध में किसी जानकारी को पाते तो उस हिस्से को चिह्नित करके मेरी टेबल पर भेज देते थे।

जब हम इस प्रोजेक्ट को आगे बढ़ाने को लेकर अहम पड़ाव पर पहुँचे, तो मैं घबराया हुआ था और जैसा कि मैं अकसर करता हूँ, मैं इस पर चर्चा करने के लिए डॉ. कलाम के पास पहुँचा। मैंने इस प्रोजेक्ट की संभावना और अपनी कठिन स्थिति के बारे में उन्हें बताया। मेरी टीम के पास डांस को लेकर बड़ी-बड़ी योजनाएँ थीं, हमारे ड्रोन

सैनिकों की जान बचाने में सेना की मदद कर सकते थे, वे बचाव मिशन और यहाँ तक कि कीटनाशकों की लक्षित डिलीवरी करने में भी सहायक साबित हो सकते थे। वे यह जानकर हैरान थे कि इस काम में मदद के लिए कोई बड़ा निवेशक आगे नहीं आ रहा है।

एक छोटे से सन्नाटे के बाद वे बोले, 'तो तुम ऐसा क्यों सोच रहे हो कि इस मशीन के लिए कोई निवेशक आगे नहीं आ रहा है?'

'क्योंकि···' मैं किसी कारण को लेकर आश्वस्त नहीं था, लेकिन मैंने प्रयास किया, 'वे इस बात को लेकर आश्वस्त नहीं हैं कि यह उड़ेगा, इसलिए हमें अकेले ही इस काम को करना पड़ रहा है।'

'लेकिन तुम्हारी डिजाइन टीम का क्या कहना है?' वे बोले।

'हम तो इसके डिजाइन को लेकर आश्वस्त हैं। यह उड़ेगा। हम इसके छोटे आकार के मिलते-जुलते ढाँचे को उड़ाकर टेस्ट करेंगे, लेकिन अपनी वित्तीय हालत को देखते हुए हम इसका एक मॉडल या वास्तविक डिवाइस तैयार कर पाने में सक्षम नहीं हैं।'

वे समझ गए। 'हर खोजकर्ता इसी संशय से गुजरता है। तुम जानते हो कि जो तुम बनाओगे, वह काम जरूर करेगा, लेकिन दूसरे लोग, कभी-कभी प्रभावशाली लोग भी, तुम पर भरोसा नहीं कर पाते। विचित्र लोग होते हैं! यही वह मौका होता है, जहाँ खोज करनेवाले और उद्यमियों को मिलकर आगे बढ़ना चाहिए। अब तुम या तो आगे बढ़ने के बारे में सोचो या वापस लौट जाओ और काम छोड़ दो···' फिर जरा ठहरने के बाद उन्होंने बात जारी रखी, 'मैंने ऐसा कई बार देखा है, मैं तुम्हें एक कहानी सुनाता हूँ।'

मई, 1989 की बात है। हमारा अब तक का सर्वश्रेष्ठ मिसाइल प्रोजेक्ट अग्नि परीक्षण के स्तर तक पहुँच गया था। हमें तकनीकी तौर पर तमाम नामंजूरियाँ झेलनी पड़ीं, हमारे वैज्ञानिकों को विदेशों से एक दिन के नोटिस पर बैरंग वापस लौटना पड़ा और हर कोई हमारे प्रोजेक्ट पर कुदृष्टि लगाए हुए था। अंतरराष्ट्रीय तूफान को पार कर जाने की उम्मीद कर रहे थे, यह तूफान दुनिया के सबसे ताकतवर देशों ने हमारे सामने खड़ा किया था, फिर भी हम जीते।

तमाम सीमितताओं के बावजूद हमने अपनी खुद की सौ फीसद देशी बैलिस्टिक मिसाइल विकसित कर ली—एक विश्वस्तरीय वेपन सिस्टम, जो कि विकसित देशों द्वारा इस्तेमाल की जानेवाली मिसाइल से टक्कर ले सकती थी। दुनिया के चुनिंदा बैलिस्टिक मिसाइलवाले देशों की प्रतिष्ठित सूची में शामिल होने के लिए मिसाइल का महज एक फाइनल टेस्ट बाकी था। डिफेंस रिसर्च एंड डेवलपमेंट लैबोरेटरी (डी.आर.डी.एल.) के निदेशक के तौर पर मेरी टीम का यह सबसे खास प्रोजेक्ट था, जो भारत को दुनिया के अग्रणी मिसाइल तकनीक प्राप्त देशों में शामिल कर सकता था।

जैसे-जैसे मिसाइल परीक्षण की तारीख 22 मई, 1989, नजदीक आती जा रही थी, हम घबराहट भरे उत्साह से भरते जा रहे थे। हमने चाँदीपुर स्थित इंटीग्रेटेड टेस्ट रेंज (आई.टी.आर.), ओड़िशा में परीक्षण का फैसला किया था। हमारी टीम उत्साह से लबरेज थी, माहौल पूरी तरह विचारोत्तेजना से भरा हुआ था, कभी-कभी चिंताओं और सोच-विचार के कारण कोलाहल बना रहता था, सभी अग्रणी और बेहद लंबी तथा जुनूनी चर्चाओं में शामिल रहते थे। हमारा हर वैज्ञानिक अपना सबसे बेहतरीन प्रदर्शन करने को उतावला था, ताकि प्रोजेक्ट को सफल बनाया जा सके। हमारे कार्यक्रम को लेकर जहाँ ताकतवर देशों ने हमें खारिज कर रखा था, वहीं हमने उन्हें चौंकाने का निर्णय कर रखा था। हमारे प्रयासों और खोजों ने अच्छा फल दिया और कंप्यूटर फ्लुइड डाइनामिक्स (सी.एफ.डी.) और सिम्युलेशंस का इस्तेमाल करते हुए हमने मिसाइल की पूरी डिजाइन प्रक्रिया को दोबारा से खोज डाला था।

इस प्रोजेक्ट का अगुआ होने के कारण मेरी अन्य चिंताएँ भी थीं। अमेरिका को हमारे प्रोजेक्ट का आभास हो गया था। कुछ साल पहले फ्रैंकफर्ट में जब हम इसी तरह के मिसाइल सिस्टम पर काम कर रहे थे, तब अमेरिका ने हमें वहाँ से बाहर करने में सफलता पा ली थी और अब अमेरिका इस बात को लेकर सुनिश्चित नहीं था कि हम क्या हासिल करने जा रहे हैं, लेकिन वह सशंकित तो था ही। नए चुने गए राष्ट्रपति जॉर्ज एच.डब्ल्यू. बुश ने उसी समय ऑफिस में कदम रखा था और अपने पूर्ववर्ती राष्ट्रपति रोनाल्ड रीगन की तरह ही वह भी अपनी सारी कूटनीतिक ताकत लगा रहे थे कि भारत को लंबी दूरी की मिसाइल तकनीक न मिलने पाए। प्रस्तावित परीक्षण की तारीख से कुछ हफ्तों पहले, हमें ऐसी रिपोर्ट मिलने लगी कि अमेरिकी खुफिया सेटैलाइटों को चाँदीपुर के ऊपर स्थिर कर दिया गया है और वे सूचना एकत्र करने में जुटे हुए हैं।

मिसाइल टेस्ट की तय तारीख के बारे में कुछ ही लोगों को पता था। हम सब जानते थे कि हमारे चारों तरफ सेटैलाइटों के घूमने के चलते यह आशंका काफी ज्यादा थी कि हमारी योजनाओं के बारे में उन्हें (अमेरिका को) पहले ही पता चल जाएगा। फिर ऐसी रिपोर्ट भी थी कि अमेरिकी सरकार और खुफिया विभाग पहले ही चाँदीपुर में कुछ गड़बड़ होने की आशंका जताने लगे थे। हम जानते थे कि तकनीकी मदद से मना करने के बाद लड़ाई जीतने के लिए हम समय के साथ दौड़ लगा रहे हैं और संभावित कूटनीतिक चाल से जूझ रहे हैं, जो हमारे किए कराए पर पानी फेर सकती है।

22 तारीख यानी परीक्षण की तारीख के दिन सुबह के तीन बजे थे। हम उस दौरान मिसाइल असेंबलिंग एरिया में मौजूद थे, जब हॉटलाइन की घंटी बजने लगी। उन दिनों मोबाइल फोन नहीं होते थे और लंबी दूरी की फोन कॉल भी तार के माध्यम से ही होती

थी, जो कि काफी लंबा समय लेती थी। इसलिए हमने अपनी बेहद अहम बातचीत के लिए एक हॉटलाइन नंबर की व्यवस्था कर रखी थी, जो कि केवल उच्च स्तरीय कार्यालयों से ही इस्तेमाल की जा सकती थी। सुबह के तीन बजे हॉटलाइन पर फोन, वह भी लॉन्चिंग से चार-पाँच घंटे पहले, अच्छे संकेत का आभास नहीं दे रहा था।

रिसीवर कान पर लगाकर मैंने कहा, 'हैलो!' दूसरी तरफ डॉक्टर वी.एस. अरुणाचलम थे। वे रक्षा मंत्री के सलाहकार और डी.आर.डी.ओ. के प्रमुख और मेरे अधिकारी थे। बिना किसी औपचारिकता के और निराशाजनक लहजे में वे बोले, 'श्री शेषन तुमसे बात करना चाहते हैं। तैयार रहना। मैं पाँच मिनट में दोबारा कॉल करूँगा।' उन्होंने बात खत्म की, लेकिन मेरे जेहन में सैकड़ों सवाल उठने लगे। श्री टी.एन. शेषन देश के जाने-माने ब्यूरोक्रेट थे और जटिल मामलों को सुलझाने के लिए जाने जाते थे। मुझे हैरत हुई कि आखिर वे इस समय क्यों बात करना चाहते हैं।

जैसा कि मेरे अधिकारी का आदेश था, मैं हॉटलाइन के पास ही इंतजार करने लगा, रह-रहकर मेरी नजर दीवाल पर टँगी बड़ी घड़ी की तरफ भी चली जा रही थी और मुझे अपनी उत्साहित टीम के सदस्य नजर आ जाते थे, जो कि मिसाइल से जुड़े सामानों को इधर से उधर ले जा रहे थे। पाँच मिनट बीते और फिर दस और उसके बाद पंद्रह मिनट। इंतजार काफी उबाऊ हो चला था।

फोन एक बार फिर घनघनाया। 'सर!' मैंने तत्काल रिसीवर उठाया। 'गुड मॉर्निंग, कलाम!' यह श्री शेषन की आवाज थी, जो दूसरी तरफ से आई थी। मैंने अंदाजा लगा लिया था और वहीं पर विनम्रता खत्म हो गई। वे सीधे मुद्दे पर आ गए।

'अग्नि के मामले में हम कहाँ तक पहुँच चुके हैं?' उन्होंने पूछा और मेरे उत्तर का इंतजार किए बगैर उन्होंने दोबारा पूछा, 'हम आसन्न मिसाइल परीक्षण को लेकर अमेरिका और उत्तर अटलांटिक संधि संगठन (नाटो) के गहरे दबाव में हैं। हम पर बेहद कठिन कूटनीतिक प्रभाव डाले जा रहे हैं।' फिर लगभग अचानक ही उन्होंने अपने पहले सवाल पर लौटते हुए पूछा, 'कलाम! हम अग्नि के मामले में कहाँ तक पहुँचे हैं?'

'ईमानदारी से कहूँ तो प्रोजेक्ट डायरेक्टर होने के नाते मेरे लिए इस सवाल का जवाब दे पाना कठिन है। दरअसल, हम अग्नि को लेकर काफी अच्छा काम कर रहे थे।' लेकिन उनका वह सवाल किसी और तरफ ही इशारा कर रहा था। वे मेरी राय लेना चाह रहे थे कि क्या अग्नि का परीक्षण टाल देना चाहिए।

अगले कुछ सेकंड तक मेरा दिमाग इधर-उधर दौड़ता रहा। खुफिया रिपोर्ट भी थीं कि अमेरिकी सेटैलाइट को हमारे ऊपर फिक्स कर दिया गया है। मैं जानता था कि अमेरिका लगातार प्रधानमंत्री और उनके ऑफिस पर इस परीक्षण को टालने को लेकर दबाव बनाता जा रहा था। इससे भी बुरी रिपोर्ट यह आ रही थी कि चाँदीपुर में अगले

कुछ दिनों तक मौसम भी भयानक बना रहेगा।

फिर वहाँ मेरी टीम भी थी, कठिन परिश्रम करते दृढ महिला और पुरुष, जिनको हमने एक दशक पहले खुद इस काम के लिए विशेष तौर पर चुना था। वे हर तरह की परिस्थिति, चाहे वह तकनीकी नामंजूरी हो, दूसरे देशों से बहिष्कृत किया जाना हो, बजट की कमी हो, मीडिया का दबाव हो और अहम सामानों की कमी के कारण निराश करनेवाली विफलताएँ रही हों, से जूझते हुए यहाँ तक पहुँचे थे। उनकी जीत बिल्कुल उनके सामने खड़ी दिख रही थी—शानदार अग्नि, जिस पर बना हुआ तिरंगा हमारा मस्तक गर्व से ऊँचा कर रहा था। वैज्ञानिक प्रगति और रणनीतिक ताकत हासिल करने की दिशा में भारत एक नया अध्याय लिखने जा रहा था। क्या मैं ऐसे मौके पर अपने कदम पीछे खींच लेता और इस अध्याय को विलंब के दाग के साथ आगे बढ़ाता?

सख्ती से कहूँ, तो मिसाइल अब भी किनारे पर थी। प्रोजेक्ट को रोका जा सकता था और कुछ समय के लिए ताक पर रखा जा सकता था। हमारे पास अग्नि को संगृहीत करके रखने की क्षमता मौजूद थी। हो सकता है कि किसी दिन हम कूटनीति की जंग जीत जाएँ। हो सकता है कि निकट भविष्य में हमें अंतरराष्ट्रीय दृष्टि से बेहतर समय और माहौल मिल सके, ताकि हम अग्नि को और सुरक्षित ढंग से टेस्ट कर पाएँ। हो सकता है कि यह दिन धैर्य दिखाने का हो, एक छोटी सी हार को शायद स्वीकार करने का दिन और हो सकता है कि इससे बेहतर पल वाला दिन हमारा इंतजार कर रहा हो।

या शायद अब वह समय नहीं रहा कि 'हम देखो और इंतजार करो', की नीति पर चलें, बल्कि हमारे कर गुजरने और इसमें जश्न मनाने का समय आ गया था। मैंने अपनी सभी गणनाओं का आकलन किया और फिर अपना गला साफ करते हुए उनसे कहा, 'सर, मिसाइल एक ऐसे मोड़ पर पहुँच चुकी है, जहाँ से उसका लौटना मुमकिन नहीं है। हम अब परीक्षण रोक नहीं सकते। देर हो चुकी है।' मैंने अपने अधिकारी और श्री शेषन की तरफ से बहस और सवालों की झड़ी की उम्मीद की थी, लेकिन हैरतअंगेज रूप से जैसे ही घड़ी ने सुबह के चार बजाए और सूरज की किरणें धरती पर फूटने लगीं, श्री शेषन ने कहा, 'ठीक है,' और अगले ही पल जरा रुककर और गहरी साँस लेकर बोले, 'आगे बढ़ो।'

यही तो मैं चाहता था। 'शुक्रिया' कहने के साथ ही मैंने रिसीवर वापस उसकी जगह पर इस उम्मीद के साथ रखा कि परीक्षण से पहले यह दोबारा नहीं बजेगा। मेरी इच्छा पूरी हो गई थी।

तीन घंटे बाद, हमने अग्नि मिसाइल सिस्टम—एक मिसाइल सिस्टम, जो पूरी तरह भारत में तैयार किया गया था, जिसे कभी विंड टनल में टेस्ट नहीं किया गया था, जिसे

साधारण से पेचों पर तैयार किया गया था और जिन पर असाधारण तकनीकी उड़ानों को नियंत्रित करने का भार था। वह मारक हथियार का सिस्टम, जो हमारे देश का गौरव बना, उसका परीक्षण 22 मई, 1989 को किया गया। यह एक दोषरहित क्रियान्वयन था, जिसमें मुट्ठी भर युवा वैज्ञानिकों की उम्मीदें और संभावनाएँ भरी हुई थीं, जिन्हें इस धरती पर कोई ताकत डरा नहीं सकती थी। हमने इतिहास बना डाला था।

अगले दिन, चाँदीपुर में भयानक तूफान आया, जिसने हमारे परीक्षण स्थल को मामूली नुकसान पहुँचाया, लेकिन हम सब जानते थे कि हमने अग्नि की दौड़ पहले ही जीत ली थी।

□

यह एक अन्य दास्ताँ है डॉ. कलाम के जोखिम लेने का माद्दा रखनेवाले कॅरियर की, जिसमें उन्होंने मिसाइलों को सुरक्षा प्रदान की। यह कहानी सुनने के बाद मैंने पूछा, 'लेकिन क्या होता, जब अगली सुबह यह परीक्षण विफल हो जाता?'

'ओह! तब तो मैं भयानक मुसीबत में पड़ जाता, लेकिन मैंने अपने काम पर भरोसा किया, जो हमने अग्नि के मामले में किया था। मैं अच्छी तरह जानता था कि अगर मैंने अग्नि को विफल नहीं किया तो अग्नि भी मुझे विफल नहीं होने देगी। जब आप अपनी क्षमता पर भरोसा करते हैं, तो आपको जोखिम उठाने से भी डरना नहीं चाहिए।'

इस कहानी ने हमारे अंदर इस कदर प्रेरणा भर दी कि हम अब अपने ड्रोन रोबोट प्रोजेक्ट से पीछे हटने के बारे में सोचना ही भूल गए और आगे बढ़ चले। हमने तय किया कि हम अपने पहले मॉडल पर काम करेंगे। हमने अपने संसाधन एकत्र किए और अपने मित्रों से कुछ सहयोग हासिल किया। चार प्रोपेलरवाले ड्रोन का परीक्षण करने के बजाय हम सीधे छह प्रोपेलरवाले ड्रोन का परीक्षण करने के काम में जुट गए।

हमारा ड्रोन भी पहले ही प्रयास में सफलता की उड़ान भरने लगा, अग्नि की ही तरह से। हमने इसके पीछे मिली प्रेरणा के आधार पर इसका नाम रखा—'विंग्स ऑफ फायर।'

जब डॉ. कलाम को इस बहुआयामी ड्रोन की सफलता के बारे में बताया गया, तो वे रोमांचित हो उठे। वे इसकी उड़ान देखने को लालायित हो उठे। इसलिए 23 दिसंबर, 2014 को डॉ. कलाम लखनऊ पहुँचे, जहाँ विंग्स ऑफ फायर को पहली बार उनकी मौजूदगी और उनके आशीर्वाद के लिए उड़ाया गया। जब इसकी उड़ान जनता के जोश और उत्साह के बीच पूरी हुई, तब डॉ. कलाम बोले, 'मैं यह देखकर बेहद खुश हूँ कि तुम सब साथी अपनी क्षमता पर भरोसा करते हो। यह खूबसूरत है।'

□

28
ये मेरे लोग हैं

हमारे हर दौरे पर, विशेष तौर पर देश में हमें कुछ-न-कुछ अनोखे दृश्य देखने को मिल जाते थे, जब भी हम अपना अतिथिगृह छोड़ते थे।

लोगों का समूह, जिसमें हर उम्र वर्ग के लोग शामिल रहते थे, डॉ. कलाम को देखने और मिलने की उम्मीद लेकर आते थे। स्कूल यूनिफॉर्म में छोटी बच्चियाँ हाथों में गुलाब लिये और बड़े बच्चे उनकी किताबें लिये हुए उनका ऑटोग्राफ लेने की उम्मीद में और जो अधिक रचनाशील होते, वे डॉ. कलाम या उनकी एक मिसाइल की रंग-बिरंगी तसवीरें बनाकर ले आते थे।

दूसरी तरफ उम्र के स्तर पर बहुत सारे ऐसे लोग होते हैं, जो अस्सी की उम्र में भी अच्छी तरह काम कर रहे होते हैं। ये उम्रदराज लोग भी अकसर ऐसे आइडियाज रखते हैं, जिनका इस्तेमाल नहीं हुआ होता और वे उसे डॉ. कलाम से साझा करना चाहते थे। वे भी अपने साथ प्रिंटेड और लैमिनेटेड शीट पर अपने आइडियाज को दिखाने के लिए डॉ. कलाम के पास लेकर आते थे। उनका विश्वास रहता था कि उनके आइडियाज देश को बदलने का माद्दा रखते हैं। अकसर वे ऐसे दिलचस्प लोगों से टकराते थे।

एक बार सारंगपुर में इसी तरह एक 90 साल से अधिक की उम्र के एक विजिटर अचानक चले आए; वे जाने-माने स्वतंत्रता सेनानी थे, जिन्होंने गांधीजी के साथ कंधे-से-कंधा मिलाकर स्वाधीनता आंदोलन में हिस्सा लिया था। फिर इलाहाबाद में हम एक रिटायर रेलवे कर्मचारी से मिले थे, जिसका दावा था कि उसने रेलवे ट्रैक बिछाने की ऐसी उन्नत तकनीक विकसित की है, जिससे ट्रेनों का सफर और आसान हो जाएगा।

आमतौर पर तीस से चालीस ऐसे अनपेक्षित अतिथि या तो हॉल में या उनकी कार के पास इंतजार करते मिल ही जाते थे। जो किस्मतवाले नहीं होते थे, उन्हें मुख्य गेट पर ही रोक दिया जाता था, जहाँ वे मिसाइलमैन की एक झलक पाने के लिए ही इंतजार कर रहे होते थे।

बेहद बुजुर्ग और काफी छोटे बच्चों को बैठने का इंतजाम किया जाता था, जबकि बाकी लोग कतार में खड़े रहते थे और डॉ. कलाम बारी-बारी से उन लोगों से हाथ मिलाते थे तथा बात करते थे। वे अकसर उन लोगों के साथ तसवीरें खिंचवाने के लिए भी रुक जाते थे। उन्होंने अपने स्टाफ को सख्ती से मना कर रखा था कि वे उनसे मिलने के लिए आनेवाले लोगों को वापस न लौटाएँ। वे हर किसी से मिलने पर जोर देते थे, भले ही वह मुलाकात दस सेकंड से कम ही क्यों न हो।

बुलेटप्रूफ कार से लौटते समय डॉ. कलाम ड्राइवर से बेहद धीमी रफ्तार में कार चलाने को कहते। जैसे-जैसे कार आगे बढ़ती, लोगों की भीड़ उनसे मुसकराकर और हाथ हिलाकर खुद को उनसे जोड़ती। कुछ लोग अपने मोबाइल से उनकी तसवीर भी लेते। अगर वे किसी को हाथ हिलाकर इशारा करते देखते, खास तौर पर बच्चों को, तो वे सारा काम छोड़ देते और हाथ हिलाकर उसे बराबर सम्मान देते और उत्साह बढ़ाते। बच्चे उनकी इस प्रतिक्रिया से चहक उठते थे।

डॉ. कलाम का यह मानना था कि वे लोगों के लिए बने हैं और छोटे-छोटे हाव-भाव उन्हें वास्तव में लोगों से जोड़ देते हैं।

सन् 2011 में गुवाहाटी में इसी तरह के एक दौरे पर हमें कठिन समय से गुजरना पड़ा। उनको जो भाषण देना था, वह अच्छे से तैयार नहीं हो पाया था और रास्ते में हम उस पर लगातार काम करते जा रहे थे। इस दौरान लोगों का एक समूह सड़क पर उनका इंतजार कर रहा था और उनकी तरफ हाथ हिला-हिलाकर उनका स्वागत कर रहा था और हर बार डॉ. कलाम अपना काम रोककर उन लोगों की तरफ वापस हाथ हिलाकर जवाब दे रहे थे। ऐसा जब तीसरी बार भी हुआ, तो मैं खुद को रोक न सका और बोला, 'सर, आपका ध्यान बार-बार टूट रहा है।'

वे बोले, 'ये मेरे लोग हैं। मैं भी इसी तरह की जिंदगी जीता हूँ। देखो, एक इनसान को बड़ी मुश्किल से लोगों के चेहरे पर मुसकान लाने की ताकत मिलती है। इसके बारे में सोचो! गौर करो कि वे किस तरह से मुसकराते हैं, जब मैं उनकी तरफ देखकर हाथ हिलाता हूँ। गौर किया जाना, खुद को प्रासंगिक बनाए रखना एक मूलभूत इनसानी फितरत है, जिससे उसे खुशी मिलती है। वे लोग जब घर लौटेंगे तो मुसकराते हुए लौटेंगे, वे अपने परिजनों को इसके बारे में बताएँगे और तब पूरा परिवार खुश होगा। महज एक बार हाथ हिलाने और मुसकराने से हमारे पास वह ताकत है कि हम इतने ढेर सारे लोगों को खुश कर देते हैं। अब बताओ कि क्या यह कुछ सेकंडों का भटकाव जायज नहीं है ? जीवन में अगर आपके पास किसी के चेहरे पर मुसकान लाने की ताकत है, तो ऐसा करने के लिए समय निकालने से कभी चूकना नहीं चाहिए। जीवन आपको गरिमामय तरीके से उस समय को आपको लौटाएगा, जो आपने ऐसे काम में निवेश कर रखा होगा।'

मैंने इस सशक्त सलाह को गाँठ बाँध लिया। वाकई, ऐतिहासिक जीवन की महत्ता ही अपने चारों तरफ खुशियाँ बिखेरने में निहित है, जबकि यह सीख मेरे अंदर समाहित हो ही रही थी, तभी उन्होंने मेरे विचारों की शृंखला पर विराम लगा दिया। 'चलो वापस काम पर चलते हैं, तो अब बताओ कि भाषण में और क्या जोड़ना चाहते हो ?'

जिंदगी फिर पटरी पर आ गई, और इस बार जरा ज्यादा मुसकान के साथ।

□

फरवरी 2010 के आखिरी सप्ताह में डॉ. कलाम महाराष्ट्र के कोल्हापुर जिले के दौरे पर गए हुए थे। उनका यह दौरा प्रोफेसर समर दत्ता और मैंने तैयार किया था। प्रोफेसर दत्ता एक जाने-माने शिक्षाविद् हैं और आई.आई.एम. अहमदाबाद से संबंध रखते हैं। वे तब मेरे गुरु भी थे, जब मैं वहाँ का छात्र था। हमारा प्राथमिक उद्देश्य था डॉ. कलाम के विशेष प्रोजेक्ट PURA की शुरुआत कराना, जिसके लिए कोल्हापुर का वारना क्षेत्र चुना गया था।

वारना में PURA के अंतर्गत चीनी और डेयरी कोऑपरेटिव खोला गया था, जिसे 50 महिलाएँ मिलकर चला रही थीं। इसी में एक बहुआयामी चीनी मिल, डेयरी प्लांट, बड़ी संख्या में चिलिंग प्लांट, प्रशिक्षण केंद्र और स्कूल, कुछ कॉलेज, एक अस्पताल और इस क्षेत्र के लिए विशेष रूप से खोला गया एक बैंक भी था। उस क्षेत्र में गन्ने की अच्छी-खासी खेती होती थी और वहाँ के लोग पशुपालन पर भी विशेष ध्यान देते थे। यह एक अच्छा प्रोजेक्ट था, जिससे तीन लाख लोगों को फायदा पहुँच रहा था और यह सुनिश्चित किया जा रहा था कि इस क्षेत्र का कोई भी व्यक्ति गरीबी रेखा के नीचे न रहे। यह प्रोजेक्ट काफी मेहनत का नतीजा था और एकल प्रयास से तैयार उत्पादों को प्रोफेसर दत्ता की मेहनत के बल पर एक साथ और वारना PURA के बैनर तले लाना संभव हो सका था।

मैं जब छात्र था, तब प्रोफेसर दत्ता के साथ इस प्रोजेक्ट पर काम कर चुका था और सन् 2008 से ही एक पेशेवर के तौर पर इससे जुड़ा हुआ था। वर्ष 2010 में, जब हमारा काम अंततः पूरा हो गया, तब हमने डॉ. कलाम को इस प्रोजेक्ट के उद्घाटन के लिए आमंत्रित किया था। हमने 24 फरवरी की तारीख तय की थी, उनके देश के एक दूरदराज के इलाके में आने की, जो कि चमकदार अर्थव्यवस्था में कहीं से कमतर नहीं था।

हम दोपहर में वहाँ पहुँच गए, जो कि कोल्हापुर एयरपोर्ट से कार के जरिए 90 मिनट की दूरी पर स्थित था। एक बार जब हम वहाँ पहुँच गए, तो वहाँ के लोगों में खुशी की लहर दौड़ गई और बड़ी संख्या में वे मौके पर पहुँचे।

हमें वहाँ एक सामुदायिक अस्पताल का दौरा करना था, कॉलेज में एक कार्यक्रम में हिस्सा लेना था, जो कि गन्ना किसानों के माध्यम से पोषित हो रहा था, एक डेयरी

पर जाना था और चीनी मिल देखनी थी, हालाँकि वह फिलहाल संचालन प्रक्रिया में थी और इसलिए वहाँ जाना सुरक्षित नहीं माना जा रहा था। अंतत: डॉक्टर कलाम को वारना PURA की एक मिशन के तौर पर घोषणा करनी थी और 50 हजार किसानों को संबोधित करना था।

कुछ काम पूरे करने के बाद हम चीनी मिल पहुँचे, जहाँ हमारा मुख्य कार्यक्रम तय था। दोपहर के तीन बज रहे थे और तपिश अपने चरम पर थी हम अपने तय कार्यक्रम के मध्य में थे, तभी हमने देखा कि कुछ किसान अपनी बैलगाड़ियों पर गन्ना रखकर इंतजार कर रहे थे। वे लोग कतार में थे और अपने गन्ने को तुलवाने के लिए अपनी बारी का इंतजार कर रहे थे। यह उनके लिए एक परेशानीवाला इंतजार था, क्योंकि यहाँ के तौल के आधार पर उनके पूरे साल की मेहनत और कीमत का आकलन होना था।

उन लोगों ने हमें कार से आते हुए बड़े जिज्ञासु तरीके से देखा। मैं डॉ. कलाम के साथ उनकी बुलेटप्रूफ एंबेसडर कार में था, जिसमें सामने की सीट पर स्थानीय मैनेजर भी बैठा हुआ था और मिल संचालन की सारी प्रक्रिया से हमें परिचित कर रहा था। डॉ. कलाम मैनेजर की बातों पर विशेष ध्यान नहीं दे रहे थे। उनका ध्यान बाहर किसानों पर लगा हुआ था। कुछ अपनी बैलगाड़ियों के पास खड़े थे, कुछ अपने पशुओं को पानी पिला रहे थे और बाकी लोग अपनी गाड़ी में गन्ने को व्यवस्थित कर रहे थे।

फसल की कटाई के महीनों में ग्रामीण भारत का दृश्य विविधता से भरा होता है, किसान गर्व से भरकर अपनी फसल को देखता है और फिर भी उससे हासिल होनेवाली रकम को लेकर घबराया हुआ होता है। एक किसान की चिंता की वजह यह होती है कि वह सोच में होता है कि फसल से हासिल होनेवाली कीमत से वह अपना कर्ज चुका पाएगा या नहीं, बच्चों की शिक्षा सुनिश्चित कर पाएगा या नहीं, अपनी मूलभूत जरूरतें पूरी कर पाएगा या नहीं और अपने परिवार की मनपसंद चीजें खरीद पाएगा या नहीं।

अकसर किसान के लिए, जो कि देश का 50 फीसद कार्यबल होता है, स्थितियाँ बेहद नाजुक ही बनी रहती हैं। ऊँची पैदावार की खबर सुनने में जरूर अच्छी लगती है, लेकिन एक सरसरी नजर में ही कीमतों के गिरने और एग्रो फैक्टरियों के प्रक्रियागत खर्चों के चलते सबकुछ लंबे इंतजार में बदल जाता है। आजादी के सात दशक बाद और लगातार राजनीतिक चर्चा में रहने के बावजूद भारत के किसानों को फसल कटाई के मौसम में गंभीर चिंता के दौर से गुजरना ही पड़ता है। वारना PURA में किसानों के लिए शायद बेहतर स्थिति थी, क्योंकि चीनी मिल में उनकी भी हिस्सेदारी थी, जो कि कोऑपरेटिव मॉडल के तहत संचालित होती थी; हालाँकि हमने मिल का अपना दौरा पूरा कर लिया, डॉ. कलाम अब भी किसानों पर ही गौर कर रहे थे। एक पल बाद ही लगा कि उन्होंने किसी चीज को लेकर अपना मन बना लिया हो। उन्होंने पूछा, 'ये

किसान उत्पादक भी हैं और मिल के मालिक भी, क्या यह सही है ?'

'जी सर। 18 हजार किसान इस मिल के मालिक हैं।' मिल के प्रतिनिधि ने हमें बताया, जो कि हमारे साथ ही था।

'ये मेरे लोग हैं,' डॉ. कलाम ने कहा, 'मैं उनसे बात करना चाहता हूँ।'

मिल का प्रतिनिधि चौंक सा गया। 'जी सर, हम इस बड़े कार्यक्रम के बाद उनसे मिलने की व्यवस्था कर देंगे।'

'नहीं, मुझे अभी उनसे मिलना है।'

मैंने ड्राइवर से तत्काल कार रोकने के लिए कहा। डॉ. कलाम ने कार का भारी दरवाजा खुद ही खोला और किसानों की ओर चल पड़े। सुरक्षा दस्ते से तेजी से बाहर निकले पुलिसकर्मी एक 80 साल के बुजुर्ग के साथ कदम-से-कदम मिलाकर चल पाने में परेशानी महसूस कर रहे थे। उनको अपनी ओर आता हुआ देखकर किसानों में खुशी की लहर दौड़ गई, लेकिन उनके साथ मौजूद पुलिसवालों को देखकर चौकन्ने भी हो गए। डॉ. कलाम उन तक पहुँचे और उनकी फसल को लेकर अपेक्षाओं और कीमत के बारे में पूछा, साथ ही उनसे यह भी जानना चाहा कि अपने बच्चों के बेहतर भविष्य के लिए वे क्या कर रहे हैं। स्थानीय पुलिसकर्मी उनके अनुवादक बन गए। इस अचानक मुलाकात के बाद डॉ. कलाम ने उन सबके सामने एक मिशन रखा। उन्होंने पूछा, 'क्या आप लोग मेरे साथ शपथ लेंगे ?'

किसानों ने खुशी-खुशी सहमति जताई और डॉ. कलाम की कही बातों को दोहराने लगे—

1. खेती एक पवित्र उद्देश्य है। मैं इसमें निरंतर प्रगति करूँगा और उत्पाद को बढ़ाऊँगा।
2. जमीन और पानी हमारे सबसे बड़े संसाधन हैं। मैं इनका संरक्षण करूँगा और इन्हें बचाऊँगा।
3. मैं अपने इलाके के खेतों के तालाबों को विकसित करने में सहयोग करूँगा, ताकि साल भर पानी की उपलब्धता बनी रहे।
4. मैं मिट्टी के शोधन को समझता हूँ और इसके लिए बहुफसली खेती को प्रमुखता दूँगा।
5. उत्पादन में सुधार के लिए मैं तकनीक और बेहतर कृषि प्रक्रिया को तरजीह दूँगा।
6. मैं ऑर्गेनिक (प्राकृतिक) खेती को बढ़ावा दूँगा।
7. मैं खेती से निकले कचरे को संपदा में बदलूँगा और उसे ऊर्जा और प्राकृतिक खाद तैयार करने में खपाऊँगा।

8. बच्चे हमारा भविष्य हैं; मैं अपने बच्चों को शिक्षा दिलाऊँगा और लड़का व लड़की में भेदभाव नहीं करूँगा।
9. मैं अपनी मेहनत की कमाई को शराब और जुए में नष्ट नहीं करूँगा।

इसके बाद उन्होंने किसानों को उनकी कड़ी मेहनत के लिए शुक्रिया कहा और बोले, 'अब साथियो! मेरे साथ आओ। केवल किसान। क्लिक। तीन...दो...एक'

उन्होंने मुसकान के साथ जोड़ा, 'साथियो! आप भी एक शपथ लें। अगर आप इसका पालन नहीं करेंगे, तो मैं आपको पकड़ूँगा। मेरे पास अब आपकी फोटो भी है।' गन्ना किसान ठहाके लगाकर हँस पड़े। डॉ. कलाम अब उनके भी हो चुके थे।

□

पसंदीदा खेल

डॉ. कलाम कभी टी.वी. नहीं देखते थे, लेकिन फिर भी वे क्रिकेट के प्रशंसक थे। सफर के दौरान वे अकसर मुझसे क्रिकेट के स्कोर के बारे में जानकारी लेते रहते थे। उनके पसंदीदा खिलाड़ियों में सचिन और धोनी शामिल थे। अगर मैं उनसे कहता कि भारतीय टीम अच्छा प्रदर्शन नहीं कर रही है, तो वे शांति से जवाब देते, 'हमारा कप्तान जब आएगा तो कुछ-न-कुछ अलग करके दिखाएगा। बस देखते जाओ।'

हालाँकि यह मान लेना कि क्रिकेट उनका पसंदीदा खेल है, उचित नहीं होगा। मैंने एक बार उनसे पूछा था, 'तो क्रिकेट आपका पसंदीदा खेल है?'

उन्होंने जवाब दिया, 'नहीं। यह दूसरे नंबर पर आता है। मेरा पसंदीदा खेल बैडमिंटन है। मैं जब बच्चा था, तब से मैं इसे पसंद करता हूँ।'

□

29

कुछ देने के लिए जिओ

जो लोग 10, राजाजी मार्ग स्थित डॉ. कलाम के आवास पर उनसे मिलने जाते थे, वे एक सवाल जरूर पूछते थे—

'क्या आप मेरे दोस्त अर्जुन से मिले? आइए, मैं आपका परिचय कराता हूँ। वह एक शानदार साथी है।'

फिर वे लोगों को अपने बागीचे में ले जाते थे, जहाँ लंबे और चौड़े कद के योद्धा रूप में अर्जुन मौजूद था, उसके गठीले शरीर की बनावट लोगों को गर्व से भर देने के लिए काफी थी।

डॉ. कलाम कहते, 'यह साथी काफी बूढ़ा हो चुका है। एक सौ दस साल बूढ़ा। उसने निश्चित रूप से बहुत कुछ देखा है, कल्पना कीजिए—गांधीजी, नेहरू, आजादी की लड़ाई और भारत का अभ्युदय। अपने दिल में इसने इतिहास का एक हिस्सा ही समेट रखा है। यह मेरा सबसे अच्छा दोस्त है।'

अर्जुन भी डॉ. कलाम की तरफ प्यार से हाथ हिलाकर अभिवादन करता, उसकी लंबी शाखाएँ गौरवपूर्ण तरीके से झूमती थीं। जिन लोगों को उसके बारे में पता चलता, वे उसके साथ सेल्फी लेने से खुद को न रोक पाते।

अर्जुन डॉ. कलाम से लगभग तीन दशक बड़ा था। वह 10, राजाजी मार्ग के उनके आवास का सबसे खास निवासी था और उस घर के मालिक का सबसे प्यारा और सम्मानित बाशिंदा था।

डॉ. कलाम रोज उसके पास तक टहलकर जाते और चुपचाप अपने विचार उसके साथ चुपचाप बाँटते, लेकिन हम सब जानते थे कि वे दोनों एक-दूसरे को और बुद्धिमान बनाते थे। डॉ. कलाम अकसर अर्जुन को 10, राजाजी मार्ग का बरसों से खयाल रखने के लिए शुक्रिया भी अदा करते थे, क्योंकि अर्जुन ने अपने आसपास बहुतेरे फूलों और पौधों को पोषित और पल्लवित करने में मदद की थी। अर्जुन को उस घर के लिए

आधिकारिक मधु छत्ता लगाने का भी हक हासिल था।

सन् 2012 में एक दिन, जब डॉ. कलाम और मैं बागीचे में टहल रहे थे, तभी मैंने उनसे पूछा, 'इस अर्जुन में ऐसी क्या खास बात है, आप इसे इतना पसंद क्यों करते हैं?'

उन्होंने मेरी तरफ हैरत भरी नजर से देखा। फिर वे बोले, 'क्योंकि अर्जुन दूसरों को कुछ-न-कुछ देने के लिए बना है और जो भी इस धरती पर कुछ देने के इरादे से जीवित है, उसका हक बनता है कि उसे सम्मान मिले। अर्जुन के जीवन का ध्येय ही है, 'मैं क्या योगदान कर सकता हूँ, मैं क्या योगदान कर सकता हूँ, मैं क्या योगदान कर सकता हूँ?' यही वजह है कि वह बरसों से इसी तरह गौरव के साथ खुशी-खुशी खड़ा है।'

मैं भी अब 110 साल पुराने हरड़ (टर्मिनालिया) के पेड़ अर्जुन को महसूस कर सकता हूँ, जो हमारे पीछे खड़ा मुसकरा रहा था।

□

हमारी बातचीत यहीं खत्म नहीं हुई। डॉ. कलाम ने एक दिन मुझे एक काम भी सौंप दिया—'क्या तुम यह आकलन कर सकते हो कि अर्जुन ने कितने जीवों को सहारा दे रखा है?'

मैं अचकचा गया। यह एक अनपेक्षित चुनौती थी।

'जाओ, जाकर पता करो।' वे बोले।

इसलिए मैं उस विशालकाय वृक्ष के पास पहुँचा और उसके आसपास की चीजों को गौर करना शुरू किया। उसके तने से चिपकी हुई बेलें थीं, जो उसके चारों ओर फैली हुई थीं।

एक, दो, तीन,…11। जबरदस्त। 11 बेलें।

अपने जवाब के साथ मैं वापस आया। 'सर, इसने तो 11 बेलों को सहारा दे रखा है और साथ ही यह हमें ऑक्सीजन तो देता ही है।'

'ओह, तुमने परिंदों के घोंसले नहीं गिने शायद। दोबारा देखो।'

मैं फिर अर्जुन के पास पहुँचा। यह काम जरा कठिन था, क्योंकि पेड़ काफी घना था और अंदरूनी शाखाओं को पत्तियों ने सावधानी से ढक रखा था। मैं किसी तरह 12 घोंसले गिन पाया।

मैं वापस लौटा। 'सर, यह पेड़ 11 बेलों, 12 घोंसलों को सहारा देता है और हमें ऑक्सीजन देता है।'

'तुमसे फिर कोई चीज चूक गई।' इस बार वे मेरे साथ अर्जुन के पास तक आए। तने के आधार की ओर इशारा करते हुए, उन्होंने कहा, 'तुन इसे गिनना भूल गए। है कि नहीं?'

वहाँ वाकई वह चीज थी। तने के इर्द-गिर्द उग आई घनी झाड़ियों में एक मोर का

घोंसला था और एक खूबसूरत मोरनी ने वहाँ अंडे दिए हुए थे।

'अरे हाँ, इसे गिनना चूक गया मैं।'

'तुम जानना चाहोगे कि ऐसा क्यों हुआ? क्योंकि हम अकसर उन समाधानों की ओर देखते हैं जो हमसे ऊपर होते हैं, जिससे समाधान जबरदस्त दिखे। हमारा दिमाग उसी ओर देखता है। इस तरह हम उस प्रेरणा को नजरअंदाज कर जाते हैं, जो नीचे से या जमीनी स्तर से आ रही होती है। तुम सबसे बड़े घोंसले पर गौर करने से चूक गए, और वह भी सबसे खूबसूरत पक्षी के, क्योंकि वह जमीन पर था, बिल्कुल सतह पर, जड़ों के पास। हीरा धरती की गहराई में मिलता है, न कि आकाश की ऊँचाई में।'

कुछ हफ्ते बाद वह घोंसला जीवंत हो उठा, उसमें से पाँच नन्हे जीवों की आवाजें गूँजने लगीं। डॉ. कलाम ने मुझसे पूछा कि क्या मैं जानता हूँ कि मोर के बच्चे को क्या कहते हैं? और इससे पहले कि मैं गूगल से पता कर पाता, उन्होंने नाम भी दे दिया—'Pea-children (मोर के बच्चे)।'

मोर के बच्चे भी 10, राजाजी मार्ग स्थित परिवार का हिस्सा बन गए। डॉ. कलाम नियमित तौर पर यह खयाल रखते कि अहाते में स्थित मोर के उन बच्चों को तरीके से खाना मिले, जो कि उनके भोजन कक्ष से काफी नजदीक स्थित था। हम टेबल पर जब भी लंच कर रहे हों, तो वे अहाते में कुछ खाना छींट देते, ताकि मोर के बच्चे भूखे न रहें और इसका नतीजा भी दिखता कि मोर के बच्चे फुदकते हुए खाने के कण चुगने के लिए आने लगते।

'दोपहर के खाने के लिए हमारे पास अतिथियों की भरमार होने लगी है। अब वे यहाँ अपने खाने के लिए खुशी-खुशी आ सकेंगे। आप केवल देखते रहें, वे आएँगे और अपने तय समय पर ही आएँगे, चाहे कुछ भी हो जाए।' वे अकसर कहते थे।

वास्तव में जल्दी ही मोर के बच्चों के साथ अन्य पक्षियों के बच्चे, जैसे कबूतर, तोते और कौए भी इकट्ठा होने लगे। इस तरह एक परंपरा की शुरुआत हुई, जो वहाँ बरसों चली। यहाँ तक कि जब डॉ. कलाम शहर से बाहर होते, तो भी उन पक्षियों को खाना दिया जाता। वे अकसर अपने स्टाफ को पक्षियों को खाना देने की याद जरूर दिलाते थे और वे अपने दौरे से लौटने के बाद अकसर इसकी जाँच भी करते थे।

जब मैं डॉ. कलाम के निधन के बाद 10 राजाजी मार्ग लौटा, तो उस अहाते की तरफ बरबस ही चला गया और यह सोचकर मेरा गला भर आया कि अब वे यहाँ इन पक्षियों को खाना देने के लिए कभी नहीं आएँगे, लेकिन पक्षियों को अब भी उसी वक्त पर खाना दिया जाता है और उस परंपरा का निर्वहन अब भी किया जाता है। उनके सम्मान में यहाँ पक्षियों को हमेशा खाना दिया जाता रहेगा।

□

30

स्नेह और सहानुभूति के रंगों में समाहित है अच्छाई

सन् 2011 में दिल्ली में यहाँ-वहाँ आने-जाने के लिए मेरे पास मेरी बाइक थी; यह पुरानी थी और कुछ अलग तरह की हरे रंग की थी, लेकिन तेल कम खाती थी, माइलेज अच्छा देती थी। एक शनिवार सुबह मैं अपने सामान्य ऑफिस टाइम सुबह 9.30 बजे पहुँचा। उन दिनों मैं ऑफिस से पाँच किलोनीटर दूर रहता था। जब मैं ऑफिस पहुँचा तो देखा कि एक आदमी बड़ेवाले लोहे के गेट के बाहर खड़ा है। वह सुरक्षाकर्मियों से बात कर रहा है। वह बूढ़ा था, जिसकी लंबी और बेतरतीब दाढ़ी थी, उलझे हुए सफेद बाल थे, जो कि उसकी पगड़ी से ढके हुए थे। मैं बाइक से उतरा और उसके पास पहुँचा। उसके पास एक लंबी स्लेंडर छड़ी थी; जब मैंने उसका चेहरा देखा तो मुझे आभास हुआ कि वह नेत्रहीन है। एक छोटा बच्चा उसके पीछे छिपकर उस नेत्रहीन की ओट से मुझे देख रहा था। लड़के की उम्र 10 साल रही होगी। वह बच्चा पुलिसवालों को देखकर डरा हुआ था, लेकिन बुजुर्ग व्यक्ति पूरे आत्मविश्वास से बात कर रहा था। वह कह रहा था, 'एक मिनट के लिए मेरी मुलाकात करा दें हमारे राष्ट्रपतिजी से। मैं आपका आभारी रहूँगा।'

जब मैं उसके पास पहुँचा तो उसने तुरंत मेरी मौजूदगी भाँप ली। मैंने पूछा, 'बाबा, आपको क्या चाहिए?'

मेरी आवाज सुनते ही उसमें जोश आ गया। उसने जवाब दिया, 'मैं मथुरा से आ रहा हूँ। मेरे पास इस जावेद को छोड़कर कोई नहीं है। यही मेरा एक मात्र पोता है। मेरे बेटे की कॉलरा से मौत हो चुकी है और मेरी बहू मेरे साथ नहीं रहना चाहती है। इसलिए वह अपने मायके चली गई है। जावेद मेरे साथ रहता है। मैंने सुना है कि भारत के राष्ट्रपति अब्दुल कलाम साहब बहुत दयालु इनसान हैं और वे काफी ताकतवर भी हैं। वे मेरी आखिरी उम्मीद हैं। मैं जानता हूँ कि वे मेरी मदद जरूर करेंगे। कृपया मैं

उनसे दो मिनट के लिए मिलना चाहता हूँ। मैं जानता हूँ कि वे मेरी मदद जरूर करेंगे। मैं अंधा हूँ···मुझे उनका घर ढूँढ़ने में दो दिन लगे···मैं अल्लाह का शुक्रगुजार हूँ कि आज मैं यह घर ढूँढ़ पाया, क्योंकि आज निश्चित रूप से मैं अपने गाँव लौट जाता।'

यह आदमी अपने दिल में गहरा दु:ख लेकर यहाँ तक पहुँचा था और समस्त परेशानियों से गुजरने के बावजूद समय पर मंजिल तक पहुँचाने में सर्वशक्तिमान का शुक्रिया अदा करना नहीं भूला। मैं वाकई उस गरीब की मदद करना चाहता था, लेकिन डॉ. कलाम उसी दिन चेन्नई के दौरे पर निकल गए थे। सुरक्षाकर्मी उसे समझाने का प्रयास कर रहे थे कि वे उसकी बात राष्ट्रपति को उनके लौटने पर पहुँचा देंगे, लेकिन वह बूढ़ा व्यक्ति राष्ट्रपति से मिलने की जिद ठाने बैठा था। इसलिए मैंने उससे पूछा, 'राष्ट्रपतिजी से आप क्या चाहते हैं ?'

उसके जवाब ने मुझे चौंका दिया। वह जवाब इतना सरल था, जितना कि मैंने कल्पना भी नहीं की थी।

'मैं वापस जाकर अपना कारोबार शुरू करना चाहता हूँ। मैंने सुना है कि इन दिनों लोग मोटे होते जा रहे हैं। मैं सोचता हूँ कि वे सभी रोज अपना वजन नापना चाहते होंगे। मेरा छोटा सा बच्चा जावेद संख्या पढ़ लेता है। मैं राष्ट्रपति साहब से एक वजन नापने की मशीन खरीदने के लिए पैसे चाह रहा था। मशीन से मैं कारोबार शुरू कर सकता हूँ और जावेद के स्कूल की छुट्टी के बाद यह काम कर सकता हूँ। हम उस मशीन को अपने गाँव के सिनेमा हॉल के बाहर लगा सकते हैं, जहाँ लोग अपना वजन नाप सकते हैं। हम अपने नियमित ग्राहकों के लिए चार्ट भी बनाएँगे, ताकि वे यह देख सकें कि उनका वजन घट रहा है या बढ़ रहा है। मैंने वहाँ हर किसी से आर्थिक मदद माँगी, ताकि मैं वह मशीन खरीद सकूँ; लेकिन किसी ने मेरी मदद नहीं की। अंतत: जब जावेद को राष्ट्रपति कलाम के बारे में पता चला तो हमें कुछ उम्मीद बँधी। क्या आप इस बारे में उनसे बात कर सकते हैं ?'

इस तरह की कहानियाँ मेरे लिए ग्लानि और आभार के मिश्रित भाव से मुझे भर देती हैं—आभार इसलिए कि हम किस्मतवाले हैं कि हमें अपेक्षाकृत स्वस्थ शरीर मिला हुआ है, किस्मतवाले इसलिए कि हम अपनी आजीविका खुद कमा पाने में सक्षम हैं; और ग्लानि इसलिए कि हमने अपना समाज ऐसा बना दिया है, जिसमें एक अंधे व्यक्ति को अपने पोते के साथ इतनी दूर चलकर केवल इसलिए आना पड़ा, ताकि वह एक मामूली सी रकम हासिल कर सके। मेरे पास कोई उपाय नहीं था कि मैं उसकी डॉ. कलाम से उस दिन मुलाकात करा पाता, लेकिन मैं उसकी मदद करना चाहता था। मैं नहीं जानता था कि वजन नापनेवाली मशीन कितने की आती है, लेकिन मैंने अंदाजा लगाया कि वह करीब एक हजार रुपए के आसपास कीमत की तो होगी ही। इसलिए

मैंने 500 रुपए के दो नोट निकाले और उसे दे दिए। 'अब आप अपना कारोबार शुरू कर सकते हैं, आपकी किस्मत आपका साथ दे!'

वह हैरान रह गया और साथ ही खुश भी हुआ। उसने कहा, 'आप राष्ट्रपतिजी को बता देना कि उनके दरवाजे से मैं खाली हाथ नहीं जा रहा हूँ और हाँ, जावेद फिर किसी दिन यहाँ आएगा ये पैसे लौटाने के लिए, जब हमारे पास काफी पैसा हो जाएगा।' वह मुड़ा और उन पैसों को अपनी जेब में रख लिया। मैं अंदर गया और सुरक्षाकर्मियों से उन दोनों को कुछ खाना खिलाकर विदा करने के लिए बोल आया।

वह दिन बड़ा धीरे-धीरे कटा, क्योंकि उस दिन कुछ खास करने को नहीं था। उस बुजुर्ग ने मेरे अंदर जो मिश्रित भाव भर दिए थे, उनसे मैं काफी देर तक जूझता रहा और विचारों में खोया रहा।

डॉ. कलाम शाम को चेन्नई से लौट आए। किसी दौरे से लौटने के बाद वे मेरे ऑफिस में जरूर आते थे, यह उनकी आदत में शुमार था। आराम करने के लिए जाने से पहले वे ऑफिस में मेरे साथ काफी बातें करते थे। उन्होंने अपने चेन्नई के अनुभव की बातें साझा कीं और मैंने उन्हें उस बूढ़े आदमी और उसके पोते व उनके कारोबारी योजना के बारे में उन्हें बताया। उन्होंने कहा, 'तुमने उनकी मदद करके बहुत अच्छा काम किया। मैं जानता हूँ कि जावेद एक दिन जरूर आएगा। वह तुम्हें ढूँढ़ेगा और तुमको अपनी सफलता की कहानी बताएगा और कहेगा कि इसके पीछे तुम ही वह वजह हो। ऐसे मौके जबरदस्त होते हैं, जब किसी की उम्मीदों को हकीकत में बदलने के पीछे आप होते हैं। यह ऐसी कहानी है, जो तुम हमेशा याद रखोगे।'

इस बातचीत के बाद मैं वापस घर आ गया और दूसरी चीजों में व्यस्त हो गया, और जीवन उसी तरह यथावत् चलता रहा।

अगले दिन रविवार था। इसलिए मैं डॉ. कलाम के आवास नहीं गया और अपने कुछ आई.आई.एम. के दोस्तों के साथ गुड़गाँव में ही समय बिताने चला गया।

सप्ताहांत के बाद तरोताजा होकर सोमवार को जब मैं अपने नियत समय पर ऑफिस पहुँचा तो मैंने अपने टेबल पर एक लिफाफा पड़ा देखा। मैंने उसे खोला—उसमें 1000 रुपए का एक नोट था। मैं नहीं समझा कि यह यहाँ क्यों है। इसलिए मैं नीचे उतरकर श्री शेरिडॉन से मिलने के लिए जा पहुँचा, जो कि डॉ. कलाम के निजी सचिव और लंबे समय से सहयोगी थे। वे वित्तीय मामलों के भी प्रभारी थे। मैंने उनसे अपने टेबल पर रखे पैसों के बारे में पड़ताल की। उन्होंने जवाब दिया, 'मैं नहीं जानता। साहब ने इन्हें आपको देने के लिए कहा था।'

मैं डॉ. कलाम के बेडरूम की तरफ बढ़ा, जो कि ऊपर लाइब्रेरी के दूसरी तरफ स्थित था और उधर से ही रास्ता जाता था। वे अपना नाश्ता लगभग खत्म कर चुके थे।

मैंने निर्भीकता से उनसे पैसों के बारे में पूछा।

उन्होंने कहा, 'यह पैसा उस इनसान की मदद करने के लिए है।'

लेकिन मैं इससे असहज महसूस कर रहा था। मैंने विरोध किया, 'लेकिन मैंने जो मदद की, उसका आप भुगतान नहीं कर सकते।'

'लेकिन वह तो मुझे ढूँढ़ते हुए आया था। उसकी मदद के लिए मैं जिम्मेदार था। दुर्भाग्य से मैं उस वक्त मौजूद नहीं था।' उन्होंने तर्क दिया।

'और किस्मत से मैं वहाँ था। इसलिए उसकी मदद करने का मुझे मौका मिल गया! क्या आप मेरे हिस्से का पुण्य हासिल करना चाहते हैं!' मैंने हँसी में कहा।

वे बोले, 'देखो, अच्छा काम किया जाता है स्नेह और सहानुभूतिवश, न कि पैसे देकर। पैसे देना दरअसल सबसे आसान काम है, लेकिन भावनाओं को साझा करना कठिन होता है। पुण्य तो तुम्हें मिलेगा ही! लेकिन मैं नहीं चाहता कि तुम इसके लिए अपने पैसे भी खर्च करो, क्योंकि तुम्हारे ऊपर स्टूडेंट लोन भी है। मैं इतना वहन कर सकता हूँ, मुझे अच्छी पेंशन मिलती है।'

फिर भी मैं पैसे लेने के लिए तैयार नहीं हुआ।

कुछ देर की बहस के बाद हमने तय किया कि इस 1000 रुपए के नोट को हम एक उद्देश्य के लिए दान कर देंगे और मैंने कहा कि इस तरह से हम अपने पुण्य को बराबर–बराबर बाँट सकेंगे।

दो दिनों में बाद 1000 रुपए का नोट कनॉट प्लेस में एक बच्चे को दे दिया गया, जो कि जूते चमकानेवाली अपनी किट को उन्नत बनाना चाहता था। उसका नाम हनुमंत था और वह उत्तर प्रदेश के फर्रुखाबाद से आया था। वह स्कूल के बाद जूते मरम्मत का काम करता था। अकसर स्कूल की यूनिफॉर्म में ही दिख जाता था। उस पैसे से उसने अपने लिए नई किट खरीदी और अपनी आमदनी बढ़ाई। तीसरी या चौथी मुलाकात में, वह अपने कुछ पुराने जूते मरम्मत करनेवाले दोस्तों को भी ले आया और जल्दी ही उनका एक समूह तैयार हो गया, जो कनॉट प्लेस पर केवेंटर्स के पास हर महीने किसी एक रविवार को एकत्र होता था।

2015 तक मैं उस बच्चे के संपर्क में था, जिसे देश के 11वें राष्ट्रपति की तरफ से अपने कारोबार को आगे बढ़ाने के लिए निवेश मिला था। एक दिन मैंने हनुमंत और उसके दोस्तों से कहा, 'मैं कलाम साहब से बात करूँगा और तुम सबको उनसे मिलवाऊँगा।'

पहले तो वे बच्चे उलझन में पड़ गए और फिर खुश होकर बोले, 'हम उस बड़े घर को अंदर से देखेंगे!' उनमें से एक ने उत्साहित होकर कहा। हनुमंत ने कुछ सोचने के बाद पूछा, 'मैं पूर्व राष्ट्रपतिजी को क्या उपहार दूँ?'

मेरे पास कोई जवाब नहीं था। उन सबने कहा कि वे उस पल का इंतजार करेंगे।

अगर आप आसपास देखें, तो ऐसे बहुत से बच्चे मिल जाएँगे, जो सड़कों पर आपसे जूते मरम्मत के लिए पूछते मिल जाएँगे। उनके आसपास चमक-दमक से भरी पॉश दुकानों के आगे उनके मासूम हाथों से चमकाए हमारे जूतों की चमक फीकी नजर आती है और ये बच्चे उस चकाचौंध में खो जाते हैं। डॉ. कलाम और मैं अकसर इन बच्चों और उनके साथ होनेवाले भेदभाव को लेकर बातें करते थे।

27 जुलाई, 2015 के दिन, जब वे गुवाहाटी के लिए जहाज पकड़ने जा रहे थे, तो एक बार फिर मैंने उन जूते मरम्मत करनेवाले बच्चों के बारे में बताया। उन्होंने कहा, 'बताओ मुझे, मैं उनके लिए क्या कर सकता हूँ? मैं अगले हफ्ते उनसे मिलन चाहूँगा। उन्हें घर ले आओ। मैं उनके साथ कुछ वक्त बिताऊँगा।'

मैंने उन्हें बताया, 'आपसे मिलकर तो वे खुशी से झूम उठेंगे।'

वह मुलाकात भी कभी संभव नहीं हो पाई।

और हाँ, जहाँ तक मेरी बात है, मैं अब भी जावेद के लौटने और उससे उसकी सफलता की कहानी जानने का इंतजार कर रहा हूँ। मुझे यकीन है कि एक दिन वह मेरे पास जरूर आएगा और अपनी बात बताएगा।

□

31
मिसाइलमैन से स्माइलमैन तक

जनवरी, 2015 में शाम के वक्त तकरीबन 30 हजार ग्रामीण महाराष्ट्र के लोनी में एकत्र हुए। लोनी क्षेत्र पुणे से 150 किलोमीटर दूर उत्तर में पड़ता है, जो शिरडी से बेहद नजदीक है। शिरडी प्रसिद्ध संत साईं बाबा के निवासस्थान के रूप में जाना जाता है। उस दिन धूप खिली हुई थी और हवा नहीं चल रही थी। वहाँ बढ़ रही गरमी के कारण मौजूद लोग परेशानी महसूस कर रहे थे। वे लोग भारत के मिसाइलमैन को देखने के उत्साह के चलते वहाँ एकत्र हुए थे। डॉ. कलाम को वहाँ परवारनगर रूरल एजुकेशन सोसाइटी की 50वीं वर्षगाँठ के मौके पर आयोजित कार्यक्रम में शामिल होना था। यह सोसाइटी पद्मश्री डॉक्टर विट्ठलराव विखे पाटिल ने गठित की थी। वे कृषि सुधारक और देश की पहली कोऑपरेटिव चीनी मिल के संस्थापक के रूप में जाने जाते हैं। डॉक्टर पाटिल ने जो आंदोलन शुरू किया था, वह धीरे-धीरे पूरे क्षेत्र में फैल गया और उसका नतीजा यह हुआ कि उस क्षेत्र में मेडिकल और इंजीनियिरंग कॉलेज, अस्पताल, स्कूल, प्रशिक्षण केंद्र, बैंक और तमाम अन्य संस्थान स्थापित हुए। अब इन सबको उनके पोते डॉक्टर अशोक पाटिल सँभालते हैं। वे डॉ. कलाम के दोस्त भी थे।

उस विशेष मौके के लिए बनाए गए मंच के पीछे 50 की संख्या में कार्यक्रम प्रस्तुत करनेवाले मौजूद विद्यार्थी थे, जो डॉ. कलाम के लिए कार्यक्रम पेश करने के लिए तैयार हो रहे थे। उनके शिक्षक उन्हें अंतिम निर्देश दे रहे थे और साथ ही साथ मैकअप भी कर रहे थे। कार्यक्रम के लिए तीन प्रस्तुतियाँ तैयार की गई थीं, जिन्हें आसपास के बच्चों के जरिए प्रस्तुत किया जाना था। पहले दो कार्यक्रम तो पारंपरिक नृत्य के थे, जबकि आखिरी वाला फ्यूजन डांस था, जो कि देशभक्ति गाने पर होना था। इसके लिए बड़ी टीम तैयार की गई थी। हम कार्यक्रम में देर से पहुँचे, क्योंकि हमारी फ्लाइट देर से उड़ी और फिर हमें कुछ स्थानीय लोगों से भी मिलना था। पायलटों ने हमें आगाह किया था कि हमें मुंबई में 4.30 बजे से पहले उतरना होगा, लेकिन इस कार्यक्रम के

बाद एक और लंच कार्यक्रम में हमें हिस्सा लेने जाना था, तो एक बार फिर हम समय के अभाव में फँस गए थे। जब डॉ. कलाम मंच पर पहुँचे, तो हमारे पास बमुश्किल 60 मिनट बचे थे। कार्यक्रम की शुरुआत डॉक्टर अशोक पाटिल के लंबे, लेकिन दिल खुश करनेवाले स्वागत भाषण से हुई, जिसके बाद पुरस्कार वितरण समारोह हुआ और फिर कार्यक्रम प्रस्तुत करनेवाले मंच पर आ गए। समय की चिंता को देखते हुए हमने डॉक्टर पाटिल से आग्रह किया कि डॉ. कलाम का भाषण जल्दी शुरू करा दिया जाए, क्योंकि हमें सारी चीजें समाहित करने में 25 से 30 मिनट लग जाएँगे। डॉक्टर पाटिल में माहौल को मोड़ने की अद्‌भुत क्षमता थी। उन्होंने इस निवेदन को गंभीरता से लिया और आखिरी प्रस्तुति को स्थगित कर दिया। आयोजकों ने तय किया कि उक्त प्रस्तुति डॉ. कलाम के भाषण और खाने-पीने के बाद कराई जाएगी

यह एक कठोर कदम था, लेकिन इससे हमारे 10 मिनट बच गए। दूसरी प्रस्तुति के बाद, जब डॉ. कलाम मंच की ओर जाने लगे, तो मैं उनके साथ कॉलर माइक जोड़ने के लिए साथ में गया और उन्हें बताया कि समय की कमी के कारण हमें तीसरी प्रस्तुति स्थगित करानी पड़ी है। इसलिए अब उन्हें अपना भाषण छोटा करने की जरूरत नहीं पड़ेगी। उन्होंने मेरी तरफ देखा और बोले, 'और जिन्होंने मेहनत से तैयारी की है, उनका क्या?' मैंने उन्हें बताया कि जब वह भाषण खत्म कर लेंगे और चले जाएँगे, तब वे कार्यक्रम प्रस्तुत करेंगे। उन्होंने जवाब दिया, 'आह! क्या तुम्हें लगता है कि इससे काम हो जाएगा?' वे सही थे। मैं जानता था कि एक बार जब वे चले जाएँगे, तो बड़ी संख्या में भीड़ भी छँट जाएगी।

कलाम के मंच छोड़ते ही 30 हजार लोगों की जो भीड़ उत्साह से लबरेज होकर ताली बजाते हुए निकल लेगी और उस स्थगित प्रदर्शन को एक इनसान के सिवा कोई याद भी नहीं रखेगा। हमने जल्दी से कार्यक्रम खत्म किया और पास ही स्थित ऑफिस में एक शानदार शाकाहारी खाना खाने के लिए पहुँच गए। उनकी पसंदीदा चीजें—भिंडी, प्याज पकौड़े और योगर्ट, उन्हें परोसी गईं। हम खाने का सफर बीच तक ले आए थे कि डॉ. कलाम अचानक डॉक्टर अशोक पाटिल की तरफ मुड़े और बोले, 'मेरा एक निवेदन है। हम जरा जल्दी लंच खत्म कर कुछ समय बचा लें। जिन बच्चों की प्रस्तुति समय की कमी के कारण स्थिगत करनी पड़ी है, उन्हें यहाँ बुला लें। प्रोग्राम कैंसिल होने से निश्चित रूप से उन्हें बुरा लग रहा होगा। मैं उनसे मिलकर उन्हें सांत्वना दूँगा।' लंच में लगभग दस लोग मौजूद थे और डॉ. कलाम की संवेदनशीलता जानकर वहाँ एक पल के लिए सन्नाटा पसर गया।

अगले पाँच मिनट में लगभग 20 के करीब छोटे बच्चे, पूरे मैकअप और रंग-बिरंगी पोशाकों में कमरे के बाहर एकत्र कर दिए गए। डॉ. कलाम बिल्कुल सही थे। वे

छोटे-छोटे बच्चे काफी निराश थे और उनमें से कुछ तो रो भी रहे थे—छोटी बच्चियों ने अपनी आँखों में जो मस्कारा लगा रखा था, वह आँसुओं के साथ बह चुका था। जब उन्होंने डॉ. कलाम को अपनी तरफ आते देखा तो वे भावुक हो गए और एक बार फिर बिलख पड़े। उन छोटे बच्चों ने महीनों पहले से प्रेरणास्वरूप उनकी तसवीर को आगे रखकर प्रैक्टिस की थी। अब उनकी निराशा अचानक खुशी में बदल गई थी। डॉ. कलाम ने खाना बीच में छोड़कर यह सुनिश्चित किया कि उन बच्चों के साथ कम-से-कम पाँच मिनट बिताया जाए। उन्होंने उनसे उनके नाम पूछे, फोटो खिंचवाई। अंततः जब वे जाने लगे, तब डॉ. पाटिल ने टिप्पणी की, 'ये बच्चे प्रोग्राम न कर पाने के बावजूद किस्मतवाले रहे, क्योंकि उन्होंने सीधे-सीधे आपके साथ कुछ पल बिताए।'

बच्चे खुशी से चहक उठे। हम सब उस महान् मिसाइलमैन, या मुझे यह कहना चाहिए कि 'स्माइलमैन' के स्नेह से अभिभूत रह गए।

□

32
यथोचित विरासत

23 जुलाई, 2015 की रात मैं फ्लाइट से अहमदाबाद से दिल्ली लौट रहा था। मैंने गुजरात में एक हफ्ता एक काम के सिलसिले में बिताया। 24 से 26 जुलाई को डॉ. कलाम और मैं ऑफिस में बैठकर सप्ताहांत में आई.आई.एम. शिलाँग में प्रस्तुत किए जानेवाले व्याख्यान और प्रोजेक्टों की तैयारी करनेवाले थे। यह कार्यक्रम 27 और 28 जुलाई को प्रस्तावित था। डॉ. कलाम को मेरे यात्रा-कार्यक्रम के बारे में पूरी जानकारी रहती थी, क्योंकि जब भी मैं दिल्ली से बाहर जाता था, तो हम अपने मोबाइल फोन के जरिए एक-दूसरे से संपर्क में रहते थे।

23 जुलाई को मैं रात नौ बजे दिल्ली पहुँचा और डॉ. कलाम के आवास की तरफ बढ़ चला, जहाँ मुझे रात में रुकना भी था। जैसे ही मैं पहले तल पर स्थित अपने कमरे की ओर बढ़ा, मुझे उनकी आवाज सुनाई दी।

उन्होंने पूछा, 'तुम विचित्र इनसान! पहुँच गए?' जब मैंने कहा, 'हाँ' तो उन्होंने तत्काल मिलने के लिए कहा।

जैसे ही मैं उनके कमरे में दाखिल हुआ, तो उन्होंने मुझे एक इ-नेल दिखाया, जो कि प्रोफेसर एन. बालाकृष्णन के छात्रों की तरफ से उन्हें भेजा गया था। प्रोफेसर बालाकृष्णन को वे 'बाल्की' कहकर पुकारते थे। प्रोफेसर बाल्की, जो भारतीय विज्ञान संस्थान, बैंगलोर में काम करते थे, वे डॉ. कलाम के लंबे समय के साथी रह चुके थे। वे दोनों साथ ही एरोस्पेस सेक्टर में काम कर चुके थे। डॉक्टर बाल्की ने देश का पहला सुपर कंप्यूटर तैयार करने में काफी अहम भूमिका निभाई थी। डॉक्टर बाल्की सेवानिवृत्त हो रहे थे, इसलिए उनके छात्र उनके सम्मान में एक वीडियो बनाना चाहते थे, जिसमें उनके साथ काम कर चुके कुछ खास लोगों के संदेश भी शामिल करने थे।

रात के 11 बज रहे थे, इसलिए मैंने कहा कि इसे पेशेवर तरीके से सुबह किया जाए। उन्होंने मेरी तरफ हैरत से देखा। 'लेकिन वे लोग चाहते हैं कि कोलाज के लिए

आज ही मैसेज भेज दिया जाए। वे लोग अपने शिक्षक के लिए कुछ करना चाहते हैं और हमें उनकी मदद करनी चाहिए, वे एक अच्छे इनसान हैं!'

ऐसे मौके पर केवल एक ही विकल्प बचा था—मैं अपने मोबाइल फोन से उनका वीडियो शूट करता। हम ऑफिस के कमरे में गए और एक कुरसी पर जुगाड़ का ट्राइपॉड बनाया। मैं जब कैमरा व्यवस्थित कर रहा था, तो वे बोले, 'देखो, कौन सा पोज ठीक लगेगा। एक अच्छा वीडियो बनना चाहिए।'

'बिल्कुल! प्रयास करते हैं।' मैंने भी उत्साहित होकर कहा।

फिर वे पोज बदल-बदलकर फोटो खिंचवाने लगे और हमने इस तरह कम-से-कम आधा दर्जन तसवीरें एकत्र कर लीं। अंततः उन्होंने एक पोज चुना, जो उनके हिसाब से सबसे बढ़िया था और मैंने अगले पाँच मिनट उनका तात्कालिक संदेश रिकॉर्ड किया।

जब संदेश रिकॉर्ड हो गया, तो मैंने उनसे कहा कि मैं इसे ठीक करके आधे घंटे के अंदर वीडियो उन्हें भेजता हूँ। उन्होंने कहा कि वे मेरे साथ ही उसका इंतजार करेंगे। जल्दी ही हम एक अन्य वार्त्तालाप में शामिल हो गए।

'तीन दिन पहले, 20 को मैं डिंडिगुल में था, जहाँ मेरे प्रोफेसर, जिनकी उम्र 90 साल से ज्यादा हो गई है, प्रोफेसर लडिस्लॉस चिन्नादुरई···उन्होंने मुझे भौतिकी पढ़ाई थी। मुझे देखकर वे बेहद खुश हुए। मैंने उन्हें शुक्रिया कहा और उनकी आँखों से निकले आँसू उनके गालों पर आ गए। उन्होंने सभी को बताया, 60 साल बाद भी कलाम ने मुझे और मेरी शिक्षा को याद रखा। उन्होंने मुझे एक अच्छे छात्र का सर्टिफिकेट भी दिया। मैंने खुद को भाग्यशाली समझा। तुम जानते हो मैंने उन्हें क्या उपहार दिया?'

'क्या?' मैंने काम रोक दिया और जिज्ञासावश पूछा। दस फीसद तक वीडियो तब तक अपलोड हो चुका था।

अपनी एक उँगली से टेबल पर थपकी देते हुए वे बोले, 'मैंने उन्हें अपनी किताब दी—रीइग्नाइटेड (Reignited)। मैंने उन्हें बताया कि यह किताब मैंने एक युवा साथी के साथ लिखी है, जो आई.आई.एम. में मेरा छात्र रह चुका है। जैसे मैं आपका छात्र हूँ, वैसे ही वह मेरा छात्र है। उन्होंने तुरंत किताब पढ़नी शुरू कर दी, एक या दो पेज पढ़ने के बाद बोले, देखने में तो किताब अच्छी लग रही है। वे उसे पूरा पढ़ेंगे और हमें सौ में से नंबर देंगे। मुझे लगता है कि हम अपने गुरु से अच्छे अंक हासिल कर पाएँगे। जो कुछ भी उन्होंने उस समय पढ़ा, उससे वे काफी खुश लग रहे थे। तब तुम भी मेरे गुरु से अच्छे छात्र का सर्टिफिकेट हासिल कर पाओगे।'

हम दोनों हँस पड़े।

20 फीसद अपलोड पूरा हो चुका था।

'मैं सोचता हूँ कि जिन साथियों ने हमसे यह वीडियो बनाने का निवेदन किया है, वे भी मूलतः अच्छे स्टूडेंट होंगे। छात्रों और युवाओं को अपने गुरुओं का खयाल जरूर रखना चाहिए और अपने माता-पिता का भी। मैं इस बात से चिंतित हूँ कि युवा पीढ़ी जैसे-जैसे अपने जीवन में आगे बढ़ती जा रही है, अपने गुरुओं और माता-पिता को भूलती जा रही है।'

30 फीसद अपलोड पूरा हो चुका था।

तभी उन्होंने खुद को दुरुस्त करते हुए कहा, 'हर कोई ऐसा नहीं करता, लेकिन कुछ लोग ऐसे हैं, जो उन लोगों को दरकिनार करते हैं, जिनकी जिंदगी सँवारने में जिन्होंने अपनी जिंदगी कुरबान कर दी। तुम अच्छे इनसान हो और अपने माता-पिता तथा गुरुओं को कभी दरकिनार मत करना, तब भी, जब वे इस दुनिया में न हों। मैं अब भी अपने माता-पिता और गुरुओं से काफी कुछ सीखता हूँ, जबकि वे दशकों पहले इस दुनिया से जा चुके हैं।'

मैं उनकी बातों को सुन रहा था और उधर वीडियो धीरे-धीरे अपलोड हो रहा था। इंटरनेट काफी धीमा चल रहा था और 300 एम.बी. की फाइल अपलोड करने में काफी वक्त लग रहा था।

'माता-पिता को भी खुद को बदलने की जरूरत है। बच्चों को माँ-बाप से समय और ध्यान चाहिए होता है, संसाधनों और सामानों से कहीं बढ़कर। लोग अपनी पूरी जिंदगी संपत्ति इकट्ठी करने में बिता देते हैं। वे सब सीमाएँ पार कर जाते हैं, संपत्ति की भूख उन्हें पागलपन की हद तक ले जाती है। ऐसा लगता है कि वे अपनी प्यास बुझाने के लिए समुद्र का पानी पी रहे हैं, जिसे जितना ही पीते जाओ, प्यास उतनी ही बढ़ती जाती है। उनकी दौड़ उस हिरन की तरह है, जो मरीचिका के पीछे भागता जाता है—इससे वे बीमार पड़ रहे हैं, उदास हो रहे हैं और यहाँ तक कि इसी दौड़ में उनकी मौत भी हो जा रही है। हालाँकि वे यह सब केवल अपने लिए नहीं करते; यह सब वे अपनी आगे की पीढ़ी के लिए करते हैं और कभी-कभी तो उससे भी आगे की पीढ़ी के लिए। बच्चों के लिए संपत्ति जुटाने के क्रम में वे यह भूल जाते हैं कि बच्चों को प्यार और स्नेह भी उतना ही जरूरी होता है।'

'लेकिन क्या यह सब उनके बच्चों को खुश कर पाता है, क्या इससे वे अपने माता-पिता के प्रति और ज्यादा सम्मान दरशा पाते हैं? मुझे संशय लगता है...' मैंने कहा। तब तक वीडियो 50 फीसद तक अपलोड हो चुका था।

'अगर यह सफल हुआ होता तो रईसों के बच्चे उनके दुनिया से कूच कर जाने के बाद न लड़ते। जो संपत्ति वे पीछे छोड़कर जाते हैं, उससे केवल डर, ईर्ष्या और झगड़ा-

फसाद ही होता है। मेरा तो यह मानना है कि किसी को भी छोटी-से-छोटी विरासत भी संपत्ति के रूप में छोड़कर नहीं जानी चाहिए।'

'तो फिर वे इस दुनिया से अपने बच्चों को क्या देकर जाएँगे ?' मैंने पूछा।

60 फीसद अपलोड पूरा हो चुका था।

उन्होंने लब्बोलुआब सामने रखा, 'मेरे पिता कहते थे कि प्रकाश का केवल एक ही स्रोत है और लोग उस स्रोत के अलग-अलग आकार-प्रकार के छेद के रूप में काम करते हैं। हम जो कुछ भी अपने लिए हासिल करते हैं, उसे दूसरों को देने के लिए तैयार रहना चाहिए। मेरे पिता के सात दशक पूर्व कहे शब्द आज भी मेरे कानों में उसी सच्चे भाई के साथ गूँजते हैं। इनसान जो कुछ भी अपने जीवन में हासिल करे, उसे अच्छे कामों में ही खर्च करना चाहिए। अच्छे कार्यों का फल ही अगली पीढ़ी की विरासत के तौर पर काम करेगा। हर किसी को विरासत के रूप में प्यार और बुद्धिमत्ता की संपत्ति छोड़नी चाहिए, क्योंकि प्यार और बुद्धिमत्ता कभी सीमाएँ नहीं खींचती।' अपनी बात स्पष्ट करने के लिए उन्होंने आगे जोड़ा, 'विरासत के तौर पर संपत्ति छोड़ना सबसे खराब चीज है।'

90 फीसद अपलोड पूरा हो चुका था।

'तो पीछे छोड़कर जाने के लिए सबसे बढ़िया चीज बुद्धिमत्ता है, न कि संपत्ति। क्या यह उचित है ?' मैंने पूछा।

'हाँ इस तरह जानेवाला आश्वस्त होकर इस दुनिया से कूच करेगा कि उसके जाने के बाद पीछे रह गए लोगों के बीच शांति और प्रेम पनपेगा।'

'सच है, इसी तरीके से हर किसी को विदा लेनी चाहिए।' मैंने जोड़ा।

'हाँ, और विदाई भी छोटे, बहुत छोटे रूप में होनी चाहिए। इतने छोटे रूप में होनी चाहिए कि जानेवाले की याद हमेशा बरकरार रहे। विदाई का सबसे उत्तम रूप यही माना जाएगा कि अपना पसंदीदा काम करते हुए, खड़े-खड़े और काम पर पहने जानेवाले जूते पहने हुए वह विदाई ले। यही एक ऐतिहासिक विदाई होती है। एक बड़े शो की कल्पना करो। जैसे ही शो पूरा होता है, बिना देरी किए परदे गिर जाते हैं बिना देरी किए। इस तरह से उस बड़े शो के किरदार ही केवल जेहन में रह जाते हैं।'

कंप्यूटर से बीप की आवाज आई। 100 फीसद अपलोड पूरा हो चुका था।

'क्या बात है! बहुत अच्छा!' खुशी-खुशी उन्होंने कहा। कभी-कभी मेरे काम की तारीफ करने के लिए वे हिंदी का भी सहारा लेते थे; इसका मतलब होता था कि वे परिणामों से काफी खुश हैं और तनाव से राहत चाहते हैं। मैं भी उनसे बात करने के लिए कभी-कभी चुनिंदा तमिल शब्दों का इस्तेमाल करता था। उनकी हिंदी और मेरी तमिल एक-दूसरे को हँसाने में कभी विफल साबित नहीं हुईं।

वे उठे और बोले, 'जाओ सो जाओ। कल हमें आई.आई.एम. शिलांग के व्याख्यान पर काम करना है; वह बहुत अहम है। इस धरती को वाकई रहने योग्य बनाने को लेकर दिए जानेवाले व्याख्यान पर खासी मेहनत करनी है; यह विषय इन दिनों बेहद गंभीर मामला है। मैं चाहता हूँ कि मेरा व्याख्यान सुनने के बाद युवा पीढ़ी कुछ कदम उठाए।'

डॉ. कलाम ने अपनी आस्था का पूरा आनंद लिया, जीते जो और मृत्यु के दौरान भी।

बिल्कुल चार दिन बाद, 27 जुलाई को जब उन्होंने आखिरी बार विदा ली, तो वे छोटी, वाकई बहुत छोटी, कुछ सेकंड की ही विदाई थी। वे मंच पर सीधे खड़े थे और बिल्कुल वही कर रहे थे, जो उन्हें बेहद पसंद था, पढ़ा रहे थे। वे एक ही बार गिरे और फिर मैंने ही उनके जूते उतारे। अपने आखिरी प्रदर्शन में बतौर एक शिक्षक, वे अपने छात्रों को बता रहे थे कि धरती को सुरक्षित रखने के लिए हमें सीमाओं और विभाजनों को भूलकर काम करने की जरूरत है और तभी परदा गिर गया।

प्रतिभाशाली लोग चुन लेते हैं कि उन्हें कैसे और कहाँ तक जिंदा रहना है, कितनी संपत्ति के साथ रहना है, लेकिन केवल महान् आत्माएँ ही ऐसा कर पाती हैं कि उन्हें कैसे विदाई लेनी है और जाते-जाते वे लोगों का कितना प्रेम अपने साथ ले जा सकती हैं।

28 को उनकी खुद की विरासत कुछ इस प्रकार की निकली, लगभग कुछ हजार किताबों, कुछ कपड़े, बेहद मामूली बैंक बैलेंस और लोगों का अपार स्नेह, अभिभूत करनेवाली बौद्धिकता और निष्कलंक निष्ठा।

□

मैं वापस आऊँगा और वोट डालूँगा

4 दिसंबर, 2013 को दिल्ली विधानसभा चुनावों के लिए काफी शोर-शराबे से भरपूर प्रचार हो रहा था, जहाँ तीन दल प्रमुख रूप से मैदान में थे—बीजेपी, कांग्रेस और नई बनी आम आदमी पार्टी (आप)। जैसा कि अक्सर होता है, डॉ. कलाम वोट डालने के प्रति काफी उदार थे और वोट डालने के लिए वे नजदीकी पोलिंग स्टेशन पर सुबह जल्दी ही पहुँच जाते थे। वे अपनी बारी की प्रतीक्षा कर रहे थे, तभी इलेक्ट्रॉनिक वोटिंग मशीन (ई.वी.एम.) अचानक रुक गई और वोटिंग कुछ देर के लिए ठहर गई। पूर्व राष्ट्रपति को कतार में खड़ा देखकर अधिकारियों में हड़कंप मच गया और वे मशीन दुरुस्त करने में जुट गए। बाकी लोगों के साथ डॉ. कलान बेहद शांति से इंतजार करते रहे। कुछ देर बाद उनके स्टाफ की सलाह पर वे घर लौटने लगे, लेकिन पोलिंग बूथ छोड़ने से पहले उन्होंने अधिकारियों से कहा, 'ई.वी.एम. जैसे ही काम करने लगेगी, मैं वापस आकर वोट डालूँगा।'

यह तो निश्चित था, वे घंटे भर बाद वापस पोलिंग बूथ पर पहुँचे और अपना वोट डाल आए।

2009 में सेंटर फॉर एनवायरनमेंट एजुकेशन (पर्यावरण शिक्षा केंद्र) ने देशव्यापी सर्वे कराया था, जिसमें दो लाख स्कूलों के बच्चों से पूछा गया था कि वे पर्यावरण एंबेसडर के रूप में किसे वोट देंगे। भारत के बच्चों ने निर्विवाद रूप से डॉ. कलाम को अपना 'पर्यावरण राजदूत' चुना था। डॉ. कलाम ने इस जिम्मेदारी को बेहद गंभीरता से लिया और उसी समय से यह सुनिश्चित करने लगे कि वे अपने भाषणों में पर्यावरण पर ज्यादा-से-ज्यादा मुद्दों को केंद्रित रखेंगे।

□

33

महानता का पथ है विनम्रता

डॉ. कलाम को उनकी विनम्रता के लिए सबसे ज्यादा जाना जाता है. दरअसल शायद उनकी यही विशेषता थी, जो उन्हें अन्य सफल वैज्ञानिकों और राजनेताओं से अलग करती थी। उनकी विनम्रता बनावटी नहीं थी; यह जन्मजात थी और ताउम्र उनके दैनिक जीवन में नजर आती थी। उनकी विनम्रता तब झलकती थी, जब खाने के बाद वे खुद ही अपनी टेबल साफ करते थे, जब वे सामान्य से कपड़े पहनते थे और जब वे अपने पुराने लेख और किताबें खुद ही दुरुस्त करते थे। आम लोगों से मिलने के दौरान वे बेहद खुश नजर आते थे।

2012 में डॉ. कलाम ने एक कार्यक्रम में शिरकत की, जहाँ कुछ नौकरशाह, मंत्री और कुछ वरिष्ठ अधिकारी शामिल थे। मैं उनके साथ ही था। वह अपेक्षाकृत अच्छे तरीके से सजाया गया कार्यक्रम था, लेकिन चूँकि बहुत सारे सिविल सेवा के अधिकारी भी वहाँ मौजूद थे, वरिष्ठता क्रम का खास खयाल रखा गया था और सीमाएँ भी खिंची हुई थीं।

जब डॉ. कलाम मंच पर पहुँचे तो अचानक रुक गए। उन्होंने देखा कि मंच पर अलग-अलग तरह की कुरसियाँ लगाई गई थीं। मंच के बीच में उनके लिए जो कुरसी लगाई गई थी, वह सबसे लंबी और चमकदार नजर आ रही थी। उन्होंने उस खास कुरसी को किसी साधारण कुरसी से बदलने का निवेदन किया। इस पर बाकी के वरिष्ठ अधिकारी और राजनेता आश्चर्यमिश्रित असमंजस में पड़ गए। जब हमारे ऑफिस के कुछ लोग और मैं कुरसी ठीक करने लगे तो वहाँ मौजूद अधिकारी दौड़ पड़े। वे हमारी मदद के लिए नहीं दौड़े, बल्कि अपने अधीनस्थ कर्मचारियों को हमारी मदद के लिए निर्देश देने के लिए आगे बढ़े, ताकि कुरसी आराम से हटाई जा सके। डॉ. कलाम इस भेदभाव पर मुसकराए बिना नहीं रह सके।

लौटते समय मैंने इस बात का उनसे जिक्र किया। वे मुसकराए। 'हाँ! मैंने गौर किया कि वे मामूली से काम के लिए काफी सारी ऊर्जा खर्च कर रहे थे। नेताओं को

अच्छे उदाहरण प्रस्तुत करने चाहिए। तभी जाकर हम अधिकारियों की अगली पीढ़ी को बदल सकते हैं। कनिष्ठ साथी भी बिल्कुल उसी तरह व्यवहार करते हैं, जैसे वर्तमान दौर में उनके वरिष्ठ।'

उन्होंने कहा, 'मेरे दिनों में मुझे कुछ ऐसे उदाहरण याद हैं कि किस तरह मेरे अधिकारी अपने व्यवहार से अनुकरणीय बन गए और बाद में मेरे गुरु भी बने। डॉक्टर वी.एस. अरुणाचलम तब डी.आर.डी.ओ. के प्रमुख थे, जब 1989 में मैं अग्नि की लॉञ्चिंग की तैयारी कर रहा था। वे मेरे अधिकारी थे। हम उस समय ओड़िशा के चाँदीपुर रेंज में मौजूद थे। लॉञ्च के एक दिन पहले हमारी लॉञ्च अथराइजेशन बोर्ड के साथ बैठक थी, जो कि जाहिर थी कि वह एक मौका था सभी के लिए कि तमाम मुद्दों पर लोग बहस, चर्चा, वाद-प्रतिवाद कर सकते थे। हम सब उस प्रोजेक्ट को सफलतापूर्वक पूरा करने के प्रति प्रतिबद्ध थे, जिससे कि भारत को मिसाइल टेक्नोलॉजी में कई पायदान ऊपर पहुँचाने में मदद मिलती। हमारा अथक प्रयास लॉञ्चिंग योजना लॉञ्चिंगवाले दिन-रात दो बजे तक बिल्कुल सही तरीके से आगे बढ़ा। मुलाकात के बाद डॉक्टर अरुणाचलम और मैं ब्लॉक हाउस से अपने अतिथि-गृह लौट रहे थे। वह एक लंबा सफर था। मैं कार में ही सो गया। सड़क का कोई गड्ढा और मोड़ मुझे जगा नहीं पाया। जब हम अतिथिगृह पहुँचे, तो डॉक्टर अरुणाचलम ने मुझे थपकी देकर जगाया। मैंने पाया कि मेरा सिर उनके कंधे पर टिका हुआ था। मैं काफी शर्मिंदा हुआ; आखिरकार वे मेरे अधिकारी थे। शायद रास्ते भर मैं उनके कंधे से सिर टिकाकर सोता आया था और उन्होंने मुझे जरा सा भी डिस्टर्ब नहीं किया। मैं यह सोचकर हैरान रह जाता हूँ कि क्या आज की नौकरशाही में कोई अधिकारी इस तरह की स्थिति बरदाश्त कर पाएगा? वास्तव में डॉक्टर अरुणाचलम अधिकारी से बढ़कर एक दोस्त थे। निजी मित्रता हाईरार्की (वरिष्ठता क्रम) से बढ़कर होती है; ऐसी संस्कृति थी, हमारे बीच अधिकारों का फासला बहुत कम मायने रखता था।'

यह वाकई एक प्रेरक प्रसंग है, आज के दौर में एक बड़ी सीख। मैं देख सकता था कि किस तरह ऐसे दिग्गजों ने डॉ. कलाम को वह आकार दिया था, जिसमें वे एक आइकन बन गए थे। मेरे पास भी इस मौके पर साझा करने के लिए एक कहानी है।

'सर, हाल में ही मैंने जॉर्ज वॉशिंगटन, अमेरिका के पहले राष्ट्रपति और संस्थापक पिता पर एक कहानी पढ़ी। सन् 1770 में जब अमेरिका की आजादी का युद्ध लड़ा जा रहा था, जॉर्ज वॉशिंगटन अमेरिकी फौज का नेतृत्व कर रहे थे ब्रिटिश सेना के खिलाफ। उन दिनों अखबारों, कैमरों और टी.वी. तो थे नहीं, कुछ ही लोग जॉर्ज वॉशिंगटन को चेहरे से पहचानते थे, भले ही वे राष्ट्रीय नेता थे। एक दिन जब वे अपने सुरक्षाकर्मियों के साथ कहीं से गुजर रहे थे तो उन्होंने देखा कि कुछ सैनिक एक गाड़ी को एक नाले

से पार कराने के लिए धकेल रहे थे। वह गाड़ी काफी भारी थी और बार-बार पीछे लौट आती थी। उनके पीछे एक मेजर रैंक का अधिकारी खड़ा था, जो कुछ दूरी से उस गाड़ी को और कसकर धकेलने के लिए चिल्ला रहा था। जब जॉर्ज वॉशिंगटन ने यह देखा, तो वे अपने घोड़े से नीचे उतरे और मेजर के पास पहुँचे, जो उनको नहीं पहचानता था। उन्होंने उससे पूछा कि वह केवल सैनिकों को और जोर लगाने के लिए क्यों कह रहा है, खुद क्यों नहीं गाड़ी धकेलने में उनकी मदद करता। मेजर ने जवाब दिया, 'क्योंकि मेजर मैं हूँ। मैं सैनिकों के साथ गाड़ी नहीं धकेल सकता।' जॉर्ज वॉशिंगटन उन संघर्षरत सैनिकों के पास पहुँचे और गाड़ी को साथ में धकेलने लगे। अतिरिक्त मदद मिलते ही गाड़ी वह नाला पार कर गई। मेजर के पास लौटते हुए वॉशिंगटन ने टिप्पणी की, अगली बार जब तुम्हें गाड़ी धकेलने की जरूरत पड़े, तो अपने कमांडर-इन-चीफ को बुला लेना। तब मेजर और उसके सिपाहियों को एहसास हुआ कि किसने उनकी मदद की थी। इसी कमांडर-इन-चीफ ने अपने से बेहद मजबूत ब्रिटेन से आजादी की लड़ाई अगले दो साल के अंदर जीत ली।'

मेरी कहानी पूरी हो गई थी।

डॉ. कलाम ने कहा, 'जनरल और अधिकारी इसी तरह के होने चाहिए। कमांडर-इन-चीफ हमेशा ऐतिहासिक वृक्ष की तरह होना चाहिए, वह जितना ऊपर उठता जाए, उसे अपनी जड़ों की तरफ उतना ही झुकते जाना चाहिए। विनम्रता और स्नेहभाव से ही महानता का रास्ता बनता है।'

□

34
प्रेम का योद्धा

यह एक रोचक दास्तान है कि किस तरह दो नेताओं की मुलाकात होती है—एक, जी हाँ, मेरे गुरु डॉ. कलाम थे और दूसरे मेरे युवा दोस्त, रघु जो कि बेहद कम जाने जाते थे, लेकिन वे दृढ इच्छाशक्ति और निरंतर आनंद में रहनेवाले व्यक्ति थे। उनकी मुसकान से यह जाहिर भी होता था

कौन थे रघु?

2010 में रघु उस समय 26 साल के थे और अपने अथक सेवाभाव से उन्होंने 'प्रेम का योद्धा' खिताब जीता था। धूप में लगातार मेहनत करने के कारण उनकी चमड़ी का रंग गहरा भूरा हो गया था। उनकी चमकदार आँखें और दाँत नजर आते थे, जब वे मुसकराते थे। रघु का दिल सोने जैसा था, जो विपरीत हालात की आग में तप-तपकर एक अलग ही आकार ले चुका था। वे जब मात्र एक साल के थे, तो पोलियो से ग्रस्त हो गए, जिसकी वजह से उनके पैरों की हरकत बंद हो गई। तब उन्होंने हाथों के बल पर चलना सीखा। भले ही वे गरीब थे, लेकिन वे दूसरों की मदद के लिए हमेशा तैयार रहते थे। रघु पर जिस तरह की आफत आई थी, उससे बहुत से लोग टूट जाते हैं। बीस साल की उम्र में रघु ने अपना गाँव छोड़ दिया। तब उनके पास बमुश्किल 300 रुपए थे, लेकिन उनका उद्देश्य समाज की सेवा करने का था।

रघु आमतौर पर तिपहिया मोटरसाइकिल पर कहीं आने-जाने के लिए निकलते थे, जिसे उनको एक स्थानीय एन.जी.ओ. ने दान में दिया था। हमेशा मुसकरानेवाले रघु को गुडविल अंबेसडर माना जाता था, जो खुद भले ही हथेलियों के बल पर चलता है, लेकिन दूसरों की मदद के लिए हमेशा खड़ा रहता है।

रघु ने एक ऐसी जिंदगी जी, जिसे प्रेम और सेवाभाव का सफर कहना ज्यादा उचित होगा। हर सुबह उसकी अपनी माँ से नोकझोंक होती, एकमात्र पारिवारिक सदस्य, जिसे वह दो दर्जन टिफिन बॉक्स तैयार करने के लिए कहता था, जिसमें घर का बना खाना

रखा जाता था। वह उन्हें 'प्यार का टिफिन' कहकर बुलाता था। इन टिफिन बॉक्सों को अपनी तिपहिया मोटरसाइकिल पर लादकर वह निकल पड़ता था। वह सड़कों और झोंपड़पट्टियों से गुजरता था। वह जरूरतमंदों पर गौर करता और केवल उन्हें ही टिफिन प्रदान करता। प्यार के टिफिन में लजीज खाना होता था, जो मुफ्त में बाँटा जाता था और जिसमें ढेर सारा प्रेम और स्नेह शामिल होता। वह हर दिन यह काम करता, चाहे सर्दी, गरमी या बरसात और कड़ाके की ठंड ही क्यों न पड़ रही हो। वह दूसरों को तब भी खाना खिलाता, जब उसकी अपनी रसोई में सामानों की कमी हो जाती। कुछ लोगों ने उसे प्रोत्साहित किया और रघु टिफिन बॉक्स सौ फीसद सफलता की सीढ़ियाँ चढ़ने लगा। मैंने एक बार रघु से पूछा था कि वह दो दर्जन लोगों के लिए खाना कैसे तैयार कर लेता है, जबकि उसके पास इतने संसाधन भी नहीं रहते। उसने जवाब दिया, 'सृजन भाई, ऊपरवाला कराता है। उसका प्लान है। वह हमें देता रहेगा, ताकि हम आगे देते रहें।'

उसके सहयोगियों में एक युवा सामाजिक कार्यकर्ता अमिताभ शाह भी शामिल था। वह येल विश्वविद्यालय से ग्रेजुएट था। उसने 'युवा अनस्टॉपेबल' नाम से एक एन.जी.ओ. शुरू किया था, ताकि युवाओं को ज्वलंत सामाजिक कार्यों से जोड़ सके। जब 'युवा' पाँच साल का हुआ, अमिताभ ने डॉ. कलाम को उसके वार्षिक समारोह के जश्न पर बुलाया।

वहीं पर इन दो नेताओं की मुलाकात हुई। अमिताभ इस कदर सतर्क और स्मार्ट था कि उसने किसी सेलिब्रिटी या उद्योगपति को मंच पर डॉ. कलाम की बगल में बैठने नहीं दिया। उनके बगल में केवल रघु बैठा था। पूरे कार्यक्रम के दौरान दोनों ने खूब बातें कीं और डॉ. कलाम ने उससे पूछा था, 'जीवन में तुम्हारा सपना क्या है?'

रघु ने जवाब दिया था, 'मैं देश की महिलाओं और बच्चों को मुसकराते हुए देखना चाहता हूँ।' डॉ. कलाम उसके इस जवाब से बेहद प्रभावित हुए और उन्होंने अपने भाषण की शुरुआत ही इन लाइनों से की। रघु ने उनके दिल पर गहरी छाप छोड़ दी थी, यहाँ तक कि जब वे सामाजिक कार्यों के लिए उत्कृष्ट काम करनेवालों को पुरस्कृत कर रहे थे, तब भी उन्होंने रघु को अपने साथ मंच पर मौजूद रहने को कहा।

रघु की कहानी डॉ. कलाम के कुछ कार्यक्रमों पर दिए जानेवाले भाषणों का हिस्सा बन गई। समय बीतता गया और रघु आगे बढ़ता गया। वह अकसर मुझे फोन करता और हम एक-दूसरे से प्रेरक संदेश आपस में बाँटते।

तीन साल बाद, जनवरी, 2013 में रघु को एक लड़की से प्यार हो गया। वे दोनों साथ में अपनी बाइक पर टिफिन बाँटने के लिए जाते थे। रघु ने जल्दी ही अपने जीवन में एक और आनंदमयी अध्याय जोड़ लिया।

10 फरवरी, 2013 को उसने अनिच्छा से एक दिन की छुट्टी ली, ताकि अपनी

प्रेमिका को गाँव ले जाकर परिवारवालों से शादी की तारीख पक्की कर सके। रास्ते में, उसकी तिपहिया मोटरसाइकिल किसी तेज रफ्तार ट्रक से टकरा गई। रघु की मौके पर ही मौत हो गई। उसकी प्रेमिका हालाँकि घायल हुई, लेकिन बच गई।

मैंने जब यह खबर सुनी तो अवाक् रह गया कि महज 29 साल का मेरा दोस्त, जो अपनी जिंदगी का नया दौर शुरू करनेवाला था, अब इस दुनिया में नहीं रहा। मैंने उसके शब्दों से ही खुद को सांत्वना दी—यह ऊपरवाले का ही प्लान था। मैंने डॉ. कलाम से यह खबर साझा की। तीन साल बीत चुके थे डॉ. कलाम को उससे मिले हुए, लेकिन उनको उसकी पूरी बात याद आ गई। इस खबर से वे दुःखी हो गए और तत्काल उन्होंने उसके परिवारवालों की खोज-खबर ली। गनीमत थी कि उसकी माँ की देखभाल करने के लिए उस इलाके में बहुत से लोग सामने आ गए, लेकिन वह केवल इतना चाहती थीं कि उनके बेटे को एक पहचान मिल जाए कि उसने एक उपलब्धि से भरपूर जिंदगी जी।

इसलिए डॉ. कलाम ने उसके लिए एक संवेदना पत्र लिखा। यह एक छोटा सा पत्र था, जो कि उनके लेटरपैड पर लिखा गया था, लेकिन इसमें वजन काफी था—

'मैं रघु मकवाना के अचानक निधन की खबर से बेहद आहत हूँ। रघु का इतनी छोटी उम्र में जरूरतमंदों की मदद से भरा संवेदनशील और दयालु कार्य को समाज हमेशा याद रखेगा। मैं उनकी आत्मा की शांति के लिए दुआ करता हूँ। सर्वशक्तिमान से इस अपूरणीय क्षति को सहन करने के लिए उनके परिवार को हिम्मत प्रदान करे।'

—ए.पी.जे. अब्दुल कलाम

ऐसे पत्र राष्ट्राध्यक्षों या पूर्व राष्ट्राध्यक्षों की तरफ से किसी सेलिब्रिटी, प्रसिद्ध राजनेता, उद्योगपति, यानी उन लोगों के लिए लिखे जाते हैं, जो ताकत और संपत्ति से भरपूर होते हैं, लेकिन रघु की जिंदगी, उसका काम, उसका प्रेम, उसकी दयालुता और उसकी मुसकान ने डॉ. कलाम के दिल में उसे विशेष जगह दिला दी थी।

रघु अपने जीते जी और मरने के बाद भी हीरो ही रहा। वह वाकई प्रेम का योद्धा था।

□

35
सेवा परमो धर्मः

डॉ. कलाम और मैं अकसर धर्म और आस्था के बारे में बातें करते थे। वे मेरे आध्यात्मिक गुरु भी थे। यह देखना अपने आप में अद्‌भुत था कि विज्ञान से जुड़ा एक इनसान अध्यात्म पर भी उतनी ही गहरी पकड़ रखता था।

क्योंकि उनका मन पूरी तरह वैज्ञानिक था, जो कुछ भी वे धर्म में पाते थे, उसे विज्ञान की कसौटी पर भी कसते थे और क्योंकि उनका दिल संत सरीखा था, तो वे तर्क-वितर्क या निर्णय आधारित परिणामों तक ही सीमित नहीं रहते थे, बल्कि उन विचारों को यथासंभव उड़ान देते थे, जो कि किसी भी तर्क-वितर्क से परे होता था। विज्ञान और अध्यात्म का एक-दूसरे में परिवर्तन इस इनसानी कल्पना के क्षितिज पर अकसर होता रहता था।

विभिन्न शिल्पों के मामले में भी वे अच्छी तरह वाकिफ थे और वास्तव में तमाम महान् मेधावाले लोगों से मिली सीख को भी वे खुद में समाहित कर चुके थे, यहाँ तक कि अकसर हमारे बीच होनेवाले आध्यात्मिक वार्त्तालाप के चलते हमने अपने आसपास का माहौल ऐसा बना रखा था कि वह सुकून देता था। 2011 में एक दिन मैंने उनसे पूछा, 'सर, धर्म की सेवा का उचित मार्ग क्या है?'

उन्होंने इस पर मुझे खूबसूरत प्रतिक्रिया दी—पवित्र और उदाहरण के साथ।

उन्होंने जवाब दिया, '15 मई, 1998 का दिन था वह। भारत ने अपने पाँच परमाणु परीक्षण सफलतापूर्वक पूरे कर लिये थे, अतः अपनी सामरिक तैयारी को और उच्चस्तर पर पहुँचा दिया था। देश में उत्साह का माहौल था। मैं अपनी टीम के साथ पोखरण से लौट रहा था, जो कि परीक्षण स्थल था। पोखरण भारत के पश्चिमी मरुस्थलीय क्षेत्र थार में काफी अंदर स्थित है। वहाँ जीवन बेहद कम नजर आता है। वहाँ तापमान 50 डिग्री से ऊपर चला जाता है। वहाँ से लौटते समय, मरुस्थली सड़कों को पार करते हुए हम एक छोटे से गाँव भदरिया आ पहुँचे। एक साइनबोर्ड देखकर मेरे मित्र डॉक्टर के.एन.

राय की आँखें चमक उठीं। चहकते हुए उन्होंने बताया कि वे उस जगह से परिचित हैं और उन्हें पता है कि वहाँ एक आश्रम है। हमने तय किया कि हम यहाँ कुछ देर रुकेंगे और उनके निवेदन पर उक्त आश्रम के बारे में पता करेंगे। भदरिया एक छोटा सा देहाती इलाका था और चूँकि वहाँ आश्रम का पता लगाना कठिन नहीं था, इसलिए हम जब वहाँ पहुँचे तो हमारे आश्चर्य का ठिकाना न रहा और हमने जो देखा, उस पर हमारी आँखों को यकीन नहीं हुआ। वह जगह मरुस्थल के बीच थी, लेकिन वहाँ हरियाली अद्‌भुत थी।

'आश्रम के प्रमुख पुजारी बाबा श्रीभदरिया महाराज ने हमारा स्वागत किया और हमसे जानना चाहा कि क्या हम उनका खास पुस्तकालय देखना पसंद करेंगे ? फिर वे हमें सीढ़ियों से नीचे की ओर ले गए और जमीन के नीचे बनाए गए चैंबर में स्थित पुस्तकालय दिखाया। हमें यह देखकर आश्चर्यमिश्रित खुशी हुई कि जमीन के नीचे का तापमान कितना कम था और बाहर के मुकाबले अंदर ठंडक थी, साथ ही वहाँ अलग-अलग भाषाओं और इतिहासकाल की दो लाख से भी ज्यादा पुस्तकें थीं। उनमें से कुछ तो चर्म-पत्र पर हाथों से लिखी गई थीं। बाबाश्री भदरिया महाराज ने हमें बताया कि यहाँ की इमारत को इस तरह से डिजाइन किया गया है कि तापमान 50 डिग्री से ऊपर भी चला जाए तो भी यह जगह गरम नहीं होती और प्राकृतिक रूप से वातानुकूलित होती है। उन्होंने वे किताबें भी दिखाईं, जो 100 साल से ज्यादा पुरानी थीं और उन्होंने यह भी बताया कि आश्रम में पारंपरिक ज्ञान को प्राचीनकाल से सहेज रखा है।

'जबकि हम पुस्तकालय में अभी पढ़ ही रहे थे, वहाँ की पारंपरिक संपदा की अनुभूति कर ही रहे थे, वे हमारे लिए दूध का बड़ा गिलास लेकर आ पहुँचे। मैंने उनसे पूछा, 'बाबा, इस मरुस्थल के बीच में आप यह स्वादिष्ट, ताजा दूध कहाँ से लाए ?' वे मुसकराए और मुझे अपने पीछे आने को कहा। वहाँ आश्रम के पीछे हमने गायों का विशालकाय बाड़ा देखा, जहाँ एक हजार गायें तो रही होंगी। बाबा ने कहा, 'ये सभी त्याज्य गऊएँ हैं। जब ये दूध देना बंद कर देती हैं, तब लोग इन्हें घर से निकाल देते हैं। उनके लिए ये गायें बेकार हो जाती हैं, लेकिन आपने देखा, आपके जैसा ही मैं भी तकनीकी विशेषज्ञ हूँ।' वे हँसे। 'मेरे पास आवारा गायों को ठीक करने का तरीका है और आज वे सभी स्वस्थ हैं, खुश हैं और बड़ी मात्रा में दूध भी देती हैं, उसमें से कुछ तुम्हारे गिलास में भी है।' मैं उनके इस पवित्र काम को देखकर हैरान था। मैंने पूछा, 'लेकिन बाबा, आप इन पशुओं के लिए चारा कहाँ से पाते हैं ?' बाबा श्री भदरिया महाराज ने मुझसे छाँव में चारपाई पर बैठने को कहा और मुझे एक कहानी सुनाने लगे।

'उन्होंने मुझे बताया, 'कलाम, बरसों पहले, यहाँ के लोग बेहद गरीब थे और तमाम तरह के नशे, जैसे कि शराब, तंबाकू और अन्य प्रकार की स्थानीय चीजों की लत से ग्रस्त थे। यहाँ समस्याओं का अंबार लगा था, जैसे गरीबी, भूख, स्वास्थ्य सुविधाओं

के अभाव और कुपोषण। पानी की सबसे ज्यादा दिक्कत थी, लेकिन उसकी व्यवस्था में लापरवाही बरती जाती थी। गाँव के लोगों के सहयोग और समर्थन से हमने किस तरह से यहाँ बदलाव किया। हमने आश्रम से नशा-मुक्ति अभियान छेड़ दिया, जो कि भदरिया के आसपास के 70 से ज्यादा गाँवों में फैल गया। हमने भदरिया को हरा-भरा बनाने का बीड़ा उठाया और लोगों की मदद से यहाँ लाखों पेड़ लगाए। हमने ट्यूबवेल लगाया; खेती भी तब शुरू हो गई। हमने पानी बचाने के तमाम तरीके खोजे।' बाबा पूरे जुनून में आगे बोले, 'इस आश्रम में ग्रामीण समुदाय को नेचुरोपैथी और प्राकृतिक औषधियों की भी शिक्षा दी जाती है। हम उन्हें बताते हैं कि पशुओं की देख-भाल कैसे की जाए। पशुओं के लिए दवाएँ भी स्थानीय स्तर पर मिलनेवाली जड़ी बूटियों से ही तैयार की जाती हैं।' अंत में उन्होंने बताया, 'आप जानते हैं कलाम, गाँव के लोग इस तरह खुश रहते हैं कि गायों के लिए चारा भी वे ही प्रदान करते हैं। वास्तव में जब गायें दूध देना शुरू करती हैं तो मैं दूध और मक्खन मुफ्त में जरूरतमंदों और यहाँ से गुजरनेवालों को बाँटता हूँ। जैसे अभी आपको दिया, कलाम!' यह कहकर वे हँस पड़े और मुझसे पूछा कि क्या मैं और दूध लेना चाहता हूँ, जिसे मैंने खुशी-खुशी स्वीकार कर लिया। 'एक आखिरी सवाल, बाबा, इतनी ढेर सारी जानकारियाँ, जड़ी बूटियों पर, गायों के रखरखाव की तकनीक और बाकी अन्य चीजें जो आप कर रहे हैं, इतना ज्ञान आपने कहाँ से हासिल किया?' बाबा भदरिया की आँखें चमक उठीं और उन्होंने आँखों से ही अपने पुस्तकालय की ओर इशारा किया, 'यहीं से!'

डॉ. कलाम ने कुछ क्षण का विराम लिया और फिर बोले, 'तो तुम्हारे सवाल का जवाब बाबा के इस जीवन में निहित है। मेरा मानना है, धर्म की वास्तविक सेवा दूरदराज के गाँव में काम करने में निहित है। धर्म के वास्तविक सेवक शहरी आरामतलबी को छोड़कर किसी अनजान जगह, सेवा करने के लिए जाएँगे, जहाँ लोगों को अकल्पनीय परेशानियों से जूझना पड़ता है। कुछ इसी तरह धार्मिक सेवा वास्तव में दिलों को जीत सकती है। भदरिया एक छोटी सी जगह हो सकती है थार रेगिस्तान में, लेकिन यह दुनिया को बड़ी सीख देने में सक्षम है।'

□

महाभारत का पसंदीदा चरित्र कौन है?

महाभारत भी हमारी चर्चाओं का पसंदीदा केंद्र हुआ करता था।

एक दिन इस महाकाव्य पर चर्चा करते हुए मैं उनसे पूछ बैठा, 'आपका पसंदीदा चरित्र कौन सा है?'

बिना एक पल सोचे, वे तपाक से बोले, 'विदुर।'

मैं जरा चौंका। 'विदुर ने लड़ाई नहीं लड़ी। वे राजा भी नहीं थे। फिर किस कारण

से आपने उन्हें अपना पसंदीदा बनाया?'

डॉ. कलाम ने विस्तार से बताया, 'विदुर धर्म के लिए खड़े रहे। इस महाकाव्य में वे सबसे बुद्धिमान प्राणी के रूप में सामने आए। वे कुरबानी देना जानते थे, सिंहासन के लिए उन्होंने कभी दावा नहीं किया और अपने भाई को उसे सौंप दिया। वे साहसी थे, द्रौपदी के अपमान का उन्होंने विरोध किया। उन्होंने बुद्धिमत्ता और धैर्य का परिचय दिया, जब युद्ध और विनाश दरवाजे पर दस्तक दे रहे थे। महाभारत में वे चेतना की अभिव्यक्ति साबित हुए। उनका कृतित्व स्पष्ट था और उन्होंने धर्म के पक्ष में ही सबकुछ किया। इसलिए वे मेरे लिए भी खास हैं।'

□

36
मैं उन्हें फिर से सुनना चाहता हूँ

उसी खूबसूरती से···

मई, 2014 की बात है, डॉ. कलाम, शेरिडॉन और मैं यूनाइटेड किंगडम के खूबसूरत उत्तरी हिस्से स्कॉटलैंड में थे। हम वहाँ की राजधानी एडिनबरा में ठहरे हुए थे। भले ही कहने को यह राजधानी हो, लेकिन यह काफी विस्तृत या कह सकते हैं कि बिखरा हुआ शहर है, जहाँ की आबादी बमुश्किल पाँच लाख होगी। डॉ. कलाम को एडिनबरा यूनिवर्सिटी से डॉक्टरेट की मानद उपाधि प्रदान की जानी थी। वे पहले ऐसे भारतीय थे, जिन्हें इस सम्मान से नवाजा जा रहा था। एडिनबरा यूनिवर्सिटी की स्थापना 1582 में हुई थी, जो कि बेहतरीन सोचवाले इनसानों का निवास कही जा सकती है, जिसमें चार्ल्स डार्विन, थॉमस बेयस मैक्सवेल, सर वॉल्टर स्कॉट और सर आर्थर कॉनन डायल जैसे बुद्धिजीवी शामिल थे। इस यूनिवर्सिटी से 20 नोबेल विजेता निकले हैं।

एडिनबरा अपने आप में मोहनेवाली जगह है, जिसे दुनिया के बेहतरीन शहरों में गिना जाता है। यहाँ की हर इमारत भव्यता सहेजे हुए है; प्रमुख जंक्शन और चौराहों पर खूबसूरत प्रतिमाएँ तथा नक्काशियाँ और बड़े बागीचे लोगों को जन्नत का एहसास कराते हैं।

हम भी यहाँ के ऐतिहासिक होटल वाल्डॉर्फ एस्टोरिया एडिनबरा—द कैलेडॉनियन में ठहरे थे। डॉ. कलाम के कमरे से एडिनबरा किले का नजारा बखूबी दिखता था, जो कि कैसल रॉक पर स्थित था।

जैसा कि अमूमन होता है, हमें भी यूनिवर्सिटी की काफी प्रयोगशालाओं का दौरा करना था। उसमें से एक जगह एन्ने रॉलिंग रीजेनरेटिव न्यूरोलॉजी क्लीनिक भी हमें जाना था। इस प्रयोगशाला को सबसे ज्यादा पैसा मशहूर हैरी पॉटर सीरीज की लेखिका जेके रॉलिंग की तरफ से मिलता है। उन्होंने अपनी माँ एन्ने की याद में इसका निर्माण कराया है। दिमागी क्षरण की बीमारी के चलते उनका निधन हो गया था। वहाँ हम प्रोफेसर

सिद्धार्थ चंद्रन से मिले, जो भारत से यहाँ आए और इस केंद्र के प्रमुख थे। उन्होंने हमें वह सारा काम दिखाया, जो वहाँ की छोटी, लेकिन बेहतरीन तरीके से करीने से सजी प्रयोगशाला में किया जा रहा था। हम यह देखकर काफी प्रभावित हुए कि वहाँ किस तरह दिमागी और न्यूरल परेशानियों को समय रहते पकड़ने पर काम चल रहा था। प्रोफेसर चंद्रन ने वह जटिल तकनीक भी दिखाई, जो आँखों के प्रोफेशनल इस्तेमाल करते हैं।

जब हम प्रयोगशाला का अपना घंटे भर का दौरा खत्म करने ही वाले थे, तभी हमारी मुलाकात आखिरी शोधकर्ता से हुई, जो कि एक महिला थीं और इंग्लैंड की थीं। वे रीजेनरेट स्पीच विषय पर काम कर रही थीं। उनका प्रोजेक्ट उन लोगों पर केंद्रित था, जो धीमे दिमागी क्षरण से पीड़ित होते हैं और कुछ वर्षों में अपनी आवाज तक गँवा बैठते हैं। इस हालत को डाइसारथ्रिया (Dysarthria) कहते हैं और जो उल्लेखनीय प्रोजेक्ट इस समस्या से निजात के लिए विकसित किया गया, उसे 'वॉयस बैंकिंग' कहते हैं। इस प्रक्रिया के तहत, जो इनसान अपनी आवाज खोने लगता है, वह इस डिवाइस में अपनी बात कहता है और उसे सुरक्षित रख सकता है। इस डिवाइस में ढेर सारे शब्द जमा किए जा सकते हैं। एक बार जब बीमारी अपनी जगह बना लेती है और इनसान अपनी बोलने की क्षमता गँवा बैठता है, तो यही वॉयस बैंक संपर्क बनाए रखने में आगे उनकी मदद करता है। आवाज चली जाने पर वे उस डिवाइस में बने की-बोर्ड पर उक्त शब्द या वाक्य टाइप कर सकते हैं, जिस पर उस डिवाइस की मदद से उन्हीं की आवाज में वह शब्द या वाक्य सामनेवाले को सुनाई देगा। प्रमुख शोधकर्ता ने कहा, 'इस तरह से दुनिया उन्हें उनकी वास्तविक आवाज में सुन सकेगी।'

हम सभी इस खोज से बेहद प्रभावित हुए। लेकिन डॉ. कलाम ने एक सवाल उठाया, 'लेकिन तब क्या होगा, जब कोई इनसान पहले ही बोलने में अक्षम हो जाए?'

'हम कुछ नहीं कर सकते, क्योंकि यह डिवाइस तभी काम करेगा, जब इनसान ने अपनी आवाज पहले से इसमें रिकॉर्ड करा रखी हो और इसकी भी एक हजार शब्द की सीमा है।' शोधकर्ता ने कहा।

'ठीक है, अगर मौजूदा बातें उस डिवाइस में भेजी गईं, मान लें कि पूर्व में रिकॉर्ड किसी का भाषण?' डॉ. कलाम ने आगे पूछा।

इस बार प्रोफेसर चंद्रन ने जवाब दिया, 'ओह! हमने इस बारे में फिलहाल सोचा नहीं है, लेकिन अगर हम पूर्व में दिए भाषणों से शब्दों को अलग कर सकें और उनकी मैपिंग कर सकें, तब यह संभव हो पाएगा। एक बार जब हमारा यह साल भर का प्रयोग पूरा हो जाएगा, तब हम निश्चित रूप से इस दिशा में भी काम शुरू करेंगे।'

'कृपया मुझे अगले साल जरूर बताइएगा। मुझे इसका इंतजार रहेगा।' डॉ. कलाम ने जोर देकर कहा।

हम आगे बढ़े। मैंने उनसे कार में पूछा, 'आप वॉयस बैंक को लेकर ज्यादा ही उत्सुक दिख रहे थे?'

'तुम जानते हो, क्यों?'

'मैं नहीं जानता।'

'क्योंकि मेरा एक दोस्त है, बेहद शानदार, जिसकी मैं काफी इज्जत करता हूँ। कभी वे शानदार वक्ता हुआ करते थे, लेकिन अब उन्हें बोल पाने में काफी परेशानी महसूस होती है। मैं उन्हें फिर से उसी खूबसूरती से बोलते हुए सुनना चाहता हूँ। तुम जानते हो, कौन हैं वे?'

और इससे पहले कि मैं जवाब के बारे में सोच भी पाता, उन्होंने अपने ही सवाल का जवाब दे दिया, 'अटलबिहारी वाजपेयीजी।'

'हम निश्चित रूप से इस बारे में अगले साल पड़ताल करेंगे और देखेंगे कि वे ऐसा वॉयस बैंक तैयार कर सकते हैं, जिसमें पुरानी बातें या भाषण भी शामिल किए जा सकें। ये वैज्ञानिक जब इसे हरी झंडी दे देंगे, तब मैं इस समाधान को लेकर वाजपेयीजी के परिजनों से चर्चा करूँगा। मैं तो चाहता हूँ कि उनके अगले जन्मदिन पर मैं यह तोहफा उन्हें दे सकूँ।'

'यह तो एडिनबरा से उनके लिए खास क्रिसमस तोहफा रहेगा।' मैंने जवाब दिया। वाजपेयीजी का जन्मदिन क्रिसमस के दिन ही पड़ता है।

'हाँ।' हम दोनों मुसकराए। अपने पुराने दोस्त को लेकर उनकी चिंता और स्नेह वाकई दिल को छू गया, जिनकी वे दिल से इज्जत करते थे। संयोग से वाजपेयीजी डॉ. कलाम के आवास से महज 30 मीटर की दूरी पर ही रहते थे।

यह विचार हमेशा उनके दिमाग में बरकरार रहा। 25 दिसंबर, 2014 के दिन, जब डॉ. कलाम वाजपेयीजी से उनके 91वें जन्मदिन पर मिले, तो उन्होंने मुझसे यह संदेश सोशल मीडिया पर भी देने को कहा—

'श्री अटल बिहारी वाजपेयीजी के नई दिल्ली स्थित आवास पर अभी-अभी पहुँचा। मैंने उन्हें जन्मदिन की शुभकामनाएँ दीं और साथ ही बहुप्रतीक्षित भारत रत्न से सम्मानित किए जाने पर बधाई दी। मैंने उन्हें बताया, 'वाजपेयीजी, आपके साथ मुझे पाँच साल प्रमुख वैज्ञानिक सलाहकार के तौर पर काम करने का सौभाग्य मिला और जब आप प्रधानमंत्री थे, तब मुझे भारत का राष्ट्रपति बनने का अवसर प्राप्त हुआ। मैंने आपसे काफी कुछ सीखा। मैंने आपके अनुभव से भारत को एक महान् और सशक्त देश बनाने के बारे में सीखा। जब हमने परमाणु क्षमता संपन्न देश बनने का फैसला किया था, जब हम एक मत से इस नीति पर राजी हुए थे कि हम पहले परमाणु शक्ति का प्रयोग नहीं करेंगे। मैं इस बात के लिए आपका प्रशंसक हूँ कि बतौर प्रधानमंत्री आपने इस मिशन और एक

सशक्त राष्ट्र के लिए अरबों भारतीयों के दिल और दिमाग को एकमत कर दिखाया।'

'इन्हीं शब्दों के साथ मैं एक निष्ठावान नेता की दीर्घायु की कामना करता हूँ।'

यह संदेश जब पोस्ट किया गया, तब डॉ. कलाम ने टिप्पणी की, 'हो सकता है, अगले साल मैं उन्हें एक हैरतअंगेज तोहफा दे सकूँ।' यह तोहफा देने का डॉ. कलाम का ख्वाब अब तक अधूरा है।

□

37

बाह्य शिक्षक

1982 में तमिलनाडु के विरुद्धनगर के एक 19 साल के नौजवान ने सेना में सिपाही के पद पर नौकरी शुरू की। उसका नाम था वी कथिरेसन। जल्दी ही उसे हैदराबाद में डी.आर.डी.एल. में तैनाती मिल गई और वह वरिष्ठ वैज्ञानिक डॉ. ए.पी. जे. अब्दुल कलाम का ड्राइवर नियुक्त हो गया।

उसे नौकरी शुरू किए कुछ ही दिन हुए थे, जब वह अपने मालिक को लेकर कहीं जा रहा था, तभी उन्होंने उससे पूछा, 'कथिरेसन, तुम कहाँ तक पढ़े हो?'

'मैं दसवीं में फेल हो गया। मैं अंग्रेजी में फेल हो गया।' हालाँकि विदेशी भाषा में फेल होने का उसे मलाल नहीं था।

'ओह! तुम निश्चित रूप से दसवीं पास कर सकते थे और तुम अंग्रेजी में भी अच्छा कर लोगे,' उसके 50 साल के नौजवान अधिकारी ने उसके सामने चुनौती पेश करते हुए कहा। नौजवान ड्राइवर के संकोच या झिझक को देखते हुए उसके अधिकारी ने आश्वस्त किया, 'मैं तुम्हारी मदद करूँगा।'

जल्दी ही कथिरेसन और डॉ. कलाम के बीच गुरु-शिष्य का रिश्ता बन गया। उनका लक्ष्य बेहद छोटा था—दसवीं पास करना और विशेष तौर पर अंग्रेजी में अच्छा करने का। डॉ. कलाम जब डी.आर.डी.ओ. से दिन का काम खत्म कर खाली होते, तो कथिरेसन को अंग्रेजी की आधारभूत चीजें समझाते, विशेष तौर पर व्याकरण। अगले साल कथिरेसन परीक्षा उत्तीर्ण कर ले गया।

हालाँकि डॉ. कलाम ने उसे बड़े लक्ष्य बनाने के लिए कहा। एक समय में एक लक्ष्य निर्धारित करने को कहा। आखिरकार, वह एक दिन इस महान् कथन के लिए प्रसिद्ध हुए थे, 'छोटा लक्ष्य अपराध समान है।'

'अब तुम 12वीं भी उत्तीर्ण कर सकते हो।' डॉ. कलाम ने कथिरेसन को नया लक्ष्य देते हुए कहा। युवा ड्राइवर के अंदर आत्मविश्वास भरने के लिए उन्होंने उसकी

परीक्षा की फीस और जरूरी किताबों का खर्च वहन करना तय किया। उसे आगे प्रेरित करने के लिए डॉ. कलाम ने उसे अपने साथ एक होड़ में शामिल किया—काम खत्म करने के बाद दोनों लोग अपनी-अपनी किताबें पढ़ेंगे। मालिक अपनी लाइब्रेरी से और ड्राइवर अपने सिलेबस से। जो भी ज्यादा पढ़ेगा, वह जीतेगा। अंततः युवा कथिरेसन ने 12वीं में 51.4 फीसद अंक हासिल किए, केवल और केवल अपने मालिक के दिए आत्मविश्वास और समर्थन के बल पर। वह प्रफुल्लित था।

लेकिन डॉ. कलाम इतने भर से संतुष्ट नहीं थे।

'तुमको कंप्यूटर साइंस पढ़ना चाहिए। बी.एस-सी. करो।' डॉ. कलाम जानते थे कि कंप्यूटर ही दुनिया को एक दिन आकार प्रदान करेंगे और वे यह भी जानते थे कि यह युवा इनसान इसमें अच्छा कॅरियर बना सकता है, लेकिन इस बार उनको एक समझौते पर पहुँचना पड़ा। कथिरेसन की दिलचस्पी सामाजिक विषयों में ज्यादा थी। अतः वह बैचलर ऑफ आर्ट्स की पढ़ाई को लेकर सहमत हुए। अब एक वैज्ञानिक ने अपने ड्राइवर-कम-छात्र को दुनिया का इतिहास, विशेष तौर पर दो विश्वयुद्धों के बारे में पढ़ाना शुरू किया। कथिरेसन ने यह परीक्षा 51 फीसद अंकों से उत्तीर्ण कर ली। उसका परिवार इस उपलब्धि पर बेहद खुश था। कथिरेसन ने सोचा कि उसने काफी कुछ हासिल कर लिया है।

पर उसके मालिक संतुष्ट नहीं थे। वे अपने छात्र को और आगे ले जाना चाहते थे। 'अब तुम्हें पोस्ट ग्रेजुएट डिग्री भी ले लेनी चाहिए। मेरे हिसाब से तुम्हें राजनीति विज्ञान पढ़ना चाहिए।' कथिरेसन इस बात से खुश था कि उसके मालिक को उस पर भरोसा है, लेकिन इस चुनौती से उसमें भय भी आ गया था। उसके मालिक तकनीकी में केवल बैचलर डिग्रीवाले थे। आगे पढ़ाई करने से ड्राइवर की डिग्री उसके मालिक की डिग्री से ऊँची हो जाएगी! महान् शिक्षक हमेशा यही चाहते हैं कि उनके छात्र शिक्षक से भी ज्यादा ज्ञान हासिल करें, उससे भी ज्यादा, जो उन्होंने अपने जीवनकाल में हासिल किया होता है। डॉ. कलाम एक अनुकरणीय शिक्षक थे, इसमें संदेह नहीं, लेकिन कथिरेसन की राह में तमाम बाधाएँ थीं। एक मौके पर तो वे परीक्षा देने से ही वंचित होनेवाला था, जब डॉ. कलाम ने उसे हवाई जहाज का टिकट देकर परीक्षा देने के लिए भेजा था, ताकि वह चेन्नई में होनेवाली अपनी पोस्ट ग्रेजुएट परीक्षा दे सके।

एक दशक के अंदर डॉ. कलाम ने अपने ऑफिस के ड्राइवर को दसवीं, बारहवीं, बी.ए., एम.ए., बी.एड. और एम.एड. तक की परीक्षाएँ उत्तीर्ण करवा दीं।

1992 में कथिरेसन सेना में अपनी पोजीशन पर लौटा, तो उसे अपने मालिक से अलग होना पड़ा, लेकिन 1998 में उसने स्वैच्छिक सेवानिवृत्ति ले ली, ताकि अपनी पढ़ाई आगे जारी रख सके, जो कि अब उसके लिए जुनून बन चुकी थी। उसने मनोन्मानियम

सुंदरनार यूनिवर्सिटी में पी-एच.डी. के लिए पंजीकरण कराया और 2001 में वह पाठ्यक्रम भी पूरा किया। उसके उपरांत उसने तमिलनाडु सरकार के शिक्षा विभाग में नौकरी शुरू की और बरसों वहाँ कार्यरत रहा। 2010 में वह तिरुनेलवेली के गवर्नमेंट आर्ट्स कॉलेज में असिस्टेंट प्रोफेसर बन गया।

ड्राइवर-छात्र और मालिक-शिक्षक ने एक-दूसरे को कुछ ऐसा प्रदान किया, जिससे कि गर्व भी हो और अनुकरणीय उदाहरण भी पेश किया।

जब डॉ. कलाम यह कहानी सुना रहे थे और कथिरेसन की तारीफ कर रहे थे, तो किसी ने उनसे पूछा, 'आपने उसमें ऐसी कौन सी चिनगारी देखी, जिसने आपको प्रेरित किया?'

'मैंने गौर किया कि जब भी उसे खाली समय मिलता, तो वह हमेशा किताबें, अखबार और पत्रिकाएँ पढ़ता रहता था...और वह काफी अच्छे से पढ़ लेता था। मैं उसकी इस आदत से प्रभावित था। मैंने उससे पूछा कि खाली समय में वह इतना सब कैसे पढ़ता रहता है। वह कहता था कि उसका एक बेटा और एक बेटी है और वे उससे ढेर सारे सवाल पूछते रहते हैं। इस वजह से उसे पढ़ना पड़ता है, ताकि वह उनके सवालों का सबसे संतोषजनक जवाब दे सके। मैं उसकी इस भावना से प्रभावित हुआ, इसलिए मैंने उससे दूरस्थ शिक्षा माध्यम के जरिए औपचारिक शिक्षा लेने की सलाह दी। उसने उसे चुनौती के रूप में ले लिया और पढ़ता गया।'

और भीड़ में से किसी ने उनसे कहा कि कथिरेसन के जीवन के आधार पर युवाओं को क्या संदेश ग्रहण करना चाहिए, तो डॉ. कलाम ने जवाब दिया, 'प्रण और समर्पण के बल पर उसने अपने खाली समय में अच्छी काबिलीयत हासिल कर ली, जिसकी वजह से वह जीवन में आगे बढ़ा और बेहतर कॅरियर चुन सका तथा अपने जीवन को उन्नत बना सका। संदेश यह है कि आप क्या हैं, यह मायने नहीं रखता। अगर आपके अंदर विजन है और अगर आप उस विजन को हासिल करने के प्रति दृढ़प्रतिज्ञ हैं, तो आप निश्चित रूप से सफल होंगे। क्या आप मेरे साथ यह दोहरा सकते हैं?

'ख्वाब विचारों में परिवर्तित होते हैं और
विचारों का परिणाम होता है कर्म'

भीड़ ने सम्मानपूर्वक और आत्मविश्वास के साथ उनके कहे एक-एक शब्द को दोहराया; फिजाओं में उस पल उस गूँज की ताकत महसूस की जा सकती थी।

डॉ. कलाम के निधन के बाद, जब कथिरेसन उनका अंतिम दर्शन करने के लिए जा रहे थे तो उन्होंने कहा था, 'मुझे केवल एक ही अफसोस रहेगा कि मैंने कंप्यूटर नहीं पढ़ा।'

□

'इस इमारत में आधा दर्जन कंप्यूटर हैं। तुम क्यों नहीं इन्हें चलाना सीखते, जब

देखो टी.वी. ही देखते रहते हो?'

चेलप्पा, सेना का एक और जवान, जिसे भारत के पूर्व राष्ट्रपति के साथ लगाया गया था, अपनी ड्यूटी खत्म करने के बाद आरामकुरसी पर बैठा टी.वी. चैनल बदल रहा था। डॉ. कलाम की आवाज सुनते ही वह कुरसी पर से कूद पड़ा। उसका एक पैर दाईं चप्पल पर तो दूसरा बाईं चप्पल पर पड़ा, लेकिन वह कुरसी के नीचे चली गई। सीधा खड़ा होकर उसने कहा, 'सर!' वह सकपका गया कि क्या वह रिमोट उठाकर टी.वी. बंद करे।

'कौन सी कक्षा तक पढ़े हो, चेलप्पा?' डॉ. कलाम ने उससे वह सवाल दोहराया, जो वे अकसर अपने साथ काम करनेवाले लोगों से पूछा करते थे।

'सर, मैं दसवीं पास हूँ।' चेलप्पा ने जवाब दिया।

'ओह! तब तो तुम्हें बारहवीं की पढ़ाई भी करनी चाहिए। यह उतनी भी कठिन नहीं है और कंप्यूटर भी पढ़ना चाहिए; यह तुम्हारे काम आएगा। मैं तुम्हारे लिए अपने ऑफिस में एक कंप्यूटर खाली करा देता हूँ, काम खत्म होने के बाद तुम वहाँ सीख सकते हो।' डॉ. कलाम का जोर कंप्यूटर साक्षरता पर भी लगातार बना रहता था।

'टी.वी. देखने के समय को कुछ कम करके पढ़ाई के लिए भी समय निकालो।' इतना कहकर वे कमरे से निकल गए।

चेलप्पा डॉ. कलाम को खाना परोसता था। जब भी डॉ. कलाम उससे मिलते, तो पूछते, 'क्या तुम बारहवीं की परीक्षा की तैयारी कर रहे हो?' या 'क्या तुम कंप्यूटर चलाना सीख रहे हो?' फिर वह तुरंत जोड़ते, 'मुझे बताओ, क्या तुमको परीक्षा की तैयारी में मेरी कोई मदद चाहिए।'

चेलप्पा को लग गया कि वह लगातार उनकी निगरानी में है। कुछ झिझक के बाद उसने भी वह सफर शुरू किया, जो कथिरेसन ने लगभग तीन दशक पहले शुरू किया था।

आज चेलप्पा, जो डॉ. कलाम के घर की देख-रेख करता था, अपने मालिक के जीवन के आखिरी दिन तक बैचलर्स डिग्री तक जा पहुँचा था और कंप्यूटर एप्लिकेशन में उसने महारत हासिल कर ली थी।

□

38

अंतिम आठ घंटे : एक शिक्षक सदा के लिए

27 जुलाई, 2015

हल्के बादलों से घिरा हुआ दिन थकाऊ सफर से जब शुरू हुआ, तो कहीं भी किसी तरह के अपशकुन और जिंदगी बदलनेवाले अंत के नामोनिशान नहीं थे।

दिल्ली से शिलाँग तक का हमारा सफर दो हिस्सों में बँटा हुआ था। पहला, हमें गुवाहाटी तक हवाई जहाज से जाना था, गुवाहाटी एयरपोर्ट पर दोपहर का खाना खाना था और फिर सड़क के रास्ते शिलाँग तक जाना था। डॉ. कलाम को वहाँ 'पृथ्वी को रहने योग्य ग्रह बनाने' विषय पर व्याख्यान देना था, जिसके बाद छात्रों को अपनी प्रस्तुतियाँ देनी थीं। उस दुर्भाग्यपूर्ण दिन, हम दोपहर में एयरपोर्ट पहुँच गए। हमें 1-A (उन्हें) और 1-C (मुझे) सीटें दी गईं। डॉ. कलाम ने गहरे स्लेटी रंग का 'कलाम सूट,' जो कि बंद गले का, पहन रखा था। वह अपेक्षाकृत नया सूट था। मैंने उनकी तारीफ भी की थी, 'अच्छा रंग है!' मॉनसून के मौसम में ढाई घंटे की उड़ान के बाद हम गुवाहाटी पहुँचे थे। वे जब भी उथल-पुथल भरे हवाई सफर में मुझे डर से ठंडा हुआ पाते तो खिड़की का शटर गिराकर मुझे आश्वस्त करते, 'अब तुम्हें डर नहीं लगेगा!'

फिर हम उनके प्रस्तावित व्याख्यान को लेकर चर्चा के लिए तैयार हो गए। उस समय अचानक एक चमकदार नाचता हुआ सा प्रकाश हमारे सामने आ गया, जो सीधे हवाई जहाज की दीवार से टकरा रहा था और अलग-अलग पैटर्न बना रहा था। उन्होंने मुझसे पूछा, क्या तुम जानते हो कि इसे कौन प्रतिबिंबित कर रहा है? पहले तो मैंने सोचा कि उनकी कलाई घड़ी से टकराकर उस तरह का प्रकाश निकल रहा है और फिर मेरा ध्यान उनकी कलम की ओर गया। हालाँकि दोनों ही विकल्प गलत साबित हुए। उनके पास एक काले रंग का बैग था, जिसे वे अक्सर अपने साथ हैंड बैग के तौर पर लेकर चलते थे। वे जब भी जहाज में सफर करते थे, तो उसे अलग बने खाने में नहीं रखते थे,

बल्कि अपने साथ रखते थे। उन्होंने बैग की चमकदार चेन की तरफ इशारा किया और बोले, 'यहाँ से। यह वाकई चमकदार है, नहीं क्या? इसे ट्विटर पर क्यों नहीं डालते, देखा तो जाए कि हमारे कितने फॉलोअर इसे पकड़ पाते हैं?'

गुवाहाटी में दोपहर दो बजे के करीब जहाज उतरा। जैसा कि मैं हर बार करता हूँ, मैंने उनसे वह बैग मुझे देने के लिए कहा। वह बैग भरा हुआ था और भारी भी था। मैंने पूछा, 'इसमें क्या रखते हैं आप? कंस्ट्रक्शन का सामान भरा लगता है!'

उन्होंने जवाब दिया, 'ओह, यह सफर के लिए है। इसमें चार किताबें हैं, जो मैं इन दिनों पढ़ रहा हूँ। मैंने सोचा कि 12 घंटे आने-जाने में लग जाएँगे। इस दौरान कुछ पढ़ लूँगा।'

यह अद्भुत था कि अस्सी साल का एक इनसान, जिसने दुनिया में पहले ही अपनी छाप छोड़ रखी थी, वह अब भी ज्ञान का भूखा था, लेकिन बुद्धिमत्ता उन्हें ही हासिल होती है, जिसके अंदर बच्चों सरीखी जिज्ञासा होती है, जैसी डॉ. कलाम में थी।

हम लंच के लिए एयरपोर्ट के प्रतीक्षालय की ओर बढ़ गए, जो कि पुराने साज-सज्जा के सामानों से खूबसूरती से सजाया हुआ था।

श्री शर्मा, जो कि कलाम के पीए थे, इस दौरे में उनके साथ थे और यह सुनिश्चित करते थे कि उनके सारे दस्तावेजों का खयाल रखा जाए और हम अपने तय कार्यक्रमों के समय का खयाल रखें। वे एक प्रतिभावान गायक और कलाकार थे तथा लंच के दौरान डॉ. कलाम उनसे अलग-अलग लोगों की नकल उतारने के लिए कहते थे।

एक बार जब लंच हो गया तो हमने अपने सफर का दूसरा क्रम शुरू किया। यह एक और ढाई घंटे का सफर था, जो हमें आई.आई.एम. शिलाँग तक ले जाएगा। पाँच घंटे के सफर के दौरान बातें हुईं, चर्चाएँ हुईं और बहस भी। यह सफर पिछले छह सालों में किया गया सबसे लंबा सफर था। दूसरे दौरों की तरह, यह भी खास साबित होनेवाला था। उस दिन की तीन चर्चाएँ हमारे अंतिम दौरे को लेकर हमेशा हमारी खास यादों में सदा रहेंगी।

पहला, डॉ. कलाम पंजाब में हुए हमलों को लेकर बेहद चिंतित थे। 27 जुलाई की सुबह, सेना की वरदी में तीन आतंकियों ने एक बस पर फायरिंग कर दी थी और गुरदासपुर जिले के एक पुलिस स्टेशन पर भी हमला कर दिया था। इस हमले में तीन नागरिकों और चार पुलिस के जवानों की मौत हो गई थी, जिसमें पुलिस अधीक्षक भी शामिल थे। निर्दोषों की मौत से उन्हें ज्यादा दुःख पहुँचा था। आई.आई.एम. शिलाँग में वे जो व्याख्यान देने जा रहे थे, वह पृथ्वी को रहने योग्य ग्रह बनाने के विषय पर आधारित था। उन्होंने पंजाब हमले को व्याख्यान के विषय से समन्वित कर लिया और बोले, 'ऐसा लगता है कि इनसान द्वारा बनाई ताकतें प्रदूषण से ज्यादा बड़ा खतरा बन गई हैं। अगर हम इसी तरह हिंसा, प्रदूषण और लापरवाह इनसानी रवैया देखते रहे

तो निश्चित तौर पर हमें दूसरे ग्रह पर ही जाकर रहना पड़ेगा। तीस साल, इसी दर से, संभवतः,' उन्होंने कहा। 'तुम युवा लोगों को कुछ करना चाहिए···भविष्य में तुम लोगों को ही यहाँ रहना है।'

हमारी दूसरी चर्चा राष्ट्रीय राजनीति को लेकर थी। पिछले दो दिनों से डॉ. कलाम संसद्, लोकतंत्र की सर्वोच्च संस्था के बाधित होने से भी चिंतित थे। वे बोले, 'अपने कार्यकाल के दौरान मैंने दो सरकारें देखीं और उसके बाद की भी, लेकिन व्यवधान लगातार जारी रहा, चाहे जो भी सरकार रही हो। यह उचित नहीं है। मैं वाकई इसका हल निकालना चाहता हूँ, ताकि यह सुनिश्चित हो सके कि संसद् विकासोन्मुख राजनीति की तरफ अग्रसर हो सके।'

उसी समय उन्होंने मुझे आई.आई.एम. शिलाँग के छात्रों के लिए एक चौंकाने वाला काम देने की तैयारी को बोल दिया, जो वे अपने व्याख्यान के अंत में उन्हें करने को बोलते। वे चाहते थे कि छात्र उन्हें तीन ऐसे तरीके सुझाएँ, जो संसद् को ज्यादा उत्पादक और सुचारु बना सकते हों।

□

आई.आई.एम. शिलांग के छात्रों के लिए औचक कार्य

प्यारे दोस्तो! आज का व्याख्यान खत्म करते हुए मैं आपको एक छोटा सा काम दे रहा हूँ, जो कि एक बेहद गंभीर मुद्दे पर आधारित है और जिससे देश पर प्रभाव पड़ सकता है। जैसा कि आप सभी खबरों में पढ़ते होंगे, दिल्ली में संसद् इस पूरे सेशन के दौरान विभिन्न मुद्दों को लेकर ठप रही। वास्तव में संसद् में काम न होना राष्ट्रीय नुकसान है, जिससे विकास प्रभावित होता है।

2002 से 2007 के दौरान मैं भारत का राष्ट्रपति रहा और इस दौरान दो अलग-अलग दलों की सरकारें बनीं। दोनों ही सरकारों के कार्यकाल के दौरान तमाम ऐसे मुद्दे छाए रहे, जिनकी वजह से संसद् में कई दिनों तक काम नहीं हो पाया, जिसकी वजह से देश को नुकसान उठाना पड़ा।

मैं चाहता हूँ कि आपमें से कोई तीन वालंटियर कल यहाँ मंच पर आएँ और पाँच मिनट इस विषय पर अपनी बात रखें कि किस तरह की व्यवस्था की जाए, ताकि आगे से संसद् ठप न हो। इस मुद्दे को लेकर आपका क्या विचार है, इसकी तुलना आप विश्व के अन्य देशों से कैसे करेंगे और इसके समाधान के लिए आप क्या सुझाव देंगे? सरकार और विपक्ष किस तरह यह सुनिश्चित करें कि संसद् में विकास के लिए काम हो और यह निष्पक्ष तथा पारदर्शी बनी रहे? आप चाहें तो स्लाइड के जरिए भी प्रस्तुति दे सकते हैं।

मेरे सामने अगर कोई अच्छा विचार आएगा तो मैं अपने ट्विटर एकाउंट से उसे लाइव ट्वीट करूँगा, ताकि 15 लाख लोग आपके विचारों से अवगत हो सकें।

□

लेकिन इसके बाद वे अपने ही इस विचार पर शक जाहिर करने लगे और कुछ ही क्षणों में उसे वापस ले लिया, 'लेकिन मैं उनसे कोई समाधान सुझाने के लिए क्यों कहूँगा, जबकि मेरे पास खुद इसका कोई समाधान नहीं है ?' अगले एक घंटे तक हम तमाम विकल्पों पर विचार करते रहे। हम चाहते थे कि इस विषय को अपनी आनेवाली किताब 'एडवांटेज इंडिया' में उठाते। एक विचार, जिस पर हमने विचार करना शुरू किया था, वह एक सेटलमेंट कमेटी बनाने का था, जिसमें तमाम रेफरी होते। ये रेफरी उन विवादों को सुलझाते, जिनकी वजह से संसद् पाँच घंटे से ज्यादा ठप होती। इस कमेटी में प्रधानमंत्री, विपक्ष के नेता और सुप्रीम कोर्ट के प्रधान न्यायाधीश शामिल होते और इसके साथ जितने घंटे संसद् के सेशन में बरबार हुए होते, उन्हें अगले सेशन में जोड़ दिया जाता, ताकि संसद् के सदस्य खराब हुए समय की भरपाई कर सकें।

तीसरा घटनाक्रम भी उनकी विनम्रता का अद्‌भुत नजारा बन गया।

हमारे काफिले में छह से सात कारें थीं। डॉ. कलाम और मैं दूसरी कार में थे। हमसे आगे एक जिप्सी चल रही थी, जिसकी छत खुली हुई थी और वह हमारे काफिले का नेतृत्व कर रही थी। नेतृत्व कर रही कार को पाइलट बोलते हैं, क्योंकि वह पूरे काफिले की गति और दिशा को नियंत्रित करती है। हमारे पाइलट वाहन में तीन सैनिक पीछे बैठे थे, दो आमने-सामने और एक दुबला-पतला सैनिक बीच में खड़ा था। वे सभी अपनी ऑटोमैटिक बंदूकें कसकर पकड़े हुए पूरी तरह चौकन्ने थे। एक घंटे का सफर पूरा होने के बाद डॉ. कलाम ने पूछा, 'वह खड़ा क्यों है ? थक जाएगा। यह तो उसके लिए किसी सजा की तरह लग रहा है। क्या तुम एक वायरलेस संदेश भेजकर उसे बैठने के लिए बोल सकते हो ?' मैंने कहा कि हो सकता है, कमांडो को हिदायत दी गई हो खड़े रहने की, ताकि सुरक्षा बेहतर ढंग से हो सके, लेकिन डॉ. कलाम नहीं माने। हमने रेडियो मैसेजिंग के जरिए पाइलट वाहन तक अपनी बात पहुँचाने की कोशिश की, लेकिन काम नहीं बना। संभवत: तेज हवाओं के कारण हमारी आवाज उन तक साफ और स्पष्ट रूप में नहीं पहुँच पा रही थी। मैंने उनकी तरफ असहाय हाव-भाव से संवाद स्थापित कर पाने की अपनी अक्षमता जाहिर की।

लेकिन उन्होंने जिद पकड़ ली और वे उसे छोड़ने के मूड में बिल्कुल नहीं थे।

जब रेडियो मैसेजिंग विफल हो गई तो उन्होंने हाथ का इशारा करने का तय किया। फोन कॉल किए जाने से पाइलट वाहन में चल रहे सैनिक पहले से सतर्क हो गए थे, वे हमारी तरफ देख रहे थे और हाथों के इशारे को तुरंत उन्होंने पकड़ लिया, लेकिन उन्हें इसके पीछे कुछ गड़बड़ महसूस होने लगी। उन्होंने गलतफहमी में यह समझा कि डॉ. कलाम उनसे और तेज चलने के लिए कह रहे हैं, ताकि जल्दी पहुँच जाएँ। बिना

देर किए उन्होंने गति बढ़ा दी और काफिला उस पहाड़ी सड़क पर और तेज गति से आगे बढ़ने लगा।

हमारे हाथों का इशारा स्पष्ट रूप से फेल हो गया था, लेकिन डॉ. कलाम अब भी हार मानने को तैयार नहीं थे।

उन्होंने अपने हाथों का इशारा जारी रखा और उम्मीद करते रहे कि इस बार पाइलट वाहन के सैनिक उनका मंतव्य समझ सकेंगे। वे फिर नहीं समझ सके। जब सैनिकों ने लगातार उन्हें इशारा करते हुए देखा, तब उन्हें एहसास हुआ कि वे कुछ गलती कर रहे हैं और डॉ. कलाम उनसे धीमी गति से चलने के लिए इशारा कर रहे हैं। इसलिए काफिले ने अपनी गति धीमी कर ली और कारें तकलीफदेह तरीके से चलने लगीं तथा एक-दूसरे से टकराने लगीं। स्पष्ट था, हम अपना संदेश देने में विफल रहे थे।

अंततः जब हमने महसूस कर लिया कि हम इस पल कुछ नहीं कर सकते, तो उन्होंने मुझसे कहा, 'मैं उस कमांडो से मिलना चाहूँगा और उसका शुक्रिया अदा करना चाहूँगा।' जब हम आई.आई.एम. शिलांग पहुँचे तो मैं उस कमांडो से मिलने के लिए पहुँचा, लेकिन उनमें से उक्त कमांडो को ढूँढ़ना मुश्किल था, क्योंकि सभी अपने चेहरे ढके होते हैं और मैंने चेहरा नहीं देखा था। इसके साथ ही सभी सुरक्षाकर्मी स्थानीय क्षेत्र के थे और वहाँ भाषायी बाधा भी हमारे बीच थी; वे मेरी बात समझ नहीं पा रहे थे। अंततः जब मैंने तीन या चार पुलिसवालों और सैनिकों से बात की, तब मैं उस आदमी तक पहुँच पाया, लेकिन जब मैं उससे मिलने पहुँचा तो वह भ्रमित हो गया।'

उसकी स्थिति की कल्पना करें। पहला, हमने रेडियो संदेश दिया, फिर हमने उसे हाथों से इशारा किया और अब डॉ. कलाम ने उसकी टीम से उसे निजी तौर पर मिलने के लिए बुलाया। उसने घबराकर पूछा, 'क्या मैंने कुछ गलत कर दिया?' मैंने उसे आश्वस्त किया कि वैसा कुछ भी नहीं है जैसा कि वह सोच रहा है।

मैं उसे अंदर ले गया और डॉ. कलाम ने उससे हाल-चाल पूछा। उन्होंने हाथ मिलाए और कहा, 'शुक्रिया, साथी। क्या तुम थक गए हो? मुझे काफी दुःख है कि तुम्हें मेरी वजह से काफी देर तक खड़े रहना पड़ा। मैं प्रयास कर रहा था कि तुम्हें बैठने के लिए बोल दूँ, लेकिन मैं ऐसा नहीं कर सका। मेरी कार में एसी था और मेरे ऊपर छत भी थी, लेकिन तुम्हें तो घंटों खुले में ही तमाम कठिनाइयों के बीच रहना पड़ा। अब बताओ कि तुम क्या खाना चाहोगे?' उन्होंने चाय-बिस्किट दे रहे एक व्यक्ति की तरफ इशारा किया। वह युवा गार्ड हैरत में पड़ गया—दरअसल उसे शब्द ही नहीं मिल रहे थे कुछ बोलने के लिए। अंततः उसने कहा, 'सर, आपके लिए तो छह घंटे भी खड़े रहेंगे।'

तब तक शाम के 6.25 बज रहे थे।

व्याख्यान पाँच मिनट में शुरू होनेवाला था। डॉ. कलाम ने जोर देकर कहा कि

हमें सीधे व्याख्यान हॉल का रुख करना चाहिए, जहाँ दो सौ छात्र एकत्र हुए हैं। हमारे अतिथि गृह से व्याख्यान हॉल पाँच मिनट की दूरी पर था। वे व्याख्यान के लिए विलंब नहीं करना चाहते थे। 'एक शिक्षक को अपने छात्रों को इंतजार नहीं कराना चाहिए,' वे हमेशा कहते थे।

मैंने तत्काल उनका माइक ठीक किया और फाइनल लेक्चर से पहले सारी चीजें दोहराकर उन्हें समझाईं, और जब मैं उनके कॉलर पर माइक लगा रहा था, वे मुसकराए और बोले, 'फनी गाय, क्या तुम ठीक से कर रहे हो?'

'फनी गाय' से डॉ. कलाम का मतलब बहुत कुछ हो सकता है। अवसर और उनके लहजे पर यह निर्भर करता था। इसका मतलब यह हो सकता था कि आप अच्छा कर रहे हैं, या आपने सब गड़बड़ कर दिया, आपको केवल उन्हें सुनना होता था, आपको सीधा सपाट रहना होता था, या वह मजाक के मूड में हों, तब ऐसा कहते थे। पिछले छह साल में मैं उनके इस 'फनी गाय' शब्द का मतलब समझना सीख गया था। यह आखिरी बार था, जब मैं यह तकिया-कलाम सुन रहा था।

मैं भी मुसकराया। 'हाँ,' मैंने जवाब दिया। वे ही आखिरी शब्द थे, जो हमारे बीच साझा हुए। उन्होंने व्याख्यान की शुरुआत एक चर्चा से की, जो कि देशों के बीच जारी संघर्ष से शुरू हुई, विशेष तौर पर भारत और पाकिस्तान। उन्होंने अपना भाषण यह कहते हुए खत्म किया, 'मेरा विश्वास है कि जब दुनिया भर के युवा एक साथ एक बेहतर समाज और एक बेहतर पृथ्वी के निर्माण के लिए एक साथ आएँगे, तो उस दिन देशों के बीच चलनेवाली लड़ाइयाँ बंद हो जाएँगी।'

फिर वहाँ एक लंबा विराम कायम हो गया। 6.40 बजे थे और शिलाँग की वह ठिठुरन भरी शाम और पक्षी अपने घरों को लौट रहे थे। सन्नाटे में उनकी आवाज गूँज रही थी। मैं सोच रहा था कि वह स्क्रीन, जो उन्हें भाषण के अहम बिंदु दिखा रही थी, वह बंद हो गई और मैं चीजें जाँचकर उन्हें ठीक करने में लग गया। जैसे ही मैंने उन्हें देखा, वे घुटनों के बल बैठ गए और एक तेज धप् की आवाज हुई, वे स्टेज पर ही गिर पड़े।

हम उन्हें उठाने के लिए दौड़े। इससे पहले कि डॉक्टर पहुँचते, हमने उन्हें वापस लाने की भरसक कोशिश की। मैं उन आधी बंद आँखों को कभी नहीं भूल सकता, जब मैंने अपना हाथ उनके माथे पर लगाया। मैं बुरी तरह से उनके हाथ मल रहा था, जो ठंडे होते जा रहे थे। उनका हाथ मेरी उँगलियों पर कसकर अकड़ गया था। उनका चेहरा शांत हो चुका था। उनकी बुद्धिमान आँखें अब भी बुद्धिमत्ता की झलक दिखा रही थीं और धीरे-धीरे वे भी स्थिर हो गईं। उन्होंने फिर एक शब्द भी नहीं कहा। दर्द की एक झलक भी नहीं दिखी, उनके चेहरे पर केवल एक शांति थी।

दस मिनट के अंदर हम उन्हें सबसे नजदीकी अस्पताल बेथानी ले गए, लेकिन

अगले कुछ ही मिनट के अंदर मिसाइलमैन अनंत यात्रा की ओर निकल चुके थे। डॉक्टरों ने किसी चमत्कार की उम्मीद में पूरी ताकत लगा दी, लेकिन किस्मत अपना फैसला सुना चुकी थी। मैंने उनके चरण आखिरी बार छुए। विदा बुजुर्ग मित्र! महान् गुरु, अब अपने विचारों में आपसे मुलाकात होगी और अगले जन्म में शायद हम फिर मिलें!

मैंने उस पल के बारे में सोचा, जब वास्तव में उनका निधन हुआ। उस समय वे अपनी सबसे प्रिय चीज कर रहे थे—अध्यापन। आखिरी पलों में वे बिल्कुल सीधे खड़े थे और पढ़ा रहे थे, जैसा कि वे हमेशा से चाहते थे। उन्होंने दुनिया से विदा ली, तब उनके बैंक खाते में ज्यादा जमा पूँजी नहीं थी, लेकिन शुभकामनाओं और प्यार का अपार खजाना उनके दिल में भरा हुआ था। वे अंत तक सफल ही रहे।

मुझे उनके साथ दोपहर और रात का खाना साथ न खा पाने का मलाल रहेगा, मुझे हर समय खलेगा कि उनकी तरह से विनम्रतापूर्वक कोई मुझे चौंका नहीं सकेगा और न ही अपनी जिज्ञासा से हैरत में डाल सकेगा! अपने काम, शब्द और शांति से उन्होंने जो सीख मुझे दी, वह भी अब नहीं मिल पाएगी। समय पर फ्लाइट पकड़ने के लिए उनके साथ लगाई दौड़, हमारे दौरे और हमारी लंबी बहसें भी याद आएँगी। वे मुझे सपना देकर गए; उन्होंने मुझे बताया कि सपने असंभव सरीखे होने चाहिए, क्योंकि बाकी सारी चीजें हमारी अपनी क्षमताओं के साथ एक तरह का समझौता मानी जाएँगी। इससे ऊपर मैं उन्हें इस बात के लिए भी याद रखूँगा कि उन्होंने मुझे एक बेहतर इनसान के रूप में ढाला।

वह इनसान चला गया, लेकिन उनका मिशन जिंदा रहेगा।

□

अगली सुबह तड़के 4 बजे, जब मैं राज भवन में इंतजार कर रहा था, लगातार फोन बज रहे थे—लोग जो उन्हें चाहत थे, वे अपनी श्रद्धांजलि अर्पित करना चाहते थे। लेकिन मेरे पास ताकत नहीं बची थी फोन उठाने की। उस वक्त मैं सोशल मीडिया पर कुछ ऐसा लिख रहा था, जिससे कि दुनिया यह जान ले कि डॉ. कलाम का वह आखिरी दिन था।

सुबह पाँच बजे हम आर्मी हेलीकॉप्टर से गुवाहाटी के लिए उड़े। सुबह 6 बजे हम जब वहाँ उतरे, तो उनके निधन पर दुःख जतानेवालों की भीड़ जुटने लगी थी। मेरी नजर एक दस साल के बच्चे पर पड़ी, जो चार साल पहले उनके साथ खिंची तसवीर लेकर आया था, मुझसे पूछ बैठा, 'वापस नहीं आएँगे?' मेरे पास उतना मजबूत हृदय नहीं था, जो मैं उसे सच बता सकता। मैंने उसे केवल फलों के जूस का पैकेट देकर भेजा, जिसे मुझे किसी ने कुछ पल पहले ही पकड़ाया था।

बाद में उस दिन उनका शव दिल्ली लाया गया, जहाँ हजारों लोग उन्हें अंतिम विदाई देने और आत्मा की शांति के लिए प्रार्थना करने के लिए जमा हुए थे। 28 की रात तक हर धर्म के लोग, अपने-अपने तरीके से उनकी आत्मा के लिए प्रार्थना करने के लिए

पहुँचे। लोगों की आँखों में उन्हें दोबारा जीवित न देख पाने का गम था और आँखों में आँसू; उनके सम्मान में शोक गीत ऐसी-ऐसी भाषाओं में गाए जा रहे थे, जिन्हें उन्होंने कभी बोला ही नहीं था। उनके आवास के बाहर विभिन्न समूहों में लोग उनके लिए यज्ञ और पूजा कर रहे थे। देश अपने सबसे चहेते नेता को गँवाने पर शोक संतप्त था।

29 तारीख को, हम डॉ. कलाम को उनके गृह नगर रामेश्वरम् ले गए। मैं इससे पहले यहाँ कभी नहीं आया था, यहाँ तक कि मैंने अकसर उनसे शिकायत भी की थी कि वे कभी मुझे अपने घर नहीं ले गए। वे जवाब देते, 'तुम मेरे बड़े भाई के जन्मदिन पर आओ और हफ्ते भर रुको।' मैं अब रामेश्वरम् में था, लेकिन बिल्कुल अलग तरह के मौके पर। वहाँ भी लोगों का हुजूम उमड़ा हुआ था। उनमें एक पुलिसवाला भी था, जो कभी उनके केरल दौरे के दौरान उनका पी.एस.ओ. भी रहा था और एक ड्राइवर, जिसने उन्हें मुंबई में कहीं पहुँचाया था। मैं सोच में पड़ गया कि ये लोग इतनी दूर से इतने कम समय में आनन-फानन कैसे आए होंगे। मैं जानता था कि वहाँ उमड़े हुजूम में तमाम ऐसे लोग भी होंगे, जिन्होंने कभी-न-कभी उनके साथ कहीं-न-कहीं काम किया होगा, भले ही एक दिन या उससे भी कम समय के लिए, जिन्होंने काफिले में उन्हें सुरक्षा दी होगी या उनको अपनी कार से कहीं पहुँचाया होगा, लेकिन उनका प्रभाव कुछ इस तरह का था कि ऐसे लोग उन्हें अलविदा कहने के लिए वहाँ तक आए।

30 तारीख को उनके शव को धरती की कुछ फीट की गहराई में हमेशा के लिए दफन कर दिया गया, लेकिन उनका श्रेष्ठ आचरण, निराशा में भी उम्मीद जगाने की उनकी जादुई क्षमता, उनकी विनम्रता, लगाव और असंभव के प्रति हिकारत हमेशा जीवित रहेगी और पीढ़ियों को आगे बढ़ने के लिए प्रेरित करती रहेगी।

उनकी कहानी खत्म होने से परे है।

इस कहानी में हमारी भूमिका कहाँ है? यह निहित है कलाम की तरह असंभव सपनों में भरोसा रखने में। दुनिया को बदलने की किसी की काबिलीयत में भरोसा रखने में।

यह कलाम की तरह जीवन जीने में निहित है।

यह कलाम होने और खुद से हमेशा यह पूछने में निहित है—

'मैं क्या योगदान दे सकता हूँ?'

□

उपसंहार

'एक दिन तुम्हें मेरे ऊपर किताब लिखनी होगी,' डॉ. कलाम ने कहा था।

मैं चौंक गया, हैरत में मैंने सोचा कि क्या मैंने सही सुना है। मैं बुदबुदाया, 'क्या?'

10, राजाजी मार्ग के आवास में मेरे सामने छोटे से टेबल पर लंच करते हुए डॉ. ए.पी.जे. अब्दुल कलाम चमक रहे थे। यह 2011 की सर्दियों की बात है। मुझे उनके साथ काम करते हुए दो साल हो चुके थे और हम उनकी पहली किताब 'टार्गेट 3 बिलियन' पर काम कर रहे थे।

'तुम्हें यह बातचीत हमेशा याद रहनी चाहिए। तुम्हें इस पर किताब लिखनी चाहिए। मैंने अपने गुरुजनों के ऊपर काफी कुछ लिखा—अपने प्राइमरी स्कूल के शिक्षक से लेकर अपने अधिकारियों तक, छह दशक के पूरे सफर को समाहित करते हुए। चिंता मत करो, तुम भी ऐसा कर सकते हो।'

'हाँ।' मैं उस वक्त कुछ भी कह पाने की स्थिति में नहीं था।

आधे दशक से भी कम समय में किताब तैयार हो गई।

जिन कलाम को मैं जानता था, वे एक महान् शिक्षक थे। महान् शिक्षक कभी मरते नहीं, न उनमें कभी जंग लगती है, न वे कभी धुँधले पड़ते हैं। वे महज नश्वर इनसान से अमर नसीहतों में तब्दील हो जाते हैं। वे नसीहतें, जो पीढ़ी-दर-पीढ़ी आगे बढ़ाई जाती हैं। यह पुस्तक मेरे गुरुजन और उनकी नसीहतों के प्रति एक सम्मान है।

और पढ़ें

- रीइग्नाइटेड : बेहतरीन भविष्य का वैज्ञानिक मार्ग
- ए.पी.जे. अब्दुल कलाम और सृजन पाल सिंह
- क्या रोबोट दुनिया पर हावी हो जाएँगे?
- हम परग्रही जीवों से कब मिल पाएँगे?

- दिमाग में यादें कैसे संगृहीत होती हैं ?

डॉ. ए.पी.जे. अब्दुल कलाम के साथ जुड़िए और एक अद्‌भुत यात्रा पर चलिए, जो विज्ञान और तकनीक की खोज से जुड़ी हुई है, जिसमें उनकी विलक्षण उपलब्धियाँ और हमारे आगे के जीवन पर उनके प्रभाव की जानकारियाँ दी गई हैं।

सृजन पाल सिंह द्वारा सह-लिखित इस पुस्तक में उत्साही और विशेष कॅरियर विकल्पों के क्षेत्रों, जैसे कि रोबोटिक्स, एरोनॉटिक्स, न्यूरोसाइंस, पैथोलॉजी, पैलियोटोलॉजी और वस्तु विज्ञान...के बारे में उल्लेख किया गया है। दूसरे शब्दों में, ये वे कॅरियर हैं, जो भविष्य में अंतर पैदा करेंगे। गहन शोध के परिणाम के तौर पर, यह पुस्तक कुछ अलग हटकर आइडियाज की एक पूरी शृंखला बताएगी, जो युवाओं को अलग हटकर सोचने के लिए प्रेरित करेगी।

लघुकथाओं, बातचीत, प्रयोगों और यहाँ तक कि अग्रणी वैज्ञानिकों की बातों को समाहित किए जाने से 'रीइग्नाइटेड' युवाओं, छात्रों और विज्ञान के प्रति ललक रखनेवालों में विज्ञान के प्रति ललक पैदा करने के लिए प्रतिबद्ध है।

और पढ़ें

माई इंडिया : आइडियाज फॉर यूचर (मेरा भारत : भविष्य के विचार)

भारत से सबसे प्रिय राष्ट्रपति की तरफ से दिया गया ज्ञान और प्रेरणा!

'मेरा भारत : भविष्य के विचार' डॉ. ए.पी.जे. अब्दुल कलाम के राष्ट्रपतित्व काल के बाद दिए गए भाषणों का संकलन है। डॉ. कलाम के संसद्, विश्वविद्यालयों, स्कूलों और भारत व विदेशों के अन्य संस्थानों में दिए उनके भाषणों तथा व्या यानों से इन्हें संकलित किया गया है, जिसमें विज्ञान, राष्ट्र निर्माण, गरीबी उन्मूलन, लगाव और आत्मविश्वास को लेकर उनके विचार समाहित हैं।

डॉ. कलाम ने विभूतियों जैसे कि मैरी क्यूरी और डॉ. विक्रम साराभाई जैसों से प्रेरणा लेकर अपना जीवन जिया और युवा पाठकों को भी उसी अनुसार प्रेरित करते हैं। इन भाषणों के जरिए वे विनम्रता, लचीलापन और दृढता से संबंधित तमाम बेशकीमती नसीहतें साझा करते हैं और बच्चों को सोचने, विकास करने तथा उभरने में मदद करते हैं।

डॉ. कलाम की यह आखिरी पुस्तक, जो कि उनके दिल के बेहद करीब थी, बच्चों के लिए एक रोड मैप की तरह है कि हर बच्चे को अपने सपने पूरे करने के लिए आगे बढ़ना चाहिए और बेहतरीन तरीके से उसे हासिल करना चाहिए, तभी एक बेहतर भारत आकार ले पाएगा।

□□□